本书获得内蒙古大学"双一流"科研专项高端成果培育项目、教育部人文社会科学研究青年基金项目（14YJC790019）资助

经济管理学术文库·管理类

城镇化质量与建设用地利用效率协同优化研究

Research on the Collaborative Optimization of Urbanization Quality and Construction Land Use Efficiency

崔新蕾／著

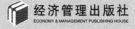

经济管理出版社
ECONOMY & MANAGEMENT PUBLISHING HOUSE

图书在版编目（CIP）数据

城镇化质量与建设用地利用效率协同优化研究/崔新蕾著．—北京：经济管理出版社，2020.9

ISBN 978-7-5096-7554-0

Ⅰ.①城…　Ⅱ.①崔…　Ⅲ.①城市土地—土地利用—研究　Ⅳ.①F293.22

中国版本图书馆 CIP 数据核字（2020）第 169235 号

组稿编辑：杨　雪
责任编辑：杨　雪　詹　静
责任印制：黄章平
责任校对：陈　颖

出版发行：经济管理出版社
　　　　　（北京市海淀区北蜂窝 8 号中雅大厦 A 座 11 层　100038）
网　　址：www.E-mp.com.cn
电　　话：（010）51915602
印　　刷：唐山昊达印刷有限公司
经　　销：新华书店
开　　本：720mm×1000mm/16
印　　张：12.5
字　　数：231 千字
版　　次：2020 年 12 月第 1 版　2020 年 12 月第 1 次印刷
书　　号：ISBN 978-7-5096-7554-0
定　　价：58.00 元

目　录

第一章 绪论

第一节 研究背景

自改革开放以来，我国城镇化发展成果显著。城市个数由 1978 年的 193 个扩增至 2017 年的 657 个，城镇化率由 1978 年的 17.9% 提升到 2017 年底的 58.52%。在城镇化推进过程中，我国经济也呈现快速发展趋势，国内生产总值由 1978 年的 3648.2 亿元增长到 2017 年的 82.71 万亿元。在城镇化发展 40 多年间，城镇化率以每年 1 个百分点的速度增长，年均 1000 多万农村人口进入城镇务工或居住，我国社会结构从农村人口占绝大多数转变为以城镇人口居多，城镇化进程取得飞快的发展，我国迅速完成了从农业人口为主到以城镇人口占主体的转变。参考城镇化发展历史经验，发现城镇化率处在 3%~70% 时属于城镇化快速发展阶段，我国城镇化率不到 60%，对照划分标准处于城镇化快速发展时期，但仍需深入提高城镇化发展程度。城镇化是世界经济社会发展的普遍趋势，城镇化的过程不仅表现在城镇数量的增长、城镇规模的扩大、城镇人口比例的提升，更是一个资源要素在城乡地域间的优化配置过程，在这个过程中涉及经济、社会、生态、空间等方面的系统演化。

"十二五"规划纲要提出"积极稳妥推进城镇化，不断提升城镇化的质量和水平"，党的十八大报告中将"城镇化质量明显提高"作为全面建成小康社会的发展目标，党的十八届三中全会提出"走新型城镇化道路，推动大中小城市和小城镇协调发展及从严合理供给城市建设用地，提高城市土地利用率"，《国家新型城镇化规划（2014—2020）》中指出到 2020 年我国城镇化水平要接近 60%，意味着 2/3 人口居住在城镇，且规划也指出户籍城镇化水平要达到 45% 左右，努力实现 1 亿左右农业人口落户城镇这一目标。但我国在快速推进城镇化建设进程中却产生一些亟须解决的城镇化质量问题，如公共服务分配不均、产业与城市发展不协调、城镇空间分布和规模结构不合理等"城市病"问题。十九大报告中也指出我国经济已由高速增长阶段转向高质量发展阶段，城镇化质量作为经济发展质量的助推器，在城市经济发展中起到重要作用，因此必须要实现城镇化

"质"的提升。城镇化高质量发展的内涵是在以人为本的前提下，推动城乡经济增长的方式，对城乡发展机制加以创新，合理规划城镇空间，优化城镇发展布局，推动城乡统筹发展和城乡居民基本公共服务共享，增强可持续发展能力，逐步提高城镇化整体发展质量。

城镇化是人类经济社会发展的客观要求和必然产物，建设用地则为城镇化提供了物质基础和承载空间，城镇建设用地利用的合理性直接影响到城镇的兴衰和区域的发展，这种合理性在很大程度上又取决于城镇建设用地利用的高效化（刘军，2010），两者相互作用、相互促进，形成了城镇建设用地利用。城镇建设用地利用因城镇的形成和城镇化发展而产生并演进，在调节和控制城镇化发展中起着无可替代的重要作用。建设用地利用效率与城镇化一直作为国内和国外学者热切关注的话题，伴随着经济的快速发展，农村人口流向城市的进程也不断加快，城市的用地规模也在不断扩大，但与之而来的城市人口猛增，工业部门集聚，也给城市的发展带来了很多问题。人们也越来越关注土地的利用效率和城镇化质量之间的关系。土地与城镇作为一个共同的系统存在于整个社会—人文经济—自然的复合系统中。土地是人们赖以生存的载体，是人类生存和社会发展的资源基础。但是，随着社会经济的不断发展，人们为了追求更高的经济利益，不断地改变城市土地利用方式和土地利用结构，不断地将生态用地变为建筑用地和工业用地；人们也不断地加深对环境的破坏，带来了诸多污染。这些问题都值得我们深入思考，因为我们不仅是城镇建设的推动者，还是土地资源的利用者与参与者。城镇化的推进与土地的利用存在着一定的耦合关系，两者之间是相互制约和相互影响的。两者的协调发展将影响城镇的可持续发展，也是影响城镇化质量提升的主要因素。

在当今社会中，城市建设用地利用效率与城镇化质量的问题属于最关键的问题。如果人们想要走可持续健康发展道路，就必须采取有效可行的措施来处理建设用地利用效率与城镇化进程的问题。城镇化的最终目的就是给人们提供一个美好、幸福、和谐的生存环境。理想的环境应该是各项指标都达到一个良好的状态，无论是经济指标还是环境指标，但是我们的城镇现在正面临着一些问题。主要表现为城市用地规模过快地扩张、城市用地供应与需求之间的矛盾尖锐、已占用的城市土地利用效率特别低、城市用地结构比例不协调等，这些问题导致我国在城市土地利用过程中，用地规模扩张的速度太快、土地利用效率低下、用地结构失调等各种类似问题逐渐凸显。然而，城市土地利用的规划功能又比较弱、管理也不完善，因此这些问题都在不断地影响着城镇化的发展。针对这些问题应该从系统的角度出发，对城市土地利用进行规划，以城市发展规划为核心，合理控制各种类型土地的使用，应集约地利用土地资源，让土地资源与城市生态经济系统协调发展，同时要不断建立健全城市土地利用规划的法规。

城市群处在重点开发区和经济快速增长的条件下，城镇化进程必然将加快。城镇化的速度过快或过慢都不利于社会的健康发展，如何在保证城镇化快速发展的同时，提高城镇化质量，保障城镇化质与量的协调发展，推行适速适度的城镇化，使城镇化的速度与资源环境承载力相适应，与城镇建设用地利用效率相一致，是亟待研究的重大课题。

第二节　国内外研究现状及发展动态

一、城镇化质量的内涵及测度方法

城镇化既有量的要求，又有质的规定，是数量和质量的统一城镇化的概念，最早是 19 世纪 90 年代由德国著名社会学家 Max Webe 提出的，他指出城镇化发展的进程是由西方国家的工业化推动的。国外并没有"城镇化质量"这一特定名词，但有与之含义相同的研究，联合国世界卫生组织欧洲办公室于 1987 年在欧洲发起了"健康城市工程"，要求城市既要全面提高市民的生活质量（社会、经济条件等方面），还要提高物质环境质量，从而有利于人类的健康。"卫星城""绿色城市""可持续城市""生态城市"等定义相继被提出，表达了人们对于未来理想城市的追求与憧憬（Joao and Andre, 1996；Plumer and Trojan, 2004；Hall and Hubbard, 1996；George et al., 2007）。

国内较早关注城镇化质量问题的学者叶裕民（2001）认为，城镇化质量的研究可以从两个方面进行：一是城市的发展质量，即城市现代化问题；二是区域的发展质量，即城乡一体化问题，她的开创性研究为后来的诸多学者提供了参考视角和评价体系的借鉴。《中国城市发展报告》指出：城镇化的质量含义在城镇系统中表现的特征为发展的动力、平等的行为活动、质量的发展程度三者的相互结合。有些学者从人口城镇化、经济城镇化、空间城镇化、社会城镇化等多维角度理解城镇化质量内涵（顾朝林等，2008；王德利和唐袁，2011；王钰，2011；王洋等，2012），也有些学者从社会文明形态演进的角度认为城镇化质量等同于现代化发展水平，涵盖物质文明、精神文明、生态文明等方面（袁晓玲等，2008；何文举等，2009）。

基于对城镇化质量内涵的不同理解，在构建城镇化质量评价指标中也呈现较大的差异，叶裕民（2001）、赵海燕等（2007）、许宏和周应恒（2009）主要从经济现代化、基础设施现代化、人的现代化和城乡一体化等层次构建指标体系；袁晓玲等（2008）、何文举等（2009）从物质文明、精神文明和生态文明等角度构建指标体系；于涛等（2010）、徐素等（2011）、庞玉珍和尹一昌（2011）构建的指标体系分为经济发展质量、城市生活质量、社会发展质量、基础设施质量、生态环境质量、城乡与地区统筹质量。其他学者选取的指标还有省域城市网络张力（郑亚平，2007）、产业结构偏离（马林靖，2011）、居民生活质量（张春敏等，2013）、公共安全（何平和倪坪，2013）等。研究的方法主要有线性加权和法（张春敏等，2013）、主成分分析方法（郝华勇，2012；杨慧珍，2013）、专家赋权法（何平和倪坪，2013）、层次分析法（朱洪祥，2005；蓝庆新，2013）、熵值法（杨梅，2011；王福喜等，2013）等。

从已有的研究成果来看，多选择省域尺度和地级市尺度进行实证研究，省域尺度如研究我国 31 个省份在城镇化质量上的差异（郝华勇，2011），刻画省域在经济、社会、空间等城镇化质量方面的特征（方创琳和王德利，2011）。城市尺度如研究河南（刘静玉等，2013）、江苏（张春梅等，2012）、山东（朱洪祥等，2011）、湖北（郝华勇，2011）等各省内部地级市的实证研究。随着研究的深入，研究区域逐步向县级市（徐素等，2011；王洋等，2012）、乡镇（庞玉珍和隐义昌，2011）和开发区（汪德根等，2011）等特定区域进行实证分析。

二、土地资源配置模型及土地利用效率的测度

土地利用效率是属于土地集约利用范畴内的一个重要概念，土地集约利用是由古典政治经济学家在地租理论中首次提出的。区位经济学理论认为土地利用配置是在地租的影响下进行安排布局的。德国古典经济学家杜能研究了农业区位地租、20 世纪韦伯研究了工业布局，其后，克里斯泰勒提出了中心地理论、廖什提出了区位经济学、胡佛提出了经济区位论。在这些理论的指导下，众多土地利用模型也应运而生，如城市土地利用的同心圆模型（Burgess，1925）、扇形模型（Hoyt，1939）、多核心模型（Harris et al.，1945）等，对土地利用结构模型设计具有重要指导意义。Hodge（1984）将农地利用的不确定性和不可逆性同时纳入到城市扩张的评价与模型中；Bosetti 和 Messina（2001，2003，2006）运用决策树技术，通过建立基于实证的多期随机过程模型来制定土地扩张的最优决策；Chuvieco（1993）运用 GIS 模型与线性规划模型相结合的方式，研究土地利用优化配置。国内学者主要采用线性规划模型（蒋明和张锦洪，2007；王汉花等，2008；李猷等，2009）、生产函数等模型（谭荣和曲福田，2006；曲福田等，2008）、元胞自动机方法（刘毅等，2013）等，研究土地利用配置模型。

土地利用效率是土地利用研究的重要内容之一，随着我国土地供求矛盾问题愈加突出，土地利用效率问题研究逐渐受到重视。国外关于城市土地利用效率的理论研究主要集中在城市增长控制、城市土地利用的优化配置、集约利用，以及城市土地利用效率的评价方法和应用上。国内学者在借鉴国外相关研究基础上，对中国城市土地利用效率进行了广泛深入研究。研究主要集中在城市增长控制（Yeh and Wu，1996）、城市土地利用的优化配置（Oscar，1998）、集约利用（Sui，1998）及城市土地利用效率的评价方法和应用上（Chafer，1994；Abaull-dh，2000）。研究内容主要包括城市土地利用效率的基本理论（武进，1990；陈荣，1995；刘彦随，1998；刘海江，2006）、城市土地利用效率的模型构建（李郇等，2005；郑新奇和王筱明，2004），以及提高城市土地利用效率的途径（蔡捷和孙珏，2011；石成球，2000）。评价指标主要有：单项指标方法，用建设用地产出效率和边际生产率来衡量（邵挺等，2011），由于只考虑了单项投入和产出，不能全面反映土地利用中多项投入要素的效率；综合评判方法，从社会效益、经济效益和生态效益三方面着手，建立城市土地利用效益评价指标体系（王雨晴和宋戈，2006；刘传明等，2011），可以弥补单项指标法的不足，但在确定指标权重时主观性很大，容易造成评价结果的偏差。

　　评价方法主要有：协调度模型（罗罡辉和吴次芳，2003；李植斌，2000）、主成分分析法和加权法（石成球，2000）、模糊综合评价法（董黎明和冯长春，1989）、回归分析法（刘成刚等，2005）和数据包络法（梁流涛等，2013；许建伟等，2013）等。研究的区域主要为全国31个省份（张明斗，2012）、经济发达省份（冯达等，2007；刘传明等，2010）、地级以上城市（张良悦，2009）、开发区（宋丹等，2009；庄红卫和李红，2011）等。基于非期望产出的土地利用效率研究较少，且对于西部边疆不发达城市群县域角度的研究也不常见。

三、城镇化及建设用地利用变化的相关研究

　　城镇化的研究内容主要有：与土地集约利用的动态关系（郑华伟，2011）、生态安全格局下的扩展（周锐，2013）、与水土资源效应的协调研究（王红和石培基，2013）、城镇化经济绩效评价（马远，2012）等方面。对于城镇化的协调发展问题，多数学者是从城镇化与工业化、城镇化与服务业产业角度去研究，如运用面板数据模型，对自1985年以来中国工业化与城市化协调发展的时空规律进行实证分析（袁海和周晓唯，2008）；利用主成分分析法和协调度模型，测算出长三角地区工业化与城市化协调度（眭杨等，2011）；用granger模型和耦合协调度模型对现阶段工业化与城镇化系统的耦合协调度进行实证分析（杜传忠等，

2013）；运用主成分分析法对生态环境和城市化进行综合评价，通过构建协调发展模型定量分析生态环境与城市化的静态、动态协调发展程度（陈冬勤和卢新卫，2010）。也有学者采用其他方法对我国城镇化区域差异进行了研究，如城镇人口区位商法（刘盛和等，2003；范剑勇，2008）、Theil（泰尔指数）、CV（变异系数）（陈瑞玫，2006）、S（均方差指数）（王良健等，2005；王茂军等，2006）、基尼系数（张立，2010）等。

围绕土地利用/覆被变化，研究其对生态系统服务价值的影响（叶长盛和董玉祥，2010）、对耕地及粮食生产的影响（闫梅等，2011）、对碳排放的影响（张润森等，2012）、对经济增长的贡献（姜海等，2009；王静，2013）等。建设用地扩张的影响因素主要有：耕地资源禀赋指标（彭凌等，2011）、土地财政指标（周飞舟，2010；王斌和高波，2011）、土地市场发育指标（李永乐和吴群，2009；唐鹏等，2010）、人口指标（段祖亮等，2009；葛春叶等，2008）、产业结构指标（刘瑞等，2009）、经济发展指标（贾鹏和杨钢桥，2006；赵小汎等，2008）、基建投资指标（吕可文等，2012）等。研究影响建设用地利用变化的方法主要有：多元回归法（刘瑞等，2009）、GIS空间分析法（王介勇和刘彦随，2009；Li et al.，2012；Syphard et al.，2005）、协整分析方法（赵可等，2011）、元胞自动机方法（Fang et al.，2005；Clark and Gaydos，2008）、灰色关联度分析（曾永年等，2011）、IPAT方程的脱钩分析（钟太洋等，2010）等。研究的区域主要有：欧洲和美国热点地区（Riebsame et al.，1994；Turner et al.，2007；Kim，2007）；中国经济快速发展热点区域（闫小培等，2006）、生态脆弱区（唐宏等，2011）、省域尺度（吴建寨等，2011）、地级市尺度（孙雁等，2011）等。

四、需要进一步研究的问题

国内外学者在城镇化质量及建设用地利用效率方面做了一系列的研究和探讨工作，学者们从多元视角诠释城镇化质量的内涵，但至今尚未形成对"质量"的共识，均根据自己的学科背景从某个角度或多角度去阐释城镇化质量的内涵。通过已有国内外文献的梳理分析得知，目前对建设用地利用效率研究仍存在不足，尤其是在非期望产出条件下的时间、空间和价值维度下，对建设用地利用效率动态与静态的双态势的测度缺乏。土地利用效率评价的研究内容虽然广泛，但研究对象主要为单个城市，涉及县域视角下资源型城市群的研究不多。

综上所述，虽然学者们获得了一些极有价值的成果，但仍有以下问题需要进一步探讨：在界定城市群城镇化质量内涵的基础上，确定城镇化质量的影响因素及影响机理，分析城镇化质量的时间演变规律和空间演变差异；从地理学角度着重评判城镇化进程中的区域发展差距，用空间结构格局来衡量城镇化质量；从经济学角度着重测度城镇化推进后对建设用地利用效率的提升及对宏观经济发展的贡献效应；从全要素非期望产出的角度，基于时间、空间和价值维度测算建设用地利用效率，分析其相关影响因素，确定存在的效率损失及建设用地配置的最优量；城镇化质量和建设用地利用效率的耦合机制，重视两者之间的协调互动关系，建立优化路径设计。

第二章　城市群经济社会发展现状

第一节　城市群经济发展现状

一、国内生产总值

国内生产总值如表 2-1 所示，2003~2016 年，城市群总体的 GDP 呈增长趋势，城市群总体国内生产总值从 2003 年的 5.07 万亿元增长到 2016 年的 32.63 万亿元，年均增长率为 15.40%。其中，成渝城市群 GDP 增长速度最快，年均增长率为 18.89%，由 2003 年的 0.35 万亿元增长到 2016 年的 3.32 万亿元；京津冀城市群 GDP 增长速度其次，年均增长率为 16.05%，从 0.82 万亿元增长到 5.68 万亿元；增长速度排在第三的为北部湾城市群，年均增长率为 15.87%，从 0.14 万亿元增长到 0.95 万亿元；接下来依次是长江中游城市群从 0.54 万亿元增长到 3.66 万亿元，年均增长率为 15.86%；中原城市群从 0.17 万亿元增长到 1.14 万亿元，年均增长率为 15.76%；珠三角城市群从 1.02 万亿元增长到 6.44 万亿元，年均增长率为 15.23%；长三角城市群从 1.65 万亿元增长到 9.93 万亿元，年均增长率为 14.80%；哈长城市群从 0.37 万亿元增长到 1.50 万亿元，年均增长率为 11.37%。

表 2-1　中国八大城市群国内生产总值　　　　　单位：万亿元

年份	京津冀	长三角	珠三角	长江中游	成渝	哈长	中原	北部湾
2003	0.82	1.65	1.02	0.54	0.35	0.37	0.17	0.14
2004	0.98	2.01	1.21	0.65	0.41	0.44	0.21	0.17
2005	1.36	2.45	1.69	0.75	0.48	0.48	0.26	0.20
2006	1.57	2.84	2.00	0.84	0.63	0.54	0.29	0.24
2007	1.84	3.39	2.38	1.01	0.73	0.65	0.34	0.28
2008	2.18	3.85	2.76	1.27	0.91	0.76	0.41	0.34
2009	2.29	3.82	2.98	1.47	1.12	0.85	0.44	0.38
2010	2.93	5.04	3.48	1.77	1.35	1.02	0.53	0.45

续表

年份	京津冀	长三角	珠三角	长江中游	成渝	哈长	中原	北部湾
2011	3.47	5.93	4.08	2.21	1.72	1.23	0.65	0.56
2012	3.83	6.65	4.41	2.52	1.98	1.32	0.73	0.61
2013	4.11	7.52	4.89	2.79	2.20	1.42	0.83	0.69
2014	4.59	8.24	5.40	3.07	2.53	1.42	0.92	0.82
2015	5.11	8.96	5.92	3.37	2.87	1.46	0.99	0.88
2016	5.68	9.93	6.44	3.66	3.32	1.50	1.14	0.95

八大城市群国内生产总值占比情况如表 2-2 所示，长三角城市群国内生产总值占城市群总体的比重排名第一，但在研究期内呈现下降趋势，由 2003 的 32.50%下降到 2016 年的 30.42%。珠三角城市群的比重排名第二，2003~2009 年呈现上升趋势，由 2003 年的 20.12%上升到 2009 年的 22.33%，后呈现下降趋势，到 2016 年占比降到 19.74%。京津冀城市群的比重排名第三，研究期内呈波动上升趋势，由 2003 年的 16.21%上升到 2016 年的 17.42%。成渝城市群国内生产总值占城市群总体的比重呈上升趋势，由 2003 年的 6.83%上升到 2016 年的 10.18%；哈长城市群占城市群总体的比重呈下降趋势，由 2003 年的 7.40%下降到 2016 年的 4.60%。

表 2-2　八大城市群国内生产总值占比情况　　　　　　单位：%

年份	京津冀	长三角	珠三角	长江中游	成渝	哈长	中原	北部湾
2003	16.21	32.50	20.12	10.72	6.83	7.40	3.39	2.83
2004	16.06	33.11	19.94	10.72	6.73	7.19	3.53	2.73
2005	17.76	31.91	21.98	9.82	6.28	6.26	3.33	2.66
2006	17.53	31.75	22.42	9.36	7.00	6.02	3.28	2.65
2007	17.32	31.96	22.40	9.51	6.87	6.09	3.17	2.67
2008	17.50	30.83	22.10	10.15	7.31	6.13	3.28	2.69
2009	17.15	28.61	22.33	11.05	8.39	6.34	3.32	2.81
2010	17.68	30.42	21.00	10.68	8.15	6.16	3.17	2.72
2011	17.50	29.88	20.55	11.16	8.66	6.20	3.25	2.82
2012	17.37	30.14	19.98	11.44	8.98	5.99	3.33	2.78
2013	16.80	30.77	20.00	11.41	8.99	5.80	3.40	2.83
2014	16.98	30.54	20.02	11.36	9.39	5.26	3.42	3.03
2015	17.30	30.31	20.01	11.41	9.70	4.95	3.34	2.98
2016	17.42	30.42	19.74	11.23	10.18	4.60	3.49	2.93

如果不同城市国内生产总值的差距随着时间推移而缩小，则发生 σ 收敛，为克服平均值的影响，采用变异系数来衡量 σ 收敛，八大城市群国内生产总值的 σ 收敛检验结果如图 2-1 所示。城市群总体各城市国内生产总值变异系数在 2003～2016 年总体趋于下降，由 2003 年的 1.95 下降到 2016 年的 1.84，中间年度波动较大，呈现类似于正弦波方式收敛，全国八大城市群总体的国内生产总值呈现出 σ 收敛特征。成渝城市群的国内生产总值的变异系数高于其他城市群，呈现波动上升趋势，从 2003 年的 1.70 上升到 2016 年的 2.07，2009 年后波动比城市群总体的变异系数的波动要大，研究期内未呈现显著收敛特征。中原城市群在研究期内变异系数呈现先下降后上升趋势，由 2003 年的 1.05 下降到 2005 年的 0.98 后逐年上升，到 2016 年上升到 1.33，研究期内呈现发散趋势，说明中原城市群内国内生产总值的差距在逐渐扩大。京津冀城市群在研究内变异系数呈现逐年缓慢上升趋势，由 2003 年的 1.66 上升到 2013 年的 1.88，后呈下降趋势到 2016 年为 1.82。长三角城市群的变异系数从 2003 年的 1.92 下降到 2009 年的 1.42，后上升再呈下降趋势，到 2016 年下降为 1.50，总体呈现出 σ 收敛特征，城市群内差距在逐渐缩小。

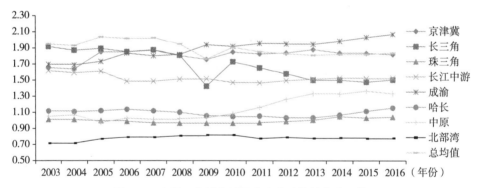

图 2-1 中国八大城市群国内生产总值的变异系数

二、人均 GDP

人均 GDP 如表 2-3 所示，八大城市群在 2003～2016 年都是呈逐渐增长趋势，城市群总体人均 GDP 从 2003 年的 2.00 万元增长到 2016 年的 7.52 万元，年均增长率为 10.72%。其中，珠三角城市群的人均 GDP 在八大城市群中居首位，从 2003 年的 4.30 万元上升到 2016 年的 10.76 万元，其中在 2013 年达到最高值 13.53 万元，年均增长率为 7.31%；长三角城市群从 2.73 万元上升到 10.18 万元，年均增长率为 11.13%；哈长城市群从 2.37 万元上升到 7.35 万元，年均增长率为 9.10%；长江中游城市群从 1.44 万元上升到 7.65 万元，年均增长率为 13.71%；京津冀城市群从 2.16 万元上升到 6.63 万元，年均增长率为 9.01%；北部湾城市群从 1.40 万元上升到 6.31 万元，年均增长率为 12.28%；成渝城市群从 0.97 万元上升到 4.94 万元，年均增长率为 13.34%；中原城市群从 1.38 万元上升到 4.83 万元，年均增长率为 10.12%。

表 2-3 中国八大城市群人均 GDP 单位：万元

年份	京津冀	长三角	珠三角	长江中游	成渝	哈长	中原	北部湾	总均值
2003	2.16	2.73	4.30	1.44	0.97	2.37	1.38	1.40	2.00
2004	2.54	3.26	4.96	1.73	1.16	2.67	1.71	1.59	2.35
2005	2.91	3.67	4.21	1.93	1.30	2.88	1.82	1.64	2.52
2006	3.27	4.39	4.65	2.26	1.51	3.22	2.00	2.00	2.91
2007	3.65	5.08	5.43	2.55	1.73	3.76	2.15	2.36	3.33
2008	4.26	5.82	6.18	3.29	2.07	4.47	2.73	2.67	3.96
2009	4.64	6.03	6.69	3.73	2.39	4.69	2.86	3.06	4.28
2010	5.14	6.38	7.85	4.32	2.95	5.77	3.19	3.75	4.86
2011	5.73	7.18	7.79	5.16	3.39	7.27	3.58	4.29	5.54
2012	6.16	8.43	8.25	5.85	3.97	7.95	3.88	4.75	6.23
2013	7.90	10.33	13.53	6.93	4.21	8.36	4.47	5.54	7.61
2014	6.49	8.82	9.59	6.81	4.43	8.13	4.31	5.58	6.84
2015	6.63	10.18	10.14	7.14	4.72	7.53	4.52	5.90	7.13
2016	6.63	10.18	10.76	7.65	4.94	7.35	4.83	6.31	7.52

中国八大城市群国内生产总值人均 GDP 的变异系数如图 2-2 所示，八大城市群人均 GDP 的变异系数的均值从 2003 年的 0.69 减少到 2016 年的 0.47，减少了 0.22。其中，系数总体下降的有哈长城市群，从 1.07 下降到 0.55，下降了 0.52，下降幅度最大，区域差距逐渐缩小；成渝城市群从 0.58 下降到 0.35，下降了 0.23；长三角城市群从 0.44 下降到 0.31，下降了 0.13。系数波动幅度较小的有长江中游城市群从 0.46 下降到 0.40，下降了 0.06；北部湾城市群从 0.41 下降到 0.35，下降了 0.06；珠三角城市群从 0.33 下降到 0.32，下降了 0.01；中原城市群从 0.35 上涨到 0.36，上涨了 0.01。系数上涨的城市群是京津冀城市群，从 0.32 上涨到 0.55，上涨了 0.23，城市群内差距增大。

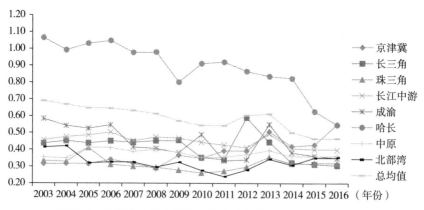

图 2-2　中国八大城市群国内生产总值人均 GDP 的变异系数

三、单位建设用地第二三产业产值

单位建设用地第二三产业产值变动趋势如表 2-4 所示，八大城市群总体单位建设用地第二三产业产值从 2003 年的 295.21 亿元/平方千米增长到 2016 年的976.99 亿元/平方千米，年均增长率为 9.64%。其中，珠三角城市群比其他 7 个城市群的产值都高，从 2003 年的 708.09 亿元/平方千米增加到 2016 年的2229.66 亿元/平方千米，其他 7 个城市群产值相近，分别是长三角城市群从356.12 亿元/平方千米增长到 1154.18 亿元/平方千米，年均增长率为 9.47%；京津冀城市群从 274.38 亿元/平方千米增加到 918.29 亿元/平方千米，年均增长率为 9.74%；北部湾城市群从 227.89 亿元/平方千米增加到 906.18 亿元/平方千米，年均增长率为 11.20%；长江中游城市群从 225.97 亿元/平方千米增加到902.28 亿元/平方千米，年均增长率为 11.24%；成渝城市群从 224.79 亿元/平方千米增加到 701.89 亿元/平方千米，年均增长率为 9.15%；哈长城市群从 297.63亿元/平方千米增加到 653.62 亿元/平方千米，年均增长率为 6.24%；中原城市群从 194.08 亿元/平方千米增加到 616.81 亿元/平方千米，年均增长率为 9.30%，城市群建设用地效益都呈现增长趋势。

表 2-4　中国八大城市群单位建设用地第二三产业产值　单位：亿元/平方千米

年份	京津冀	长三角	珠三角	长江中游	成渝	哈长	中原	北部湾	总均值
2003	274.38	356.12	708.09	225.97	224.79	297.63	194.08	227.89	295.21
2004	312.07	427.38	803.68	251.64	261.95	312.34	224.93	263.68	338.59
2005	367.25	473.35	1320.06	288.27	270.16	314.02	255.23	301.13	406.60

续表

年份	京津冀	长三角	珠三角	长江中游	成渝	哈长	中原	北部湾	总均值
2006	410.18	530.59	1345.95	299.50	325.88	338.72	265.51	320.01	439.04
2007	460.16	574.61	1054.68	358.42	369.47	394.39	287.97	346.26	460.09
2008	536.34	615.04	1363.44	427.18	411.80	447.73	331.66	391.97	531.94
2009	550.23	598.70	1622.32	393.05	426.98	472.39	344.04	483.17	553.48
2010	630.92	746.77	1833.51	502.86	486.59	550.52	385.15	532.08	654.54
2011	710.71	814.62	1764.48	593.77	565.67	637.93	442.97	692.15	728.28
2012	780.96	890.85	1879.37	640.41	616.79	664.42	471.31	705.67	782.85
2013	729.95	926.00	2109.84	658.92	611.33	695.92	440.71	756.61	808.32
2014	843.63	1005.18	1700.61	775.60	654.10	644.13	555.05	833.20	852.63
2015	872.78	1078.25	2139.61	858.84	680.00	644.94	555.59	784.41	920.65
2016	918.29	1154.18	2229.66	902.28	701.89	653.62	616.81	906.18	976.99

单位建设用地第二三产业产值的变异系数如图2-3所示，城市群总体的变异系数从2003年的0.87下降到2016年的0.67，下降了0.20，城市整体差距在缩小。其中，变异系数呈下降的城市群有6个，下降幅度最大的是珠三角城市群，从1.00先上升后下降到0.68，下降了0.32；北部湾城市群从0.66下降到0.36，下降了0.3；哈长城市群从0.7下降到0.44，下降了0.26；长三角城市群从0.51下降到0.38，下降了0.13；长江中游城市群从0.60下降到0.49，下降了0.11；成渝城市群从0.39下降到0.36，下降了0.03。变异系数上升的有京津冀城市群，从0.28上涨到0.51，上涨了0.23；中原城市群从0.33上涨到0.34，上涨了0.01，说明城市群内部呈现发散趋势，城市群内城市的差距在拉大。

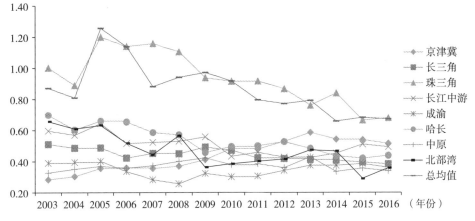

图2-3 中国八大城市群单位建设用地第二三产业产值的变异系数

第二节 城市群社会发展现状

一、在岗职工平均工资

在岗职工平均工资变动趋势如表 2-5 所示，八大城市群从 2003 年到 2016 年的变化基本相似，都呈逐步上升趋势，城市群总体在岗职工平均工资从 2003 年的 13955 万元增长到 2016 年的 63078 万元，年均增长率为 12.30%。其中，长三角城市群从 2003 年的 17687 万元增加到 2016 年的 73428 万元，年均增长率为 11.57%；珠三角城市群从 20461 万元增加到 71096 万元，年均增长率为 10.05%；京津冀城市群从 14020 万元增加到 68064 万元，年均增长率为 12.92%；成渝城市群从 12132 万元增加到 61295 万元，年均增长率为 13.27%；北部湾城市群从 13650 万元增加到 60798 万元，年均增长率为 12.18%；哈长城市群从 12777 万元增加到 59002 万元，年均增长率为 12.49%；长江中游城市群从 11595 万元增加到 56675 万元，年均增长率为 12.98%；中原城市群从 10392 万元增加到 52716 万元，年均增长率为 13.31%。

表 2-5 中国八大城市群单位在岗职工平均工资   单位：万元

年份	京津冀	长三角	珠三角	长江中游	成渝	哈长	中原	北部湾	总均值
2003	14020	17687	20461	11595	12132	12777	10392	13650	13955
2004	16637	20192	21986	12950	13949	14819	12321	15670	15920
2005	18671	22611	24482	14425	15360	16466	14181	17479	17795
2006	21038	25460	26402	16357	17439	18440	15451	19660	19935
2007	25689	29387	29484	20105	20859	22731	18985	23742	23773
2008	31268	33184	33041	22551	24466	26274	22483	27323	27342
2009	34903	36892	37169	24656	27790	29724	25828	28621	30413
2010	39464	41408	41076	28564	31623	32546	29703	32503	34414
2011	43165	47182	44742	33073	36558	37180	33494	36322	38976
2012	49598	52421	51587	37462	41933	41754	39541	41160	44280
2013	52441	57110	54824	41827	47797	46951	42971	45366	48622
2014	56190	62588	58869	46768	51851	51140	45840	49133	53003
2015	62752	67623	64843	52051	57263	54811	48787	56483	58227
2016	68064	73428	71096	56675	61295	59002	52716	60798	63078

在岗职工平均工资的变异系数如图2-4所示，八大城市群平均工资的变异系数从2003年的0.34下降到2016年的0.21，下降了0.13，离散化程度缩小。其中，各个城市群的变化都不相同，都存在上涨和下降的趋势，但各个城市群的变异系数整体上都呈现出下降的趋势。下降幅度最大的是哈长城市群，从0.33下降到0.16，下降了0.17；珠三角城市群从0.31下降到0.16，下降了0.15；北部湾城市群从0.19下降到0.08，下降了0.11；长三角城市群从0.29下降到0.20，下降了0.09；中原城市群从0.22下降到0.13，下降了0.09；长江中游城市群从0.21下降到0.17，下降了0.04；成渝城市群从0.15下降到0.13，下降了0.02；京津冀城市群从0.30下降到0.29，下降了0.01，说明城市群内部城市的差距在逐渐缩小，呈现出σ收敛趋势。

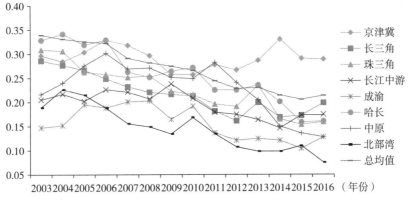

图2-4　中国八大城市群单位在岗职工平均工资变异系数

二、人均科技和教育支出

人均科技和教育支出变动趋势如表2-6所示，八大城市群从2003年到2016年都呈逐渐上升趋势，城市群总体人均科技和教育支出从2003年的326元/人增长到2016年的2159元/人，年均增长率为15.65%，城市教育支出明显增加，基础教育服务有明显改善。其中，珠三角城市群的人均科技和教育支出在全部城市群中最高，从2003年的876元/人增加到2016年的4667元/人，年均增长率为13.73%；接下来依次是长三角城市群从480元/人增加到2686元/人，年均增长率为14.16%；京津冀城市群从458元/人增加到2562元/人，年均增长率为14.17%；长江中游城市群从188元/人增加到1794元/人，年均增长率为18.93%；北部湾城市群从189元/人增加到1762元/人，年均增长率为18.73%；中原城市群从228元/人增加到1657元/人，年均增长率为16.50%；哈长城市群从 208 元/人增加到 1611 元/人，年均增长率为 17.06%；成渝城市群从 141 元/人增加到 1201 元/人，年均增长率为 17.90%。

表 2-6　中国八大城市群人均科技和教育支出变动趋势　　单位：元/人

年份	京津冀	长三角	珠三角	长江中游	成渝	哈长	中原	北部湾	总均值
2003	458	480	876	188	141	208	228	189	326
2004	397	390	794	179	141	218	222	203	294
2005	497	453	797	208	149	265	264	222	335
2006	557	514	1035	253	180	352	305	262	400
2007	814	783	1558	422	296	595	516	414	627
2008	1058	925	1747	496	329	741	611	504	745
2009	1318	1052	1865	590	464	806	736	609	871
2010	1465	1277	2275	703	582	895	823	745	1031
2011	1787	1678	3030	946	702	1085	1196	872	1336
2012	2406	2069	3677	1367	1004	1579	1456	1159	1751
2013	2308	2125	4142	1401	1040	1459	1576	1296	1811
2014	1969	2105	4323	1435	1042	1442	1648	1362	1804
2015	2557	2512	4216	1623	1215	1558	1875	1689	2066
2016	2562	2686	4667	1794	1201	1611	1657	1762	2159

三、每万人医院、卫生院床位数

每万人医院、卫生院床位数变动趋势如表 2-7 所示，八大城市群从 2003 年到 2016 年都呈逐渐上升趋势，城市群总体每万人医院、卫生院床位数从 2003 年的 52.90 张增长到 2016 年的 79.46 张，年均增长率为 3.18%，城市基础公共服务得到提升。其中，长江中游城市群从 2003 年的 43.35 张增加到 2016 年的 92.78 张，年均增长率为 6.03%；哈长城市群从 59.78 张增加到 88.17 张，年均增长率为 3.03%；珠三角城市群从 55.41 张增加到 85.67 张，年均增长率为 3.41%；中原城市群从 69.61 张增加到 79.02 张，年均增长率为 0.98%；京津冀城市群从 69.26 张增加到 74.79 张，年均增长率为 0.59%；长三角城市群从 57.26 张增加到 73.39 张，年均增长率为 1.93%；成渝城市群从 36.28 张增加到 70.99 张，年均增长率为 5.30%；北部湾城市群从 37.12 张增加到 63.78 张，年均增长率为 4.25%。

表 2-7 中国八大城市群每万人医院、卫生院床位数 单位：张

年份	京津冀	长三角	珠三角	长江中游	成渝	哈长	中原	北部湾	总均值
2003	69.26	57.26	55.41	45.35	36.28	59.78	69.61	37.12	52.90
2004	64.56	43.04	52.74	44.74	36.89	54.40	59.39	30.32	47.16
2005	61.86	44.08	49.17	46.72	38.66	53.57	58.68	33.60	47.63
2006	59.31	44.89	57.79	50.84	38.93	53.57	55.96	33.67	48.84
2007	67.07	47.11	61.12	49.50	37.74	55.01	53.69	31.85	49.63
2008	71.02	49.40	63.03	55.12	41.03	56.80	57.84	34.13	53.09
2009	73.70	50.77	64.61	59.46	46.85	60.52	63.75	36.74	56.60
2010	69.09	53.70	68.47	63.46	51.10	63.27	64.36	39.36	58.94
2011	74.13	57.46	70.89	66.85	54.44	59.26	66.67	39.47	61.54
2012	76.68	62.03	79.00	71.50	60.49	64.28	69.81	45.86	66.39
2013	85.68	64.31	83.45	79.99	64.76	77.74	74.78	49.69	72.48
2014	88.43	68.49	87.67	81.23	67.31	83.20	76.25	53.22	75.41
2015	76.73	72.21	83.40	84.67	77.15	81.93	86.06	60.07	78.15
2016	74.79	73.39	85.67	92.78	70.99	88.17	79.02	63.78	79.46

第三节 城市群生态环境发展现状

一、人均公园绿地面积

人均公园绿地面积变动趋势如表 2-8 所示，城市群总体人均公园绿地面积从 2003 年的 6.89 平方米增长到 2016 年的 13.60 平方米，年均增长率为 5.37%，城市绿化率明显提升。其中，珠三角城市群在 2003 年到 2016 年呈现波动变动趋势，其余 7 个城市群都是呈现上升趋势，珠三角城市群从 2003 年的 9.14 平方米波动增加到 2016 年的 18.84 平方米，年均增长率为 5.72%；京津冀城市群从 7.90 平方米增加到 14.74 平方米，年均增长率为 4.91%；长三角城市群从 7.48 平方米增加到 14.34 平方米，年均增长率为 5.13%；北部湾城市群从 5.82 平方米增加到 13.00 平方米，年均增长率为 6.38%；长江中游城市群从 6.63 平方米增加到 12.94 平方米，年均增长率为 5.28%；成渝城市群从 6.68 平方米增加到 12.70 平方米，年均增长率为 5.07%；哈长城市群从 4.77 平方米增加到 11.94 平方米，年均增长率为 7.31%；中原城市群从 6.42 平方米增加到 11.64 平方米，

年均增长率为4.68%。

表2-8　中国八大城市群人均公园绿地面积　　　　单位：平方米

年份	京津冀	长三角	珠三角	长江中游	成渝	哈长	中原	北部湾	总均值
2003	7.90	7.48	9.14	6.63	6.68	4.77	6.42	5.82	6.89
2004	8.40	8.14	11.83	7.43	7.22	5.08	7.00	5.68	7.59
2005	8.56	9.15	11.76	7.91	7.63	5.77	7.91	6.58	8.20
2006	8.72	9.07	9.72	8.26	7.83	6.20	8.33	7.64	8.32
2007	9.00	11.07	10.28	9.17	8.47	7.62	9.44	7.31	9.29
2008	10.14	11.76	11.62	10.14	8.97	8.81	8.95	8.23	10.05
2009	12.05	12.30	12.12	10.83	9.83	9.18	9.45	9.16	10.82
2010	14.65	12.96	13.80	11.78	10.71	9.89	9.75	9.98	11.83
2011	14.52	13.21	14.77	12.32	10.86	10.25	9.75	10.42	12.14
2012	14.19	13.37	16.83	12.38	10.88	10.59	10.03	10.59	12.37
2013	14.61	13.51	17.47	12.55	11.40	11.48	10.29	10.80	12.71
2014	14.76	13.82	17.76	12.89	11.23	11.63	10.61	10.77	12.91
2015	14.63	14.02	18.54	12.78	11.80	11.55	10.89	11.56	13.13
2016	14.74	14.34	18.84	12.94	12.70	11.94	11.64	13.00	13.60

二、万元GDP能耗

万元GDP耗电量变动趋势如表2-9所示，八大城市群在2003年到2016年都呈逐渐下降的趋势，城市群总体万元GDP耗电量从2003年的0.142万千瓦·时下降到2016年的0.068万千瓦·时，年均递减率为5.51%，城市能耗下降显著。其中，中原城市群下降幅度最大，从2003年的0.209万千瓦·时下降到2016年的0.063万千瓦·时，年均递减率为8.81%；之后分别是哈长城市群从0.151万千瓦·时下降到0.044万千瓦·时，年均递减率为9.05%；珠三角城市群从0.150万千瓦·时下降到0.060万千瓦·时，年均递减率为6.81%；成渝城市群从0.128万千瓦·时下降到0.057万千瓦·时，年均递减率为6.03%；京津冀城市群从0.176万千瓦·时下降到0.107万千瓦·时，年均递减率为3.76%；长江中游城市群从0.133万千瓦·时下降到0.066万千瓦·时，年均递减率为5.25%；长三角城市群从0.125万千瓦·时下降到0.071万千瓦·时，年均递减率为4.26%；北部湾城市群从0.086万千瓦·时下降到0.064万千瓦·时，年均递减率为 2.25%。

表 2-9　中国八大城市群万元 GDP 耗电量

单位：万千瓦·时

年份	京津冀	长三角	珠三角	长江中游	成渝	哈长	中原	北部湾	总均值
2003	0.176	0.125	0.150	0.133	0.128	0.151	0.209	0.086	0.142
2004	0.172	0.117	0.147	0.126	0.113	0.148	0.186	0.086	0.134
2005	0.181	0.132	0.120	0.125	0.131	0.147	0.181	0.080	0.137
2006	0.172	0.107	0.116	0.125	0.126	0.153	0.193	0.081	0.131
2007	0.162	0.104	0.109	0.121	0.117	0.137	0.209	0.080	0.128
2008	0.143	0.100	0.100	0.105	0.102	0.104	0.201	0.068	0.114
2009	0.150	0.096	0.092	0.091	0.092	0.097	0.195	0.074	0.108
2010	0.141	0.088	0.091	0.090	0.088	0.089	0.192	0.066	0.103
2011	0.124	0.080	0.083	0.079	0.085	0.078	0.175	0.067	0.094
2012	0.123	0.080	0.078	0.075	0.080	0.073	0.161	0.072	0.090
2013	0.132	0.081	0.077	0.073	0.079	0.061	0.159	0.071	0.090
2014	0.130	0.077	0.083	0.069	0.065	0.065	0.134	0.070	0.084
2015	0.116	0.073	0.061	0.066	0.060	0.050	0.075	0.060	0.071
2016	0.107	0.071	0.060	0.066	0.057	0.044	0.063	0.064	0.068

第三章 城市群经济联系空间溢出效应

区域经济联系是地理学、经济学研究区域经济的重要内容。随着区域一体化建设和城市化进程的不断推进，大量产业高速集聚，形成都市圈和城市群网络，城市群作为区域内各类要素动态流动的主要承载形式，呈现出经济联系网络化特征。城市群之间的经济联系越密切，互动性就会越强，区域间经济协调发展的程度就越高，在城市群经济联系的紧密过程中有利于区域分工与协作，增加城市间的相互依存度，从而使区域经济协调发展。本章运用城市空间相互作用强度的引力模型，使用社会网络分析方法，分析我国主要城市群空间经济联系的网络特征，进而为制定经济发展政策提供理论支持。

第一节 模型建立

一、修正的引力模型

城市群网络经济联系量值是衡量城市群区域内城市间经济联系强度大小的基本测度指标，其既能刻画中心城市对周边地区的经济辐射力，也能反映出周围城市对中心城市扩散的接纳度，目前城市间经济联系强度的测算方法应用较多的是应用引力模型理论。地理学家对牛顿力学引力模型的引用，最早由美国的 William Reilly 提出，随后经历了多方修正与完善。1942 年，Zipf 首次将万有引力定律引入城市体系空间相互作用研究中，建立了城市体系空间相互作用的理论基础，此后引力模型被广泛应用于距离衰减效应和空间相互作用的研究中。针对距离对空间相互作用的线性反比关系的批判，许多学者提到空间相互作用强度对距离的幂函数及指数依赖关系。

城市群经济联系的关联网络是探究空间经济之间相互关系的集合。网络中的"点"为城市群中各个城市，网络中的"线"为各城市在经济关系上的空间关联，由此构成城市经济联系的空间关联网络。引力模型可以综合考虑城市之间经济距离和地理距离对经济联系的空间溢出影响，为了增强适用性，将引力模型引入到城市经济联系领域，并对原始引力模型进行修正，修正后的引力模型如式

（3-1）所示：

$$R_{ij}=k_{ij}\frac{\sqrt{P_iG_i}\ \sqrt{P_jG_j}}{D_{ij}^2},\ k_{ij}=\frac{G_i}{G_i+G_j},\ D_{ij}^2=\left(\frac{d_{ij}}{g_i-g_j}\right)^2 \qquad （3-1）$$

式（3-1）中，R_{ij} 表示城市 i 与城市 j 之间的经济引力；k_{ij} 表示城市 i 在城市 i 和城市 j 之间经济联系中的贡献率，采用城市 GDP 占两联系城市 GDP 之和的比重来修正经验常数 k；P_i、P_j 分别表示城市 i、j 的年末总人口；G_i、G_j 分别表示城市 i、j 的实际 GDP；d_{ij} 表示城市 i 与城市 j 之间的最短公路距离，g_i-g_j 表示城市 i 与城市 j 的人均 GDP 差值，D_{ij}^2 表示城市之间的"经济地理距离"。根据式（3-1）可得城市之间的非对称引力矩阵，由此构建出城际间经济联系有向空间关联网络。

二、网络结构特征方法

1. 网络密度

网路密度用网络中所有节点之间实际关系总数与最大可能的关系数之比来度量，如式（3-2）所示：

$$D_n = L/[N \times (N-1)] \qquad （3-2）$$

式（3-2）中，D_n 表示网络密度，L 表示实际关联关系数，N 表示网络中存在的节点数，$N \times (N-1)$ 表示网络中最大可能的关联关系数。用网络密度刻画经济联系空间溢出中的城市之间的紧密程度，若网络密度越大，说明联系越紧密。

2. 网络关联度

网络关联度测算如式（3-3）所示：

$$C = 1 - V/[N \times (N-1/2)] \qquad （3-3）$$

式（3-3）中，C 表示网络关联度，N 表示网络中节点的个数，V 表示网络中不可达点的对数。网络关联度反映网络自身的稳健性和脆弱性。如果任何两点通过一条直接或间接的路径相连，那么网络关联度就较高；若网络中很多线均通过一个点相连，说明网络对该城市存在较强的依赖性，一旦排除该城市网络就可能崩溃，此时网络关联度较低。

3. 点度中心度

点度中心度是网络中与某个城市直接相连的城市数目 n 与最大可能直接相连的城市个数 N 之比，如式（3-4）所示：

$$C_e = n/(N-1) \qquad （3-4）$$

点度中心度是根据连接数来衡量各个城市在经济联系网络中所处的中心程

度。点度中心度越高，意味着该城市与其他城市间联系越多，也就表明该城市处于网络更加中心的地位。根据城市间联系方向，点度中心度分成点出度和点入度。点出度是指该城市指向其他城市的连线数，反映该城市对其他城市的辐射程度；点入度是指其他城市指向该城市的连线数，反映其他城市对该城市的影响程度。

4. 中间中心度

假设网络中共 N 个节点，其中节点 i 和 j 之间存在 g_{ij} 条捷径，i 和 j 之间存在的经过第三个节点 k 的捷径数为 $g_{ij}(k)$，节点 k 对 i、j 两点交往的控制能力用 $b_{ij}(k)$ 表示，$b_{ij}(k) = g_{ij}(k)/g_{ij}$，那么中间中心度 C_{RB} 可表示为式（3-5）：

$$C_{RB} = \frac{2 \sum_{i}^{N} \sum_{j}^{N} b_{ij}(k)}{N^2 - 3N + 2}，其中 i \neq j \neq k，且 i < j \qquad (3-5)$$

中间中心度反映某个城市对其他城市间经济关联关系的控制程度。中间中心度越高，意味着该城市越能控制其他城市间经济联动程度，该城市也就更加处于网络中心的位置。

5. 接近中心度分析

接近中心度是用距离概念来测量某一节点城市的中心程度，即在网络中的行动者在多大程度上不受其他行动者的控制，如式（3-6）所示：

$$C_{AP} = 1/ \sum_{j=1}^{n} d_{ij} \qquad (3-6)$$

式（3-6）中，C_{AP} 表示接近中心度，d_{ij} 表示点 i 和点 j 之间的捷径距离。接近中心度是用某城市与其他所有城市的最短距离表示其在网络中的位置，如果网络中一个成员在联系过程中较少依赖其他成员，此成员就具有较高的接近中心度。接近中心度越高，说明它与其他城市之间的通达性越好，经济联系越紧密，进而受其他节点的影响控制程度越小，即核心作用也越强；反过来也可以得出距离中心点城市相对较远的城市在资源权力和声望影响等方面会表现得较弱。

6. 核心—边缘结构

核心—边缘结构分析根据网络中节点之间联系紧密程度，将网络中的节点分为两个区域：核心域和边缘区域，处于核心区域的节点在网络中占有比较重要的地位。

7. 凝聚子群

当网络中某些城市间的关系特别紧密，最终结合成一个次级团体时，这样的团体被称为凝聚子群。城市网络内部凝聚子群是用于揭示和刻画城市群体内部组成结构状态，找到城市网络中凝聚子群的个数以及凝聚子群中具体包含的成员，分析城市群内城市间的组合情况和亲疏关系。

第二节　城市群间的空间溢出效应

一、经济联系总量的时间演变

根据修正引力模型对八大城市群不同年份对外经济联系总量进行测算，结果如表3-1所示。各城市群经济联系强度都出现了不同程度的增加，但增长的幅度与速度并不一致，城市群对外经济联系总量差异显著，排名首位的长三角城市群对外经济联系总量显著高于其他城市群，表明该城市群内部城市之间的经济联系紧密。长江中游城市群、京津冀城市群和珠三角城市群的对外经济联系总量都处于较高水平，表明各自城市群内部城市之间的经济联系较为紧密。相比之下，成渝城市群、中原城市群、哈长城市群和北部湾城市群的对外经济联系总量较低，城市之间的经济联系相对比较稀疏。

表3-1　八大城市群经济联系总量

年份	京津冀	长三角	珠三角	长江中游	成渝	哈长	中原	北部湾
2003	49.399	97.036	52.445	59.377	17.877	8.132	10.368	5.105
2004	55.288	121.119	52.649	64.156	21.322	8.780	12.628	5.320
2005	77.404	152.075	82.872	76.613	26.125	9.646	15.652	7.238
2006	90.172	174.571	89.006	82.682	36.139	11.141	18.125	8.268
2007	107.309	211.025	107.357	100.879	42.545	13.595	20.994	9.948
2008	129.199	247.036	127.557	128.966	53.862	16.047	25.996	11.821
2009	139.239	258.732	142.897	154.250	67.549	18.264	28.559	13.626
2010	181.772	340.900	170.879	188.262	82.582	22.232	36.120	16.717
2011	220.820	416.253	207.164	243.372	110.638	27.154	45.653	21.377
2012	248.905	476.669	228.564	282.000	129.407	29.222	53.882	23.628
2013	268.257	553.529	258.169	313.271	144.898	31.358	60.563	27.175
2014	313.957	626.749	300.397	356.454	177.576	31.646	69.646	35.428
2015	372.783	709.354	356.168	405.138	211.533	34.621	72.349	40.296
2016	443.519	817.387	405.207	459.483	263.204	36.285	91.369	45.980

从八大城市群层面对城市群的对外经济联系总量占比进行测算，结果如表 3-2 所示。长三角城市群对外经济联系总量占比在 1/3 左右，长江中游城市群、京津冀城市群和珠三角城市群对外经济联系总量占比相差不大，上述四个城市群的对外经济联系总量占比达到 85% 左右，表明各城市群对外经济联系紧密。然而成渝城市群、中原城市群、哈长城市群和北部湾城市群等城市群的对外经济联系总量占比在 15% 左右，说明整体经济联系总量处于较低水平，各城市群对外的经济联系有待加强。

表 3-2 八大城市群经济联系总量占比　　　　　　　　　单位：%

年份	京津冀	长三角	珠三角	长江中游	成渝	哈长	中原	北部湾
2003	16.481	32.373	17.497	19.810	5.964	2.713	3.459	1.703
2004	16.201	35.492	15.428	18.800	6.248	2.573	3.700	1.559
2005	17.292	33.974	18.514	17.115	5.836	2.155	3.497	1.617
2006	17.677	34.223	17.449	16.209	7.085	2.184	3.553	1.621
2007	17.487	34.388	17.495	16.439	6.933	2.215	3.421	1.621
2008	17.448	33.361	17.226	17.416	7.274	2.167	3.511	1.596
2009	16.916	31.433	17.361	18.740	8.206	2.219	3.470	1.655
2010	17.487	32.796	16.439	18.111	7.945	2.139	3.475	1.608
2011	17.086	32.207	16.029	18.831	8.560	2.101	3.532	1.654
2012	16.906	32.376	15.525	19.154	8.790	1.985	3.660	1.605
2013	16.187	33.401	15.578	18.903	8.743	1.892	3.654	1.640
2014	16.422	32.782	15.712	18.644	9.288	1.655	3.643	1.853
2015	16.927	32.211	16.173	18.397	9.605	1.572	3.285	1.830
2016	17.308	31.899	15.813	17.931	10.272	1.416	3.566	1.794

二、整体网络结构特征分析

八大城市群经济联系网络结构如图 3-1~图 3-3 所示。在研究期内，城市群总体经济联系的网络连接线增加，说明城市群之间经济联系日趋紧密。网络密度由 2003 年的 0.3929 增加到 2009 年的 0.4464，到 2016 年为 0.4464，在 2003~2009 年呈逐年上升趋势，说明城市群间经济联系活动频繁，相互作用加强。

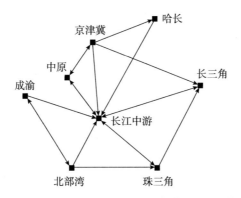

图 3-1　2003 年八大城市群经济联系网络结构

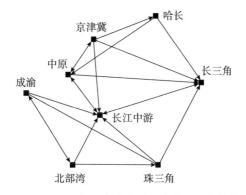

图 3-2　2009 年八大城市群经济联系网络结构

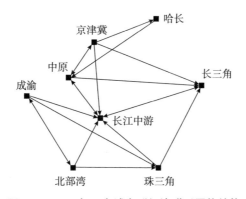

图 3-3　2016 年八大城市群经济联系网络结构

三、点度中心度分析

对八大城市群间的点度中心度进行测算,结果如表 3-3 所示。无论是点出度还是点入度，都表现出明显的两极分化现象：长三角城市群和长江中游城市群的点入度与点出度整体最高，而哈长城市群和北部湾城市群的点入度与点出度整体落后于其他城市群。从点出度水平分析，长三角城市群、长江中游城市群、珠三角城市群和京津冀城市群点出度显著高于其他城市群，说明其在网络中的核心地位，具有很强的经济辐射能力，对其他城市群产生了经济外部性，其中珠三角城市群、长三角城市群和京津冀城市群对其他城市群的影响远大于受其他城市群的影响。从点入度水平分析，长江中游城市群和中原城市群的点入度相对于其他城市群较高，说明其受核心城市群的经济辐射力度较大，表明其为促进自身经济发展，不断整合利用外部资源，与外部积极建立并加强经济联系。

表 3-3 八大城市群经济联系网络点度中心度排序及结果

排序	点出度						点入度					
	2003 年		2009 年		2016 年		2003 年		2009 年		2016 年	
1	长三角	97.0	长三角	258.7	长三角	817.4	长江中游	82.4	长江中游	204.8	长江中游	618.3
2	长江中游	59.4	长江中游	154.3	长江中游	459.5	中原	43.7	中原	126.8	中原	400.4
3	珠三角	52.4	珠三角	142.9	京津冀	443.5	京津冀	37.5	长三角	106.5	成渝	323.0
4	京津冀	49.4	京津冀	139.2	珠三角	405.2	长三角	34.1	成渝	98.9	长三角	318.3
5	成渝	17.9	成渝	67.5	成渝	263.2	成渝	31.0	京津冀	97.5	京津冀	313.7
6	中原	10.4	中原	28.6	中原	91.4	珠三角	27.6	北部湾	76.0	北部湾	241.5
7	哈长	8.1	哈长	18.3	北部湾	46.0	北部湾	26.8	珠三角	68.5	珠三角	225.6
8	北部湾	5.1	北部湾	13.6	哈长	36.3	哈长	16.6	哈长	44.1	哈长	121.6

四、中间中心度分析

中间中心度的值是城市在城市群中介作用的体现。从整体上来看，城市群之间的交通越便利，城市群整体的中间中心度越小，根据城市群经济联系网络中间中心度对八大城市群进行分析，各城市群中间中心度分布不均衡（见表 3-4）。长江中游城市群中间中心度略高于其他城市群，说明城市群之间的经济联系主要通过长江中游城市群的中介作用而产生联系，而其他城市群中间中心度水平较低，主要原因在于长江中游城市群地处交通要道，相当多的经济联系是通过像武汉等类型的中介城市来完成的。

表 3-4　八大城市群经济联系网络中间中心度排序及结果

排序	2003 年		2009 年		2016 年	
1	长江中游	22.83	长江中游	19.33	长江中游	18.17
2	京津冀	8.00	成渝	10.00	成渝	10.00
3	长三角	5.33	京津冀	7.33	京津冀	8.50
4	珠三角	3.67	长三角	7.17	长三角	6.17
5	中原	2.67	北部湾	6.00	中原	4.83
6	成渝	2.50	中原	4.00	珠三角	2.33
7	北部湾	1.00	珠三角	1.17	哈长	0.00
8	哈长	0.00	哈长	0.00	北部湾	0.00

五、接近中心度分析

城市群间的接近中心度结果如表 3-5 所示。从整体上来看，长江中游城市群、长三角城市群、中原城市群具有较高的点度接近中心度，表明这些城市群在经济联系过程中较少地受到其他城市群的控制；而北部湾城市群和哈长城市群接近中心度水平较低，说明这些城市群与网络中点的"距离"较远，在经济联动网络中受控于其他城市群，扮演边缘行动者的角色。

表 3-5　八大城市群经济联系网络接近中心度排序及结果

排序	点出度						点入度					
	2003 年		2009 年		2016 年		2003 年		2009 年		2016 年	
1	长江中游	63.6	珠三角	63.6	珠三角	63.6	长江中游	100.0	长江中游	87.5	长江中游	87.5
2	京津冀	63.6	长江中游	53.8	长江中游	58.3	长三角	63.6	长三角	77.8	中原	70.0
3	珠三角	58.3	京津冀	53.8	京津冀	58.3	成渝	58.3	中原	70.0	长三角	70.0
4	长三角	53.8	长三角	50.0	中原	53.8	珠三角	58.3	成渝	58.3	成渝	58.3
5	中原	53.8	中原	50.0	长三角	53.8	中原	58.3	京津冀	53.8	京津冀	53.8
6	哈长	53.8	北部湾	50.0	成渝	50.0	京津冀	53.8	北部湾	41.2	珠三角	41.2
7	北部湾	50.0	成渝	46.7	北部湾	50.0	北部湾	43.8	哈长	36.8	北部湾	41.2
8	成渝	46.7	哈长	41.2	哈长	41.2	哈长	36.8	珠三角	30.4	哈长	36.8

六、核心—边缘结构分析

核心—边缘结构结果如表 3-6 所示，研究期内八大城市群核心区与边缘区的变化不大，京津冀城市群、长三角城市群、珠三角城市群和长江中游城市群一直位于核心区，哈长城市群、中原城市群和北部湾城市群也一直位于边缘区，仅有成渝城市群由边缘区成员变为核心区成员。

表3-6　八大城市群经济联系网络核心—边缘结构

年份	核心	边缘
2003	京津冀城市群、长三角城市群、珠三角城市群、长江中游城市群	成渝城市群、哈长城市群、中原城市群、北部湾城市群
2009	京津冀城市群、长三角城市群、珠三角城市群、长江中游城市群	成渝城市群、哈长城市群、中原城市群、北部湾城市群
2016	京津冀城市群、长三角城市群、珠三角城市群、长江中游城市群、成渝城市群	哈长城市群、中原城市群、北部湾城市群

七、凝聚子群分析

凝聚子群分析是以城市之间的经济联系强度为依据，探讨城市集群内的小团体集聚现象，说明小团体内的城市间经济联系紧密，合作行动频繁，其更多体现在经济层面亲疏关系上。根据城市群之间的经济联系将八大城市群划分为四个凝聚子群，如表3-7所示。研究期内八大城市群经济联系网络凝聚子群成员未发生变化，四个子群在地理空间格局上基本上呈沿北向南走向，第1子群成员有京津冀城市群、哈长城市群和中原城市群，第2子群由长江中游城市群和长三角城市群组成，第3子群成员有成渝城市群和珠三角城市群，第4子群成员为北部湾城市群。

表3-7　八大城市群经济联系网络凝聚子群

年份	子群1	子群2	子群3	子群4
2003	京津冀城市群、哈长城市群、中原城市群	长江中游城市群、长三角城市群	成渝城市群、珠三角城市群	北部湾城市群
2009	京津冀城市群、哈长城市群、中原城市群	长江中游城市群、长三角城市群	成渝城市群、珠三角城市群	北部湾城市群
2016	京津冀城市群、哈长城市群、中原城市群	长江中游城市群、长三角城市群	成渝城市群、珠三角城市群	北部湾城市群

第三节　各城市群内的空间溢出效应

一、京津冀城市群经济联系网络特征

1. 经济联系总量的时间演变

根据修正的引力模型，对京津冀城市群 13 个城市的 2003 年、2009 年和 2016 年对外经济联系总量进行测算，其结果如表 3-8 所示。对外经济联系总量差异显著，两极分化现象较为明显，排名首位的北京市，其经济联系总量占比超过一半以上，高于其他城市的总和，主要原因在于城市间人口和经济规模、交通可达性等因素的差异，人力资源越丰富、经济规模越大、可达性条件越好的城市与其他城市的经济联系越密切，反之则较弱。以区域中心城市为核心的规模经济效应正逐渐显现，从整体来看，京津冀城市群正逐步形成以北京、天津、唐山为中心，以交通干线为轴的经济联系高度紧密的城市群。

表 3-8　京津冀城市群经济联系总量排名

城市	2003 年		2009 年		2016 年	
	R_i	排名	R_i	排名	R_i	排名
北京	136.45	1	672.23	1	2122.05	1
天津	67.38	2	482.69	2	1517.80	2
石家庄	14.82	3	19.47	4	97.84	4
唐山	13.35	4	65.20	3	130.81	3
秦皇岛	2.12	9	3.42	9	10.01	9
邯郸	4.99	5	8.39	7	43.73	5
邢台	2.06	10	3.09	10	8.34	10
保定	3.62	6	8.50	6	39.04	7
张家口	0.62	12	1.62	11	5.30	12
承德	0.35	13	0.86	13	1.55	13
沧州	1.21	11	3.81	8	10.43	8
廊坊	2.40	8	10.24	5	41.84	6
衡水	2.88	7	0.87	12	5.69	11

2. 整体网络结构特征分析

京津冀城市群经济联系网络结构如图3-4至图3-6所示。在研究期内，京津冀城市群经济联系的网络连接线增加，说明城市群之间经济联系日趋紧密。网络密度由2003年的0.3205增加到2009年的0.3269，到2016年为0.3526，在2009~2016年增长趋势明显，说明城市群间经济联系活动频繁，相互作用日渐加强。

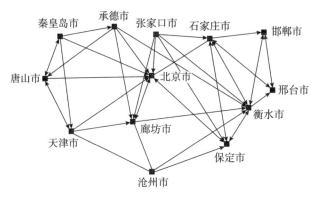

图3-4　2003年京津冀城市群经济联系网络结构

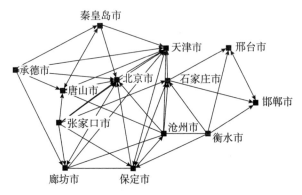

图3-5　2009年京津冀城市群经济联系网络结构

3. 点度中心度分析

京津冀城市群的点度中心度结果如表3-9所示，北京的点入度与点出度整体最高，其次为天津，京津冀城市群呈现出双核驱动的发展态势。从点出度来看，北京的点出度最高，反映了北京在京津冀城市群中的核心地位，这是由北京的政治、经济以及文化等优势所形成的，它与周围城市的空间经济联系逐渐增强，其经济辐射能力与日俱增，并且北京对城市群内部其他城市的影响远大于受其他城市的影响。从点入度来看，天津的点入度最高，表明随着天津打造改革开放先行

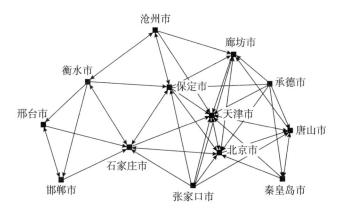

图 3-6 2016 年京津冀城市群经济联系网络结构

区的大力建设，天津积极用好京津冀协同发展战略的牵引力和推动力，以协同发展推进自身高质量发展，与其他城市积极建立并加强经济联系。

表 3-9 京津冀城市群经济联系网络点度中心度排序及结果

排序	点出度						点入度					
	2003 年		2009 年		2016 年		2003 年		2009 年		2016 年	
1	北京	136.5	北京	672.2	北京	2122.1	天津	53.2	天津	364.6	天津	1116.6
2	天津	67.4	天津	482.7	天津	1517.8	廊坊	46.7	北京	254.2	北京	782.7
3	石家庄	14.8	唐山	65.2	唐山	130.8	北京	35.5	廊坊	243.0	廊坊	773.8
4	唐山	13.3	石家庄	19.5	石家庄	97.8	唐山	32.5	唐山	194.9	唐山	515.2
5	邯郸	5.0	廊坊	10.2	邯郸	43.7	衡水	19.4	保定	56.9	保定	259.6
6	保定	3.6	保定	8.5	廊坊	41.8	保定	14.8	沧州	38.8	石家庄	146.1
7	衡水	2.9	邯郸	8.4	保定	39.0	石家庄	12.6	石家庄	37.2	沧州	107.0
8	廊坊	2.4	沧州	3.8	沧州	10.4	沧州	9.1	秦皇岛	21.6	张家口	71.5
9	秦皇岛	2.1	秦皇岛	3.4	秦皇岛	10.0	秦皇岛	8.0	张家口	20.8	秦皇岛	68.4
10	邢台	2.1	邢台	3.1	邢台	8.3	邢台	7.0	邯郸	13.6	邯郸	64.9
11	沧州	1.2	张家口	1.6	衡水	5.7	邯郸	5.1	邢台	13.0	邢台	50.2
12	张家口	0.6	衡水	0.9	张家口	5.3	张家口	4.8	承德	13.0	衡水	48.3
13	承德	0.3	承德	0.9	承德	1.6	承德	3.5	衡水	8.8	承德	30.2

4. 中间中心度分析

城市群中间中心度的值是城市在城市群内中介作用的体现，根据城市群中间中心度的数值，可得出城市群中与其他城市经济联系紧密的城市以及经济联系中被孤立的城市。京津冀城市群中间中心度结果如表 3-10 所示，中间中心度排序变化幅度较大且两极分化现象较为严重，当前该城市群各城市之间的经济联系主要通过北京、天津、石家庄、唐山等中介城市而产生联系，而其他城市处于京津冀城市群的边缘位置，空间经济联系较弱。

表 3-10　京津冀城市群经济联系网络中间中心度排序及结果

排序	2003 年		2009 年		2016 年	
1	衡水	40.500	石家庄	22.667	石家庄	22.133
2	北京	27.083	唐山	20.000	保定	11.967
3	唐山	20.250	秦皇岛	11.000	唐山	10.333
4	廊坊	17.083	北京	8.833	天津	9.867
5	石家庄	14.500	天津	8.833	北京	7.133
6	秦皇岛	13.250	保定	6.167	衡水	6.000
7	天津	8.667	沧州	5.167	沧州	1.233
8	承德	8.333	承德	0.333	廊坊	0.333
9	沧州	6.000	邯郸	0.000	张家口	0.000
10	保定	3.333	张家口	0.000	承德	0.000
11	张家口	0.000	邢台	0.000	秦皇岛	0.000
12	邯郸	0.000	廊坊	0.000	邯郸	0.000
13	邢台	0.000	衡水	0.000	邢台	0.000

5. 接近中心度分析

京津冀城市群接近中心度结果如表 3-11 所示，张家口、承德、石家庄、沧州和保定的点出度较高，而北京、天津、廊坊、唐山和秦皇岛的点入度较高。京津冀城市群中各个城市的接近中心度水平较为均衡，表明城市群内部城市之间的经济联系较为紧密。

表 3-11　京津冀城市群经济联系网络接近中心度排序及结果

排序	点出度						点入度					
	2003 年		2009 年		2016 年		2003 年		2009 年		2016 年	
1	张家口	54.5	张家口	40.0	张家口	41.4	北京	75.0	北京	80.0	天津	80.0
2	承德	40.0	衡水	36.4	承德	38.7	衡水	70.6	天津	80.0	北京	75.0

续表

排序	点出度						点入度					
	2003 年		2009 年		2016 年		2003 年		2009 年		2016 年	
3	石家庄	36.4	沧州	29.3	石家庄	29.3	天津	57.1	廊坊	60.0	廊坊	63.2
4	保定	35.3	石家庄	27.3	保定	29.3	廊坊	57.1	唐山	60.0	唐山	54.5
5	沧州	35.3	保定	27.3	沧州	27.9	唐山	52.2	秦皇岛	40.0	秦皇岛	37.5
6	廊坊	34.3	邯郸	23.1	衡水	27.3	石家庄	50.0	承德	29.3	石家庄	16.2
7	衡水	33.3	邢台	23.1	邯郸	24.5	保定	48.0	石家庄	14.3	保定	16.2
8	秦皇岛	33.3	承德	12.5	邢台	24.5	邯郸	46.2	保定	14.0	衡水	15.8
9	北京	31.6	秦皇岛	12.4	唐山	11.1	邢台	46.2	邯郸	13.8	邯郸	15.6
10	天津	31.6	唐山	12.2	天津	11.0	沧州	44.4	邢台	13.8	邢台	15.6
11	邯郸	30.0	北京	12.1	北京	11.0	秦皇岛	36.4	沧州	13.3	沧州	15.2
12	邢台	30.0	天津	12.1	秦皇岛	11.0	承德	27.3	张家口	7.7	张家口	7.7
13	唐山	27.9	廊坊	11.8	廊坊	10.8	张家口	7.7	衡水	7.7	承德	7.7

6. 核心—边缘结构分析

核心—边缘结构如表 3-12 所示，京津冀城市群城市间的核心区、边缘区近十多年来并没有发生变化，北京和天津一直处于网络的核心区域，且相对位置也未发生变化，其他城市一直处于边缘区。

表 3-12　京津冀城市群经济联系网络核心—边缘结构

年份	核心城市	边缘城市
2003	北京、天津	石家庄、唐山、秦皇岛、邯郸、邢台、保定、张家口、承德、沧州、廊坊、衡水
2009	北京、天津	石家庄、唐山、秦皇岛、邯郸、邢台、保定、张家口、承德、沧州、廊坊、衡水
2016	北京、天津	石家庄、唐山、秦皇岛、邯郸、邢台、保定、张家口、承德、沧州、廊坊、衡水

网络联结密度结果如表 3-13 所示，核心区与边缘区的联系密度在不断增长，核心区成员的联结密度由 2003 年的 38.054 增长到 2016 年的 874.32，增长了21.98 倍；核心区与边缘区的联结密度也由 2003 年的 5.806 增长到 2016 年的

85.964，增长了 13.81 倍，说明核心区城市之间、核心区与边缘区的城市空间经济联系更加紧密。边缘区城市间的联结密度由 2003 年的 0.326 增长到 2016 年的 2.218，增长了 5.80 倍，增长速度相对缓慢，可见边缘区城市间经济联系较弱，在京津冀城市群中城市空间经济联系网络中存在较明显的分层。

表 3-13　京津冀城市群核心—边缘网络联结密度

区域	2003 年		2009 年		2016 年	
	核心区	边缘区	核心区	边缘区	核心区	边缘区
核心区	38.054	5.806	277.935	27.23	874.32	85.964
边缘区	0.57	0.326	2.863	0.568	6.847	2.218

7. 凝聚子群分析

京津冀城市群经济联系网络划分为三个凝聚子群，如表 3-14 所示。京津冀城市群经济联系网络凝聚子群近十年来未发生变化，第 1 子群成员为邢台、邯郸，第 2 子群成员是天津、北京，第 3 子群由秦皇岛、石家庄、唐山、保定、张家口、承德、沧州、廊坊和衡水组成。北京和天津作为京津冀城市群的核心城市的地位越来越巩固，依托其资金、人力资本等资源要素集中的优势，对城市群内部其他城市具有很强的辐射和广泛的带动作用；邢台和邯郸的经济联系较为紧密，但与其他城市的联系不够，未来应加强与城市群中其他城市的经济交流合作，实现共同发展；其他城市应"抱团"承接核心城市的产业转移，形成城市群的次中心和新的经济增长点。

表 3-14　京津冀城市群经济联系网络凝聚子群

年份	子群 1	子群 2	子群 3
2003	邢台、邯郸	天津、北京	秦皇岛、石家庄、唐山、保定、张家口、承德、沧州、廊坊、衡水
2009	邢台、邯郸	天津、北京	秦皇岛、石家庄、唐山、保定、张家口、承德、沧州、廊坊、衡水
2016	邢台、邯郸	天津、北京	秦皇岛、石家庄、唐山、保定、张家口、承德、沧州、廊坊、衡水

二、长三角城市群经济联系网络特征

1. 经济联系总量的时间演变

根据修正的引力模型,对长三角城市群 26 个城市的 2003 年、2009 年和 2016 年对外经济联系总量进行测算,其结果如表 3-15 所示。各城市经济联系强度都出现不同程度的增加,但增长的幅度与速度并不一致,占据长三角城市群核心地位的上海,其对外经济联系总量远远高于其他城市,城市群内部差异显著,两极分化现象较为明显。以区域中心城市为核心的规模经济效应正逐渐显现,从整体来看,上海、无锡、南京、常州、杭州、苏州与其他城市之间的经济联系更为紧密,能够与周边城市进行紧密互动,具有较强的辐射功能,因而处于长三角城市群的核心位置。

表 3-15 长三角城市群经济联系总量排名

城市	2003 年	排名	2009 年	排名	2016 年	排名
上海	252.75	1	1047.67	1	3298.68	1
南京	95.90	3	445.56	4	1492.63	3
无锡	138.73	2	477.02	2	997.67	5
常州	83.40	4	270.40	6	893.55	6
苏州	79.71	6	472.78	3	1585.08	2
南通	7.30	14	73.34	10	185.90	11
盐城	1.97	24	12.36	18	65.60	15
扬州	25.25	7	82.52	8	435.71	7
镇江	22.99	8	80.89	9	224.76	10
泰州	15.45	10	23.93	16	153.19	12
杭州	80.89	5	337.06	5	1165.77	4
宁波	21.73	9	96.78	7	268.90	8
嘉兴	10.26	11	26.68	15	59.24	18
湖州	9.86	12	29.94	14	64.81	16
绍兴	6.45	16	13.86	17	232.06	9
金华	1.55	25	4.44	22	10.13	23
舟山	2.03	22	6.04	21	16.01	21
台州	4.44	19	9.83	19	21.29	20
合肥	5.83	17	43.71	11	142.04	13

续表

城市	2003 年	排名	2009 年	排名	2016 年	排名
芜湖	8.84	13	35.03	12	115.60	14
马鞍山	6.48	15	30.28	13	62.96	17
铜陵	3.13	20	8.05	20	28.93	19
安庆	1.52	26	3.55	25	9.14	26
滁州	2.12	21	3.51	26	11.08	22
池州	1.99	23	4.20	23	10.09	25
宣城	5.23	18	4.11	24	10.12	24

2. 整体网络结构特征分析

长三角城市群经济联系网络结构如图3-7至图3-9所示。在研究期内,长三角城市群经济联系的网络连接波动变化说明城市群之间经济联系并不稳定。网络密度由2003年的0.2708增加到2009年的0.2769,到2016年降为0.2708,说明城市群间经济联系活动比较稳定,网络聚合度有所增强,区域整体集群优势明显。

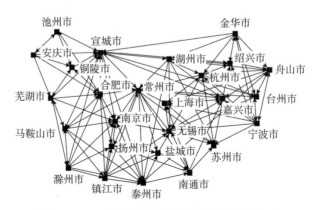

图3-7　2003年长三角城市群经济联系网络结构

3. 点度中心度分析

长三角城市群的点度中心度结果如表3-16所示,上海的点入度与点出度整体最高,上海对城市群内部其他城市的影响远大于受其他城市的影响。从点出度来看,上海的点出度最高,其原因主要是上海经济发展水平高、集聚要素能力强,因而通过扩散效应带动其他城市发展。由于在经济联系辐射网络中处于核心地位,它与周围城市的空间经济联系逐渐增强,其经济辐射能力与日俱增。从点

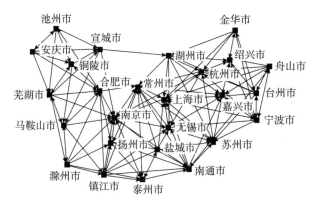

图 3-8 2009 年长三角城市群经济联系网络结构

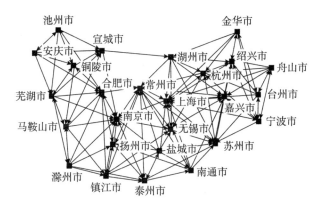

图 3-9 2016 年长三角城市群经济联系网络结构

入度来看,苏州、无锡、常州的点入度最高,表明这三市不断地整合利用外部资源,对外部资源要素的吸引能力较强,经济联系也较广。它们积极融入城市群协同发展建设,与其他城市也积极地建立并加强经济合作联系。

表 3-16 长三角城市群经济联系网络点度中心度排序及结果

排序	点出度						点入度					
	2003 年		2009 年		2016 年		2003 年		2009 年		2016 年	
1	上海	252.7	上海	1047.7	上海	2846.2	无锡	126.0	苏州	549.8	苏州	1474.1
2	无锡	138.7	无锡	477.0	苏州	1452.1	常州	105.9	无锡	487.4	无锡	1309.8
3	南京	95.9	苏州	472.8	南京	1355.5	苏州	105.2	常州	349.6	常州	899.5
4	常州	83.4	南京	445.6	杭州	1023.2	嘉兴	56.2	上海	232.9	杭州	637.4
5	杭州	80.9	杭州	337.1	无锡	898.1	泰州	51.6	南通	222.8	上海	584.6

续表

排序	点出度						点入度					
	2003 年		2009 年		2016 年		2003 年		2009 年		2016 年	
6	苏州	79.7	常州	270.4	常州	801.4	杭州	45.3	杭州	206.1	扬州	559.4
7	扬州	25.3	宁波	96.8	扬州	394.7	镇江	42.6	镇江	184.9	绍兴	550.2
8	镇江	23.0	扬州	82.5	宁波	232.6	扬州	39.3	嘉兴	167.8	南通	544.5
9	宁波	21.8	镇江	80.9	绍兴	218.3	湖州	35.1	南京	164.3	镇江	532.4
10	泰州	15.4	南通	73.3	镇江	206.0	绍兴	32.0	扬州	149.8	南京	456.3
11	嘉兴	10.3	合肥	43.7	南通	168.3	南京	31.5	湖州	149.5	嘉兴	397.8
12	湖州	9.9	芜湖	35.0	泰州	135.2	南通	31.2	马鞍山	111.5	湖州	351.1
13	芜湖	8.8	马鞍山	30.3	合肥	123.7	上海	31.1	宁波	104.4	泰州	346.6
14	南通	7.3	湖州	30.0	芜湖	100.9	宣城	29.5	绍兴	89.4	马鞍山	297.8
15	马鞍山	6.5	嘉兴	26.7	盐城	60.0	马鞍山	21.3	泰州	83.2	宁波	274.7
16	绍兴	6.5	泰州	24.0	湖州	58.9	宁波	19.6	芜湖	67.5	芜湖	199.7
17	合肥	5.8	绍兴	13.9	马鞍山	56.8	滁州	16.8	滁州	50.7	盐城	146.0
18	宣城	5.2	盐城	12.4	嘉兴	52.2	舟山	16.2	合肥	46.8	滁州	139.6
19	台州	4.5	台州	9.8	铜陵	21.4	芜湖	13.3	舟山	43.1	合肥	134.9
20	铜陵	3.1	铜陵	8.1	台州	19.4	台州	9.1	盐城	41.2	舟山	101.6
21	滁州	2.1	舟山	6.0	舟山	13.9	盐城	8.5	宣城	35.8	宣城	85.6
22	舟山	2.0	金华	4.5	滁州	9.9	合肥	7.0	台州	29.1	台州	68.7
23	池州	2.0	池州	4.2	金华	9.3	铜陵	6.8	金华	24.6	金华	60.8
24	盐城	2.0	宣城	4.1	宣城	9.0	金华	6.5	铜陵	21.6	铜陵	56.3
25	金华	1.6	安庆	3.6	池州	8.7	池州	5.3	池州	16.6	池州	42.0
26	安庆	1.5	滁州	3.5	安庆	8.1	安庆	3.3	安庆	13.2	安庆	32.7

4. 中间中心度分析

长三角城市群中间中心度结果如表 3-17 所示,中间中心度排序变化幅度较大且两极分化现象较为严重,南京和上海的中间中心度远高于其他城市,这两个城市作为长三角城市群的核心城市在城市群的经济联系辐射网络中起着重要的"中介"和"桥梁"作用。常州、合肥和宁波等城市的中间中心度紧随其后,这些城市的经济近些年发展较快,扩散作用明显,在城市群经济联系辐射网络中具有中介作用。然而安庆、金华、舟山等城市处于长三角城市群的边缘位置,未能起到中介作用,空间经济联系较弱。

表 3-17　长三角城市群经济联系网络中间中心度排序及结果

排序	2003 年		2009 年		2016 年	
1	宣城	175.93	南京	164.03	南京	168.63
2	南京	79.97	上海	104.48	上海	146.76
3	湖州	76.24	常州	89.44	常州	89.64
4	常州	66.93	合肥	76.86	合肥	73.02
5	泰州	63.84	杭州	55.87	宁波	69.58
6	绍兴	59.59	宁波	51.15	湖州	50.77
7	嘉兴	43.18	湖州	46.55	宣城	43.00
8	杭州	38.54	宣城	43.58	苏州	37.30
9	苏州	37.69	南通	32.09	泰州	29.33
10	无锡	24.84	泰州	30.42	台州	26.13
11	南通	20.18	嘉兴	30.20	芜湖	23.42
12	宁波	19.74	苏州	30.09	嘉兴	22.93
13	滁州	19.37	芜湖	22.98	杭州	21.91
14	上海	17.67	无锡	22.16	南通	21.89
15	铜陵	13.85	绍兴	20.83	无锡	16.62
16	合肥	12.07	马鞍山	14.48	马鞍山	14.25
17	舟山	9.83	镇江	11.40	绍兴	7.60
18	池州	9.82	滁州	5.77	镇江	6.23
19	马鞍山	9.46	扬州	4.15	扬州	5.45
20	芜湖	8.96	台州	4.14	铜陵	4.13
21	安庆	7.36	铜陵	3.57	盐城	3.32
22	台州	4.74	盐城	3.37	滁州	2.05
23	镇江	4.61	池州	1.28	池州	1.37
24	扬州	4.15	舟山	1.22	安庆	0.46
25	金华	3.47	金华	0.50	金华	0.20
26	盐城	0.00	安庆	0.37	舟山	0.00

5. 接近中心度分析

长三角城市群接近中心度结果如表 3-18 所示，整体接近中心度水平较为均衡，说明区域经济发展水平较高，城市之间经济联系较为密切。2003 年上海的接近中心度水平不高，随着长三角城市群协同发展的推进，上海逐渐在城市群内部扮演“核心行动者”的角色。常州、南京、无锡、苏州等城市接近中心度点入度水平较高，说明这些城市在城市群经济联系网络中受益较多，而无锡、苏州的点出度水平排名相对比较靠后，这与其城市发展水平并不匹配，与其他城市的经济联系有待加强。

表 3-18　长三角城市群经济联系网络接近中心度排序及结果

排序	点出度						点入度					
	2003 年		2009 年		2016 年		2003 年		2009 年		2016 年	
1	台州	55.6	杭州	54.3	上海	53.2	常州	73.5	南京	69.4	常州	65.8
2	舟山	54.3	上海	52.1	盐城	50.0	泰州	67.6	常州	67.6	南京	64.1
3	湖州	53.2	盐城	50.0	常州	49.0	宣城	65.8	无锡	62.5	无锡	61.0
4	嘉兴	52.1	常州	49.0	南京	46.3	无锡	62.5	上海	58.1	苏州	58.1
5	宣城	51.0	南通	49.0	合肥	46.3	南京	59.5	苏州	55.6	上海	56.8
6	金华	50.0	嘉兴	46.3	宣城	46.3	苏州	53.2	镇江	55.6	扬州	54.3
7	绍兴	49.0	合肥	46.3	泰州	45.5	镇江	53.2	扬州	54.3	镇江	52.1
8	合肥	49.0	南京	44.6	嘉兴	44.6	扬州	53.2	南通	52.1	南通	51.0
9	杭州	48.1	宣城	44.6	杭州	44.6	湖州	52.1	湖州	51.0	湖州	51.0
10	南京	46.3	舟山	44.6	台州	43.1	嘉兴	50.0	芜湖	49.0	泰州	50.0
11	滁州	44.6	台州	43.1	苏州	42.4	芜湖	50.0	泰州	47.2	嘉兴	49.0
12	常州	43.9	苏州	42.4	宁波	42.4	马鞍山	48.1	马鞍山	47.2	杭州	49.0
13	苏州	43.9	宁波	42.4	南通	41.7	南通	47.2	嘉兴	47.2	芜湖	46.3
14	马鞍山	43.9	湖州	41.7	湖州	41.7	杭州	47.2	杭州	47.2	马鞍山	44.6
15	南通	43.9	泰州	41.7	舟山	41.7	上海	46.3	合肥	47.2	合肥	44.6
16	上海	43.9	绍兴	41.7	滁州	41.0	铜陵	43.1	滁州	44.6	滁州	42.4
17	宁波	43.9	金华	41.7	绍兴	41.0	池州	42.4	宁波	41.0	宁波	41.0
18	泰州	41.7	镇江	40.3	镇江	40.3	绍兴	42.4	宣城	35.2	绍兴	39.7
19	芜湖	39.7	扬州	39.7	铜陵	40.3	盐城	41.0	铜陵	35.2	盐城	39.1
20	安庆	39.7	无锡	39.1	无锡	39.7	滁州	39.7	绍兴	34.7	铜陵	33.8
21	镇江	37.9	铜陵	39.1	扬州	39.7	宁波	34.2	池州	34.7	宣城	33.8
22	无锡	37.3	马鞍山	38.5	芜湖	39.1	安庆	31.6	安庆	33.8	池州	33.3
23	铜陵	37.3	滁州	38.5	马鞍山	39.1	舟山	31.3	盐城	32.5	安庆	32.5
24	扬州	36.8	芜湖	37.9	池州	37.3	合肥	30.9	台州	30.1	台州	30.1
25	池州	36.8	池州	37.3	安庆	37.3	金华	30.5	舟山	29.8	舟山	29.8
26	盐城	36.2	安庆	37.3	金华	36.2	台州	26.3	金华	26.3	金华	23.4

6. 核心—边缘结构分析

核心—边缘结构如表3-19所示，长三角城市群城市间的核心区、边缘区在研究期内并没有发生较大变化，上海、无锡和苏州一直处于网络的核心区域，且相对位置也未发生变化，常州由核心区被划入边缘区，其他城市一直处于边缘区。

表3-19　长三角城市群经济联系网络核心—边缘结构

年份	核心	边缘
2003	上海、无锡、常州、苏州	南京、南通、盐城、扬州、镇江、泰州、杭州、宁波、嘉兴、湖州、绍兴、金华、舟山、台州、合肥、芜湖、马鞍山、铜陵、安庆、滁州、池州、宣城
2009	上海、无锡、苏州	南京、常州、南通、盐城、扬州、镇江、泰州、杭州、宁波、嘉兴、湖州、绍兴、金华、舟山、台州、合肥、芜湖、马鞍山、铜陵、安庆、滁州、池州、宣城
2016	上海、无锡、苏州	南京、常州、南通、盐城、扬州、镇江、泰州、杭州、宁波、嘉兴、湖州、绍兴、金华、舟山、台州、合肥、芜湖、马鞍山、铜陵、安庆、滁州、池州、宣城

网络联结密度结果如表3-20所示，核心区与边缘区的联系密度在不断增长，核心区成员的联结密度由2003年的24.923增长到2016年的381.442，增长了14.30倍；核心区与边缘区的联结密度也由2003年的2.903增长到2016年的42.14，增长了13.52倍，说明核心区城市之间、核心区与边缘区的城市空间经济联系更加紧密。边缘区城市间的联结密度由2003年的0.589增长到2016年的7.92，增长了12.45倍，增长速度低于核心区，在长三角城市群城市空间经济联系网络中存在较明显的分层，且近十年没有缩小趋势。

表3-20　长三角城市群核心—边缘网络联结密度

区域	2003年		2009年		2016年	
	核心区	边缘区	核心区	边缘区	核心区	边缘区
核心区	24.923	2.903	146.053	16.248	381.442	42.14
边缘区	0.784	0.589	5.707	2.475	15.651	7.92

7. 凝聚子群分析

长三角城市群经济联系网络划分为四个凝聚子群，如表3-21所示。长三角城市群经济联系网络凝聚子群在研究期内变化不大，南通由第2子群成员变为第1子群成员，而合肥、马鞍山和滁州由第3子群成员变为第4子群成员。第1凝聚子群以上海为中心，带动苏州、无锡、常州和南通发展，说明苏南城市与上海进行对接活动相当频繁；第2凝聚子群以杭州为中心，带动宁波、金华、嘉兴等周围城市发展，第3凝聚子群以南京为中心，对镇江、扬州和泰州具有较强的辐射和带动作用；第4凝聚子群以合肥为中心，与芜湖、铜陵、安庆等周围城市具有较为紧密的经济联系。分析结果与城市在区域内的地理位置基本一致，同一凝聚子群内的城市间经济联系具有很强的相似性，以上海、杭州、南京和合肥为核心城市的多中心联动态势基本显现。

表3-21　长三角城经济联系网络凝聚子群

年份	子群1	子群2	子群3	子群4
2003	上海、苏州、无锡、常州	绍兴、南通、盐城、湖州、宁波、金华、杭州、台州、嘉兴、舟山	镇江、泰州、扬州、南京、合肥、马鞍山、滁州	芜湖、铜陵、安庆、池州、宣城
2009	上海、苏州、无锡、常州	绍兴、南通、盐城、湖州、宁波、金华、杭州、台州、嘉兴、舟山	镇江、泰州、扬州、南京、合肥、马鞍山、滁州	芜湖、铜陵、安庆、池州、宣城
2016	上海、苏州、无锡、常州、南通	绍兴、盐城、湖州、宁波、金华、杭州、台州、嘉兴、舟山	镇江、泰州、扬州、南京	合肥、芜湖、马鞍山、铜陵、安庆、滁州、池州、宣城

三、珠三角城市群经济联系网络特征

1. 经济联系总量的时间演变

根据修正的引力模型，对珠三角城市群9个城市的2003年、2009年和2016年对外经济联系总量进行测算，其结果如表3-22所示。珠三角城市群内部对外经济联系总量差异显著，两极分化现象较为明显。城市群经济联系总量排名首位的是广州，其经济联系总量占比超过一半以上，高于其他城市的总和，这是因为广州作为区域中心城市，人力资源丰富、经济规模较大、可达性条件较好，与域内城市具有广泛的经济联系。当前，珠三角城市群正突破各种体制机制障碍，加强城市间的经济联系，进而推动珠三角地区的经济社会一体化进程。

表 3-22 珠三角城市群经济联系总量排名

城市	2003 年	排名	2009 年	排名	2016 年	排名
广州	934.79	1	3940.32	1	10697.62	1
深圳	123.77	4	492.29	3	1527.12	3
珠海	87.24	6	61.90	7	157.28	6
佛山	354.88	2	2165.21	2	4504.65	2
江门	32.63	7	77.03	6	138.98	7
肇庆	2.70	9	6.08	9	42.09	9
惠州	13.96	8	29.00	8	86.70	8
东莞	91.45	5	428.71	4	905.14	4
中山	152.32	3	209.19	5	464.00	5

2. 整体网络结构特征分析

珠三角城市群经济联系网络结构如图 3-10~图 3-12 所示。在研究期内，珠三角城市群经济联系的网络连接线增加，说明城市群之间经济联系日趋紧密。网络密度由 2003 年的 0.3194 增加到 2009 年的 0.3333，到 2016 年为 0.3333，在 2003~2009 年增长趋势明显，说明城市群间经济联系活动频繁，相互作用日渐加强。

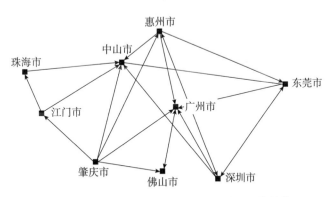

图 3-10　2003 年珠三角城市群经济联系网络结构

3. 点度中心度分析

珠三角城市群的点度中心度结果如表 3-23 所示，点度中心度整体水平较高，其中广州和佛山的点度中心度水平显著高于其他城市。从点出度来看，广州的点出度最高，广州对城市群内部其他城市的影响远大于受其他城市的影响，其原因主要是广州经济发展水平高、对外开放能力强，因而可以通过辐射效应助力其他

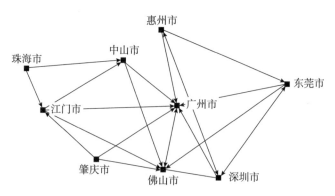

图 3-11 2009 年珠三角城市群经济联系网络结构

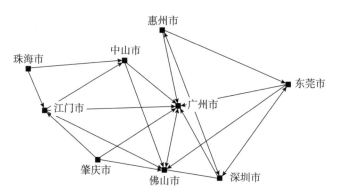

图 3-12 2016 年珠三角城市群经济联系网络结构

城市经济建设,在经济联系辐射网络中处于核心地位;而惠州、肇庆等地经济规模相对较小、现代产业发展水平不高,自身要素集聚能力较弱,辐射给其他城市的要素及信息也相对较少,从而导致与其他城市之间的经济联系较弱。从点入度来看,佛山、广州、东莞、中山等城市的点入度相对较高,这些城市经济发达、现代服务业水平较高,对周边城市的接纳作用大于自身对其他城市的经济辐射影响。其应不断整合利用外部资源,与其他城市积极建立并加强经济联系。

表 3-23 珠三角城市群经济联系网络点度中心度排序及结果

排序	点出度						点入度					
	2003 年		2009 年		2016 年		2003 年		2009 年		2016 年	
1	广州	934.8	广州	3940.3	广州	10697.6	佛山	658.6	佛山	3299.0	佛山	8790.2
2	佛山	354.9	佛山	2165.2	佛山	4504.7	广州	348.0	广州	2090.7	广州	4493.3
3	中山	152.3	深圳	492.3	深圳	1527.1	中山	274.5	东莞	665.9	东莞	1763.1

续表

排序	点出度						点入度					
	2003 年		2009 年		2016 年		2003 年		2009 年		2016 年	
4	深圳	123.8	东莞	428.7	东莞	905.1	东莞	169.2	中山	379.5	中山	903.7
5	东莞	91.5	中山	209.2	中山	464.0	珠海	131.5	江门	333.8	江门	721.2
6	珠海	87.2	江门	77.0	珠海	157.3	江门	78.7	深圳	247.2	深圳	686.5
7	江门	32.6	珠海	61.9	江门	139.0	惠州	52.5	珠海	163.3	惠州	440.9
8	惠州	14.0	惠州	29.0	惠州	86.7	深圳	50.8	惠州	158.6	珠海	398.9
9	肇庆	2.7	肇庆	6.1	肇庆	42.1	肇庆	29.9	肇庆	71.7	肇庆	325.8

4. 中间中心度分析

珠三角城市群中间中心度结果如表 3-24 所示,中间中心度排序变化幅度不大,中山的中间中心度一直处于领先地位,表明中山在珠三角城市群中处于关键地位,在城市群的经济联系辐射网络中起着重要的"中介"和"桥梁"作用。近些年来,广州排名降至第五而江门跃升为第一,表明广州作为中介城市的地位正在下降。佛山、肇庆、珠海、惠州等城市的中间中心度为 0,未起到中介作用。珠三角城市群的中间中心度整体水平较低,主要原因在于该城市群的交通较为发达,城市交通网络更加完善,城市之间的直达性强,空间经济联系趋于均衡。

表 3-24 珠三角城市群经济联系网络中间中心度排序及结果

排序	2003 年		2009 年		2016 年	
1	中山	7.50	江门	3.00	江门	3.00
2	广州	3.00	中山	3.00	中山	3.00
3	惠州	2.00	深圳	1.33	深圳	1.33
4	深圳	1.00	东莞	0.33	东莞	0.33
5	江门	0.50	广州	0.00	广州	0.33
6	佛山	0.00	肇庆	0.00	肇庆	0.00
7	肇庆	0.00	珠海	0.00	珠海	0.00
8	东莞	0.00	佛山	0.00	佛山	0.00
9	珠海	0.00	惠州	0.00	惠州	0.00

5. 接近中心度分析

珠三角城市群接近中心度结果如表 3-25 所示,近些年接近中心度水平排序未发生变化。广州、佛山、江门等城市点入度水平较高，说明这些城市在珠三角城市群协同发展中受益较多，而广州、佛山的点出度水平相对排名比较靠后，这与其城市发展水平并不匹配，与其他城市的经济联系有待加强。珠三角城市群毗邻港澳地区，外向型经济发达，城市经济发展受区域外因素影响较大，这对该城市群接近中心度水平有较大影响。

表 3-25　珠三角城市群经济联系网络接近中心度排序及结果

排序	点出度						点入度					
	2003 年		2009 年		2016 年		2003 年		2009 年		2016 年	
1	肇庆	72.7	肇庆	22.9	肇庆	22.9	中山	33.3	广州	88.9	广州	88.9
2	深圳	42.1	中山	20.0	中山	20.0	珠海	28.6	佛山	80.0	佛山	80.0
3	惠州	42.1	深圳	20.0	深圳	20.0	江门	28.6	江门	16.7	江门	16.7
4	东莞	40.0	江门	19.5	江门	19.5	广州	25.0	中山	16.3	中山	16.3
5	中山	14.3	东莞	19.5	东莞	19.5	佛山	22.9	珠海	15.7	珠海	15.7
6	江门	14.3	惠州	19.5	惠州	19.5	深圳	16.3	深圳	14.3	深圳	14.3
7	珠海	14.0	珠海	19.0	珠海	19.0	东莞	16.3	东莞	14.3	东莞	14.3
8	广州	12.5	广州	12.5	广州	12.5	惠州	16.3	惠州	14.0	惠州	14.0
9	佛山	12.5	佛山	12.5	佛山	12.5	肇庆	11.1	肇庆	11.1	肇庆	11.1

6. 核心—边缘结构分析

核心—边缘结构如表 3-26 所示，珠三角城市群城市间的核心区、边缘区在研究期内并没有发生较大变化，广州和佛山一直处于网络的核心区域，深圳和东莞由边缘区加入到核心区，其他城市一直处于边缘区。

表 3-26　珠三角城市群经济联系网络核心—边缘结构

年份	核心	边缘
2003	广州、佛山	深圳、珠海、江门、肇庆、惠州、东莞、中山
2009	广州、深圳、佛山、东莞	珠海、江门、肇庆、惠州、中山
2016	广州、深圳、佛山、东莞	珠海、江门、肇庆、惠州、中山

网络联结密度结果如表 3-27 所示，核心区与边缘区的联系密度在不断增长，核心区成员的联结密度由 2003 年的 442.821 增长到 2016 年的 1279.862，增长了1.89 倍；核心区与边缘区的联结密度也由 2003 年的 28.859 增长到 2016 年的

113.809，增长了 2.94 倍；边缘区城市间的联结密度由 2003 年的 9.123 增长到 2016 年的 25.714，增长了 1.82 倍，说明核心区与边缘区的城市空间经济联系更加紧密，核心区之间和边缘区之间的联结相对不变。珠三角城市群中城市空间经济联系网络中存在明显的分层状况，且近十年维持稳定趋势。

表 3-27　珠三角城市群核心—边缘网络联结密度

区域	2003 年		2009 年		2016 年	
	核心区	边缘区	核心区	边缘区	核心区	边缘区
核心区	442.821	28.859	512.353	43.915	1279.862	113.809
边缘区	8.637	9.123	7.729	11.431	18.738	25.714

7. 凝聚子群分析

珠三角城市群经济联系网络划分为四个凝聚子群，如表 3-28 所示。其中，惠州与东莞由第 2 凝聚子群成员变为第 4 凝聚子群成员，江门从第 4 凝聚子群调整到第 3 凝聚子群，而肇庆变化幅度最大，先后经历了第 2 凝聚子群、第 4 凝聚子群和第 3 凝聚子群。

表 3-28　珠三角城市群经济联系网络凝聚子群

年份	子群 1	子群 2	子群 3	子群 4
2003	广州、佛山	惠州、深圳、肇庆、东莞	中山、珠海	江门
2009	广州、佛山	惠州、深圳、东莞	中山、珠海	肇庆、江门
2016	广州、佛山	深圳	珠海、江门、肇庆、中山	东莞、惠州

四、长江中游城市群经济联系网络特征

1. 经济联系总量的时间演变

根据修正的引力模型，对长江中游城市群 28 个城市的 2003 年、2009 年和 2016 年对外经济联系总量进行测算，其结果如表 3-29 所示。在长江中游城市群内部，经济联系总量排名首位的是武汉，远远高于城市群内部其他城市，说明武汉经济实力较强、辐射范围较大，在长江中游城市群区域联系中作用明显，核心地位显著，是城市群内绝对的集聚与辐射中心。然而长沙、南昌作为各自省份的省会，其经济联系总量的排名并不高，且总量与武汉相比差距较大，表明它们对周围城市的辐射带动作用并不强。

表 3-29 长江中游城市群经济联系总量排名

城市	2003 年	排名	2009 年	排名	2016 年	排名
武汉	93.48	1	188.10	1	464.24	1
黄石	11.71	3	20.57	4	46.01	4
宜昌	4.52	9	10.33	9	25.26	9
襄阳	2.73	13	11.71	7	30.11	8
鄂州	21.51	2	53.91	2	136.72	2
荆门	2.97	11	3.90	20	8.91	20
孝感	1.69	17	3.64	21	7.21	23
荆州	1.75	16	6.75	13	14.85	14
黄冈	4.64	8	9.72	10	24.92	10
咸宁	1.51	19	2.24	24	5.61	24
长沙	6.99	5	28.14	3	85.94	3
株洲	1.66	18	5.21	17	12.60	15
湘潭	1.20	21	3.14	23	8.62	21
衡阳	2.98	10	8.88	11	23.44	11
岳阳	7.02	4	14.69	6	39.25	6
常德	5.70	7	15.13	5	40.90	5
益阳	0.84	25	6.10	15	18.11	12
娄底	1.07	22	1.64	25	4.33	26
南昌	2.00	15	11.37	8	36.77	7
景德镇	0.47	27	0.87	26	2.06	28
萍乡	1.45	20	4.68	18	11.62	17
九江	2.88	12	7.08	12	15.54	13
新余	0.65	26	5.55	16	12.32	16
鹰潭	0.23	28	0.58	27	2.19	27
吉安	6.19	6	6.46	14	7.29	22
宜春	1.05	23	3.46	22	9.61	18
抚州	2.01	14	4.04	19	9.11	19
上饶	1.01	24	0.47	28	5.53	25

2. 整体网络结构特征分析

长江中游城市群经济联系网络结构如图 3-13~图 3-15 所示。在研究期内，长江中游城市群经济联系的网络连接线基本保持不变，网络密度由 2003 年的 0.2434 降低到 2009 年的 0.2394，到 2016 年降为 0.2368，说明城市群间经济联系活动减少，相互作用日渐减弱。

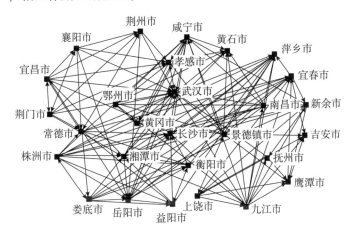

图 3-13　2003 年长江中游城市群经济联系网络结构

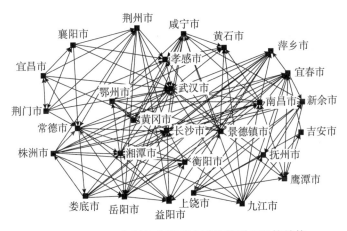

图 3-14　2009 年长江中游城市群经济联系网络结构

3. 点度中心度分析

　　长江中游城市群的点度中心度结果如表 3-30 所示，武汉的点出度最高，其次为鄂州和长沙，但是与武汉的点出度水平差距较大，长江中游城市群呈现出单核集聚发展的状态。从点入度来看，鄂州、黄冈、孝感和黄石的点入度水平较高，表明这些城市利用与武汉邻近的地理优势，积极承接产业转移，加强城市间经济联系，大力促进自身的经济发展。通过比较点出度与点入度得知，武汉对城市群内部其他城市的影响远大于受其他城市的影响，反映了武汉在长江中游城市

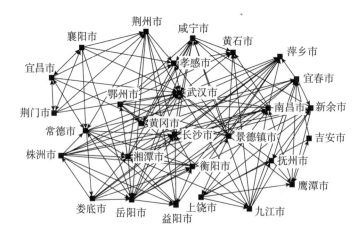

图 3-15　2016 年长江中游城市群经济联系网络结构

群中的龙头地位，这是由武汉的区位优势所形成的，它对周围城市的空间经济辐射能力逐渐增强。

表 3-30　长江中游城市群经济联系网络点度中心度排序及结果

排序	点出度						点入度					
	2003 年		2009 年		2016 年		2003 年		2009 年		2016 年	
1	武汉	93.5	武汉	188.1	武汉	464.2	鄂州	28.9	鄂州	73.0	鄂州	181.2
2	鄂州	21.5	鄂州	53.9	鄂州	136.7	黄冈	24.4	黄冈	51.3	黄冈	125.8
3	黄石	11.7	长沙	28.1	长沙	85.9	孝感	22.7	孝感	46.6	孝感	106.2
4	岳阳	7.0	黄石	20.6	黄石	46.0	黄石	22.0	黄石	40.2	黄石	104.2
5	长沙	7.0	常德	15.1	常德	40.9	咸宁	14.6	咸宁	19.2	岳阳	54.5
6	吉安	6.2	岳阳	14.7	岳阳	39.2	岳阳	8.1	岳阳	18.6	咸宁	48.0
7	常德	5.7	襄阳	11.7	南昌	36.8	武汉	7.5	武汉	17.9	长沙	44.7
8	黄冈	4.6	南昌	11.4	襄阳	30.1	上饶	5.7	荆州	17.4	武汉	44.0
9	宜昌	4.5	宜昌	10.3	宜昌	25.3	荆门	5.5	长沙	14.9	荆州	41.8
10	衡阳	3.0	黄冈	9.7	黄冈	24.9	长沙	5.0	益阳	12.2	益阳	32.4
11	荆门	3.0	衡阳	8.9	衡阳	23.4	宜昌	4.9	荆门	11.2	南昌	31.4
12	九江	2.9	九江	7.1	益阳	18.1	荆州	4.1	南昌	11.1	萍乡	26.7
13	襄阳	2.7	荆州	6.8	九江	15.6	娄底	3.6	襄阳	10.1	荆门	26.2
14	抚州	2.0	吉安	6.4	荆州	14.8	九江	3.4	萍乡	10.0	常德	26.1
15	南昌	2.0	益阳	6.1	株洲	12.6	常德	3.4	常德	10.0	襄阳	25.3

续表

排序	点出度						点入度					
	2003 年		2009 年		2016 年		2003 年		2009 年		2016 年	
16	荆州	1.8	新余	5.6	新余	12.3	萍乡	3.3	株洲	9.6	株洲	25.2
17	孝感	1.7	株洲	5.2	萍乡	11.6	宜春	3.1	宜昌	9.4	宜昌	23.8
18	株洲	1.7	萍乡	4.7	宜春	9.6	湘潭	3.0	湘潭	8.6	湘潭	22.7
19	萍乡	1.5	抚州	4.0	抚州	9.1	襄阳	2.9	九江	7.5	九江	18.5
20	咸宁	1.5	荆门	3.9	荆门	8.9	抚州	2.9	新余	7.0	新余	17.5
21	湘潭	1.2	孝感	3.6	湘潭	8.6	株洲	2.7	宜春	6.5	宜春	16.4
22	娄底	1.1	宜春	3.4	吉安	7.3	益阳	2.4	抚州	6.4	上饶	12.9
23	宜春	1.1	湘潭	3.2	孝感	7.2	南昌	1.8	上饶	4.9	娄底	12.7
24	上饶	1.0	咸宁	2.3	咸宁	5.6	景德镇	1.4	娄底	4.7	抚州	12.5
25	益阳	0.8	娄底	1.7	上饶	5.5	衡阳	1.3	衡阳	3.9	衡阳	10.0
26	新余	0.6	景德镇	0.9	娄底	4.3	新余	1.1	景德镇	2.6	景德镇	6.9
27	景德镇	0.5	鹰潭	0.6	鹰潭	2.2	鹰潭	1.1	吉安	2.1	鹰潭	5.9
28	鹰潭	0.2	上饶	0.5	景德镇	2.1	吉安	1.0	鹰潭	1.8	吉安	5.6

4. 中间中心度分析

长江中游城市群中间中心度结果如表 3-31 所示，中间中心度排序变化幅度较大且两极分化现象较为严重。岳阳的中间中心度一直处于领先地位，表明岳阳在长江中游城市群中处于关键地位，是各城市之间经济联系的"桥梁"，很好地搭建了与其他城市之间的经济往来。此外，武汉和新余的中间中心度较大程度地高于其他城市，说明这两个城市在城市群的经济联系辐射网络中也起着重要的"中介"作用。然而长沙近些年来其排名呈下降趋势，表明长沙作为中转城市的地位正逐年下降。除黄冈中间中心度为 0 未起到中介作用，其他城市均被纳入了长江中游城市体系中，说明各城市参与长江中游城市群协同发展的程度较高。

表3-31　长江中游城市群经济联系网络中间中心度排序及结果

排序	2003 年		2009 年		2016 年	
1	岳阳	146.27	岳阳	122.74	岳阳	155.19
2	宜春	122.33	新余	122.66	武汉	99.64
3	武汉	96.84	咸宁	87.23	新余	98.83
4	常德	74.81	常德	80.09	荆州	75.41

续表

排序	2003 年		2009 年		2016 年	
5	九江	70.45	荆州	59.90	常德	69.19
6	湘潭	65.32	武汉	54.35	湘潭	67.15
7	长沙	61.96	湘潭	53.75	南昌	44.86
8	咸宁	44.30	长沙	42.43	株洲	40.38
9	上饶	40.17	南昌	40.01	宜春	39.47
10	孝感	36.59	宜春	36.74	咸宁	34.81
11	宜昌	29.47	孝感	36.70	鹰潭	31.81
12	荆门	26.94	抚州	34.00	抚州	30.67
13	新余	25.74	黄石	32.51	长沙	27.28
14	景德镇	24.65	鹰潭	31.62	孝感	25.89
15	株洲	24.07	株洲	30.48	萍乡	23.08
16	萍乡	23.12	景德镇	20.04	黄石	17.91
17	黄石	19.22	衡阳	15.76	益阳	17.37
18	娄底	12.86	益阳	15.36	九江	16.66
19	鹰潭	10.17	上饶	14.79	上饶	16.50
20	鄂州	8.42	萍乡	13.07	景德镇	15.10
21	吉安	7.94	荆门	11.42	鄂州	10.70
22	南昌	7.09	九江	11.29	衡阳	10.34
23	益阳	6.48	宜昌	5.12	襄阳	5.57
24	衡阳	4.81	鄂州	4.57	娄底	4.95
25	荆州	3.93	娄底	4.12	荆门	4.78
26	抚州	3.83	吉安	2.00	宜昌	4.47
27	襄阳	0.25	襄阳	0.25	吉安	2.00
28	黄冈	0.00	黄冈	0.00	黄冈	0.00

5. 接近中心度分析

长江中游城市群接近中心度结果如表 3-32 所示，整体接近中心度水平较为平均，说明区域城市之间经济交流较为方便。从点入度水平来看，武汉一直位于榜首，由于其处于长江中游城市群的核心地位，它对周边城市具有相当强大的吸引力，可以不断吸收周边城市的优势资源。从点出度来看，近十余年来相对排名变化较大，但绝对水平波动不大，这说明长江中游城市群内各城市都在积极加强与其他城市的经济联系，提高通达性水平。

表 3-32　长江中游城市群经济联系网络接近中心度排序及结果

排序	点出度						点入度					
	2003 年		2009 年		2016 年		2003 年		2009 年		2016 年	
1	长沙	56.3	岳阳	58.7	岳阳	58.7	武汉	71.1	武汉	71.1	武汉	71.1
2	湘潭	56.3	常德	56.3	常德	56.3	咸宁	61.4	鄂州	57.4	鄂州	57.4
3	新余	56.3	南昌	56.3	湘潭	54.0	黄石	58.7	咸宁	56.3	岳阳	57.4
4	景德镇	54.0	新余	55.1	株洲	50.0	岳阳	58.7	岳阳	54.0	咸宁	56.3
5	岳阳	52.9	景德镇	52.9	新余	50.0	宜春	52.9	株洲	52.9	株洲	54.0
6	常德	52.9	湘潭	51.9	长沙	49.1	株洲	52.9	长沙	51.9	长沙	52.9
7	九江	52.9	株洲	50.0	荆州	49.1	萍乡	51.9	萍乡	50.9	萍乡	51.9
8	宜春	50.0	长沙	50.0	南昌	49.1	长沙	50.9	黄石	50.9	宜春	51.9
9	衡阳	50.0	九江	50.0	衡阳	49.1	鄂州	50.9	荆州	50.9	黄石	50.9
10	南昌	49.1	荆州	49.1	九江	48.2	黄冈	50.0	宜春	50.9	荆州	50.0
11	株洲	48.2	衡阳	49.1	景德镇	48.2	孝感	50.0	孝感	49.1	新余	49.1
12	娄底	47.4	抚州	49.1	襄阳	47.4	湘潭	48.2	新余	49.1	黄冈	48.2
13	宜昌	45.0	上饶	49.1	抚州	46.6	常德	48.2	益阳	49.1	常德	48.2
14	荆州	45.0	荆门	46.6	娄底	45.8	娄底	48.2	黄冈	48.2	湘潭	47.4
15	襄阳	45.0	娄底	46.6	宜昌	45.8	益阳	43.5	常德	47.4	益阳	47.4
16	荆门	44.3	襄阳	46.6	益阳	45.0	宜昌	41.5	湘潭	46.6	孝感	46.6
17	萍乡	43.5	宜昌	45.8	上饶	45.0	九江	40.9	南昌	41.5	南昌	42.9
18	益阳	43.5	鹰潭	45.0	宜春	44.3	上饶	40.9	荆门	40.9	娄底	40.9
19	鹰潭	42.9	宜春	44.3	武汉	43.5	吉安	39.7	娄底	40.9	荆门	39.1
20	武汉	41.5	益阳	44.3	咸宁	43.5	荆门	39.1	宜昌	40.9	抚州	38.6
21	咸宁	41.5	咸宁	43.5	鹰潭	42.9	新余	37.5	衡阳	39.1	衡阳	37.5
22	上饶	40.3	萍乡	41.5	萍乡	41.5	衡阳	36.5	抚州	38.6	上饶	37.0
23	抚州	39.1	孝感	38.0	孝感	38.0	荆州	35.5	襄阳	35.1	宜昌	35.5
24	吉安	38.6	吉安	38.0	吉安	38.0	襄阳	33.8	上饶	35.1	鹰潭	35.1
25	孝感	35.1	武汉	33.8	荆门	37.0	鹰潭	32.5	鹰潭	35.1	九江	35.1
26	黄石	30.7	黄石	31.8	黄石	31.8	抚州	32.1	九江	34.6	襄阳	34.6
27	鄂州	30.3	鄂州	26.0	鄂州	31.4	南昌	30.7	景德镇	29.3	景德镇	29.3
28	黄冈	23.9	黄冈	24.5	黄冈	24.5	景德镇	29.7	吉安	26.5	吉安	26.5

6. 核心—边缘结构分析

核心—边缘结构如表3-33所示，长江中游城市群城市间的核心区、边缘区在研究期内并没有发生较大变化，武汉、黄石和鄂州一直处于网络的核心区域，且相对位置也未发生变化，黄冈由边缘区被划入核心区，其他城市一直处于边缘区。

表3-33　长江中游城市群经济联系网络核心—边缘结构

年份	核心	边缘
2003	武汉、黄石、鄂州	宜昌、襄阳、荆门、孝感、荆州、黄冈、咸宁、长沙、株洲、湘潭、衡阳、岳阳、常德、益阳、娄底、南昌、景德镇、萍乡、九江、新余、鹰潭、吉安、宜春、抚州、上饶
2009	武汉、黄石、鄂州、黄冈	宜昌、襄阳、荆门、孝感、荆州、咸宁、长沙、株洲、湘潭、衡阳、岳阳、常德、益阳、娄底、南昌、景德镇、萍乡、九江、新余、鹰潭、吉安、宜春、抚州、上饶
2016	武汉、黄石、鄂州、黄冈	宜昌、襄阳、荆门、孝感、荆州、咸宁、长沙、株洲、湘潭、衡阳、岳阳、常德、益阳、娄底、南昌、景德镇、萍乡、九江、新余、鹰潭、吉安、宜春、抚州、上饶

网络联结密度结果如表3-34所示，核心区与边缘区的联系密度在不断增长，核心区成员的联结密度由2003年的7.613增长到2016年的32.656，增长了3.29倍；核心区与边缘区的联结密度也由2003年的1.08增长到2016年的2.917，增长了1.7倍；边缘区城市间的联结密度由2003年的0.087增长到2016年的0.677，增长了6.78倍，说明长江中游城市群间的经济联系的核心—边缘空间结构十分明显，边缘区与核心区、边缘区与边缘区之间的经济联系关系十分薄弱，这种空间发展模型将长期影响长江中游城市群经济联系的空间互动格局。

表3-34　长江中游城市群核心—边缘网络联结密度

区域	2003年		2009年		2016年	
	核心区	边缘区	核心区	边缘区	核心区	边缘区
核心区	7.613	1.08	13.155	1.192	32.656	2.917
边缘区	0.17	0.087	0.254	0.257	0.659	0.677

7. 凝聚子群分析

长江中游城市群经济联系网络划分为四个凝聚子群，如表3-35所示。长江中游城市群经济联系网络凝聚子群在研究期内变动幅度较大，第1子群成员由最初的7个城市变为14个城市，增加了一倍，而第2子群成员由2003年的14个城市减少为2016年的4个城市；第3子群和第4子群虽然在城市数目上变化不大，但是到2016年，相较于2003年第3子群包含的城市全部发生了变化，第4子群也只剩宜春一个城市仍在该子群中。在第1凝聚子群中，以武汉、长沙、南昌为核心，带动周围的黄石、咸宁、九江等城市协同发展，在区域经济一体化过程中，要注意围绕某一中心的同层次凝聚子群在经济结构和相关关系上的相似性，避免地方保护和区域恶性竞争，各城市主体需要进一步加强经济交流与合作，促进区域内要素的自由流动，逐步形成多中心、网络化协调发展的空间格局。

表3-35 长江中游城市群经济联系网络凝聚子群

年份	子群1	子群2	子群3	子群4
2003	武汉、黄石、鹰潭、鄂州、黄冈、九江、南昌	襄阳、孝感、宜昌、长沙、荆门、湘潭、衡阳、岳阳、常德、咸宁、株洲、景德镇、荆州、新余	娄底、萍乡、益阳	吉安、宜春、抚州、上饶
2009	武汉、黄石、咸宁、孝感、鄂州、景德镇、鹰潭、九江、黄冈、南昌	襄阳、长沙、湘潭、衡阳、岳阳、常德、宜昌、株洲、荆门、荆州、新余	娄底、萍乡、益阳、宜春	吉安、抚州、上饶
2016	武汉、黄石、宜昌、襄阳、鄂州、荆门、孝感、荆州、黄冈、咸宁、长沙、南昌、景德镇、九江	上饶、鹰潭、吉安、抚州	常德、株洲、衡阳、岳阳、湘潭	新余、娄底、宜春、益阳、萍乡

五、成渝城市群经济联系网络特征

1. 经济联系总量的时间演变

根据修正的引力模型，对成渝城市群16个城市的2003年、2009年和2016年对外经济联系总量进行测算，其结果如表3-36所示。成渝城市群经济联系总量排名前两位的是重庆和成都，其经济联系总量在该城市群内部占绝对优势，远远高于其他城市的总和，这也说明城市群内部各城市经济联系总量差异显著，两极分化现象较为明显。成渝城市群呈现出双核驱动的发展态势，重庆和成都作为区域中心城市，人力资源丰富、经济基础较好、交通便利，与域内其他城市具有广泛的经济联系。

表 3-36　成渝城市群经济联系总量排名

城市	2003 年	排名	2009 年	排名	2016 年	排名
重庆	20.93	2	159.03	1	625.53	1
成都	56.25	1	155.05	2	605.35	2
自贡	8.91	3	28.04	3	66.55	3
泸州	2.55	10	10.72	6	30.42	6
德阳	4.11	7	8.63	9	22.55	11
绵阳	7.75	4	13.60	5	44.00	4
遂宁	2.52	11	7.22	11	19.69	12
内江	4.97	5	15.73	4	37.05	5
乐山	4.13	6	10.12	8	26.23	8
南充	2.45	12	10.70	7	27.58	7
眉山	2.22	13	5.63	13	25.53	9
宜宾	3.76	8	8.34	10	25.31	10
广安	0.61	14	3.66	14	9.60	14
达州	0.14	16	0.56	16	5.66	15
雅安	0.47	15	0.61	15	2.88	16
资阳	3.72	9	6.99	12	19.51	13

2. 整体网络结构特征分析

成渝城市群经济联系网络结构如图 3-16～图 3-18 所示。在研究期内,成渝城市群经济联系的网络连接线呈现先减少后增加的波动变化,网络密度由 2003 年的 0.3292 降低到 2009 年的 0.2833,到 2016 年为 0.2958,说明城市群间经济联系活动在波动中减弱。

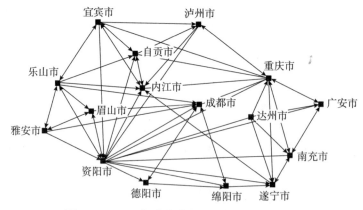

图 3-16　2003 年成渝城市群经济联系网络结构

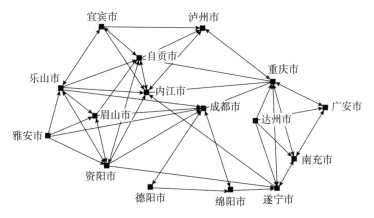

图 3-17　2009 年成渝城市群经济联系网络结构

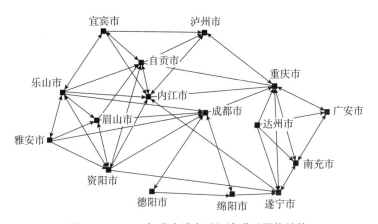

图 3-18　2016 年成渝城市群经济联系网络结构

3. 点度中心度分析

成渝城市群的点度中心度结果由表 3-37 所示,成都和重庆的点出度水平显著高于城市群内部其他城市,成都和重庆对城市群内部其他城市的影响远大于受其他城市的影响,两者对外经济辐射能力强,与其他城市的空间经济联系较紧密,可以通过辐射效应助推其他城市经济发展,在经济联系辐射网络中处于核心地位。从点入度水平来看,成渝城市群内部各城市差距不大,说明在双核驱动发展模式下,各城市均能不断地整合利用外部资源,与其他城市积极建立并加强经济联系,主动承接成渝两市的产业转移,促进本地区经济社会发展。

表 3-37　成渝城市群经济联系网络点度中心度排序及结果

排序	点出度						点入度					
	2003 年		2009 年		2016 年		2003 年		2009 年		2016 年	
1	成都	56.3	重庆	159.0	重庆	625.5	德阳	20.1	德阳	45.5	德阳	152.4
2	重庆	20.9	成都	155.0	成都	605.4	资阳	15.6	内江	41.4	眉山	151.5
3	自贡	8.9	自贡	28.1	自贡	66.6	绵阳	11.0	自贡	37.3	成都	136.0
4	绵阳	7.8	内江	15.7	绵阳	44.0	眉山	10.7	眉山	34.5	内江	119.3
5	内江	5.0	绵阳	13.6	内江	37.1	内江	10.2	泸州	34.0	绵阳	118.7
6	乐山	4.1	泸州	10.7	泸州	30.4	自贡	9.7	成都	32.0	泸州	116.1
7	德阳	4.1	南充	10.7	南充	27.6	乐山	8.1	遂宁	31.3	自贡	111.6
8	宜宾	3.8	乐山	10.1	乐山	26.2	遂宁	7.7	资阳	31.2	资阳	103.6
9	资阳	3.7	德阳	8.6	眉山	25.5	成都	6.6	南充	30.9	遂宁	102.7
10	泸州	2.6	宜宾	8.3	宜宾	25.3	宜宾	5.4	绵阳	29.9	南充	102.5
11	遂宁	2.5	遂宁	7.2	德阳	22.6	泸州	4.9	广安	27.5	广安	91.8
12	南充	2.5	资阳	7.0	遂宁	19.7	南充	4.8	乐山	21.9	重庆	82.6
13	眉山	2.2	眉山	5.6	资阳	19.5	重庆	3.8	重庆	19.7	乐山	71.5
14	广安	0.6	广安	3.7	广安	9.6	雅安	3.3	宜宾	16.9	宜宾	63.4
15	雅安	0.5	雅安	0.6	达州	5.7	广安	3.0	雅安	5.7	达州	43.3
16	达州	0.1	达州	0.6	雅安	2.9	达州	0.9	达州	5.0	雅安	26.6

4. 中间中心度分析

成渝城市群中间中心度结果如表 3-38 所示, 中间中心度两极分化现象较为严重, 重庆、成都、遂宁和资阳的中间中心度较大程度地高于其他城市, 说明这四个城市在成渝城市群的经济联系辐射网络中起着重要的"中介"和"桥梁"作用。德阳、南充、雅安、达州的中间中心度为 0, 说明这些城市与其他城市之间的互动连接较少, 自身的独立性较强, 若不积极加强与其他城市的联系或增强自身的竞争力, 很有可能与其他城市的差距越来越大, 同时也说明成渝城市群的经济联系辐射网络整体水平不高, 仍存在"间断"点。

表 3-38　成渝城市群经济联系网络中间中心度排序及结果

排序	2003 年		2009 年		2016 年	
1	资阳	70.35	成都	50.88	重庆	49.34
2	遂宁	25.50	重庆	48.10	成都	45.25

续表

排序	2003 年		2009 年		2016 年	
3	乐山	21.30	资阳	23.91	遂宁	38.07
4	重庆	17.98	遂宁	20.18	资阳	34.82
5	自贡	12.77	乐山	18.16	乐山	16.10
6	南充	11.98	泸州	11.50	广安	14.00
7	泸州	11.27	自贡	9.35	泸州	13.86
8	成都	10.77	内江	6.01	内江	13.06
9	宜宾	6.20	绵阳	2.58	眉山	10.59
10	眉山	4.83	宜宾	1.23	宜宾	7.44
11	绵阳	4.53	眉山	1.12	绵阳	6.11
12	内江	2.98	德阳	0.00	自贡	5.36
13	德阳	1.87	广安	0.00	德阳	0.00
14	雅安	0.67	南充	0.00	南充	0.00
15	广安	0.00	雅安	0.00	雅安	0.00
16	达州	0.00	达州	0.00	达州	0.00

5. 接近中心度分析

成渝城市群接近中心度结果如表 3-39 所示，整体接近中心度水平差距不大，区域内城市之间经济联系较为密切，城市间的通达性较为良好。但值得注意的是，作为推动成渝城市群发展的驱动双核，成都和重庆相较于其他城市优势并不明显，这与其城市发展水平和区域城市中心定位并不匹配，与其他城市的经济联系亟待加强。

表 3-39　成渝城市群经济联系网络接近中心度排序及结果

排序	点出度						点入度					
	2003 年		2009 年		2016 年		2003 年		2009 年		2016 年	
1	达州	57.7	雅安	34.9	重庆	60.0	资阳	100.0	成都	65.2	重庆	62.5
2	重庆	41.7	达州	33.3	资阳	60.0	成都	65.2	重庆	62.5	成都	62.5
3	资阳	38.5	重庆	29.4	遂宁	60.0	内江	65.2	内江	62.5	内江	62.5
4	乐山	36.6	成都	28.8	成都	55.6	乐山	62.5	资阳	62.5	资阳	62.5
5	泸州	36.6	资阳	28.8	乐山	55.6	自贡	62.5	自贡	60.0	自贡	60.0
6	南充	36.6	乐山	27.8	眉山	51.7	遂宁	62.5	遂宁	57.7	遂宁	57.7

排序	点出度						点入度					
	2003 年		2009 年		2016 年		2003 年		2009 年		2016 年	
7	广安	36.6	遂宁	26.8	泸州	48.4	德阳	57.7	乐山	55.6	泸州	51.7
8	自贡	35.7	眉山	26.8	雅安	48.4	眉山	57.7	泸州	51.7	眉山	48.4
9	遂宁	35.7	泸州	26.3	广安	46.9	宜宾	55.6	眉山	50.0	乐山	46.9
10	宜宾	35.7	绵阳	25.9	达州	46.9	绵阳	48.4	南充	45.5	绵阳	46.9
11	成都	33.3	内江	25.4	内江	45.5	泸州	45.5	广安	45.5	广安	45.5
12	绵阳	33.3	自贡	25.4	绵阳	45.5	南充	44.1	宜宾	45.5	南充	45.5
13	雅安	33.3	宜宾	25.4	南充	45.5	雅安	40.5	德阳	41.7	宜宾	45.5
14	眉山	32.6	南充	25.0	宜宾	45.5	重庆	39.5	绵阳	41.7	德阳	41.7
15	内江	31.9	广安	25.0	自贡	38.5	广安	34.9	雅安	6.3	雅安	36.6
16	德阳	30.6	德阳	24.2	德阳	38.5	达州	6.3	达州	6.3	达州	31.9

6. 核心—边缘结构分析

核心—边缘结构如表 3-40 所示，成渝城市群城市间的核心区、边缘区近十多年并没有发生较大变化，重庆和成都一直处于网络的核心区域，且相对位置也未发生变化，自贡、绵阳和内江由核心区被划入边缘区，其他城市一直处于边缘区。

表 3-40　成渝城市群经济联系网络核心—边缘结构

年份	核心	边缘
2003	重庆、成都、自贡、绵阳、内江	泸州、德阳、遂宁、乐山、南充、眉山、宜宾、广安、达州、雅安、资阳
2009	重庆、成都	自贡、泸州、德阳、绵阳、遂宁、内江、乐山、南充、眉山、宜宾、广安、达州、雅安、资阳
2016	重庆、成都	自贡、泸州、德阳、绵阳、遂宁、内江、乐山、南充、眉山、宜宾、广安、达州、雅安、资阳

网络联结密度结果如表 3-41 所示，核心区与边缘区的联系密度在不断增长，核心区成员的联结密度由 2003 年的 1.477 增长到 2016 年的 83.325，增长了 55.42 倍；核心区与边缘区的联结密度也由 2003 年的 1.261 增长到 2016 年的 38.009，增长了 29.14 倍，说明核心区城市之间、核心区与边缘区的城市空间经

济联系更加紧密。边缘区城市间的联结密度由 2003 年的 0.135 增长到 2016 年的 1.707，增长了 11.64 倍，增长速度远低于核心区，在成渝城市群中城市空间经济联系网络中存在较明显的分层，且近十年存在扩大趋势。

表 3-41　成渝城市群核心—边缘网络联结密度

区域	2003 年		2009 年		2016 年	
	核心区	边缘区	核心区	边缘区	核心区	边缘区
核心区	1.477	1.261	17.31	9.98	83.325	38.009
边缘区	0.214	0.135	0.609	0.623	1.856	1.707

7. 凝聚子群分析

成渝城市群经济联系网络划分为四个凝聚子群，如表 3-42 所示。成渝城市群经济联系网络凝聚子群在考察期内变化不大，但值得注意的是，成都变化幅度较大，先由最初的第 1 子群成员变为第 3 子群成员，到 2016 年又被划入第 4 子群。凝聚子群与城市群的地理位置分布基本一致，同一凝聚子群内各城市间的经济联系具有很强的相似性，成都利用自身的资源禀赋和优势，与眉山、德阳、绵阳等城市建立起较强的经济联系，推动周边地区公共发展。在成渝连线中轴线上的内江、自贡和宜宾形成了与成都、重庆并列的凝聚子群，但成渝之间的广阔地域尚未出现具有核心功能的城市，城市群格局有待加强。

表 3-42　成渝城市群经济联系网络凝聚子群

年份	子群 1	子群 2	子群 3	子群 4
2003	重庆、成都	南充、广安、达州、遂宁、泸州	宜宾、内江、自贡	眉山、资阳、德阳、绵阳、雅安、乐山
2009	重庆	南充、自贡、泸州、广安、达州、遂宁、内江、宜宾	成都	乐山、眉山、德阳、绵阳、雅安、资阳
2016	重庆	南充、泸州、广安、达州、遂宁	宜宾、内江、自贡	成都、眉山、德阳、绵阳、雅安、资阳、乐山

六、哈长城市群经济联系网络特征

1. 经济联系总量的时间演变

根据修正的引力模型，对哈长城市群 10 个城市的 2003 年、2009 年和 2016

年对外经济联系总量进行测算，其结果如表 3-43 所示。在哈长城市群内部，长春和哈尔滨的经济联系总量远远高于城市群内部其他城市，在哈长城市群区域联系中作用明显，核心地位显著，是城市群内绝对的集聚与辐射中心。经济联系总量仅次于长春和哈尔滨的是大庆和吉林，虽然与长春和哈尔滨相比差距较大，但是也能在一定程度和范围内起到带动其他城市经济发展的作用。但是城市群内部其他城市的经济联系总量较低，受自身经济规模和资源禀赋水平等因素的限制，在城市群中扮演着"边缘行动者"的角色，主要受其他城市辐射的影响。

表 3-43 哈长城市群经济联系总量排名

城市	2003 年	排名	2009 年	排名	2016 年	排名
哈尔滨	13.05	1	36.26	2	76.70	2
齐齐哈尔	0.82	5	1.68	6	3.26	7
大庆	7.70	3	19.23	3	23.08	3
牡丹江	0.22	10	0.37	9	0.69	10
绥化	0.50	7	0.23	10	0.83	9
长春	12.68	2	41.99	1	95.81	1
吉林	3.71	4	11.28	4	19.91	4
四平	0.38	8	1.44	8	1.58	8
辽源	0.27	9	1.67	7	3.44	5
松原	0.78	6	2.21	5	3.33	6

2. 整体网络结构特征分析

哈长城市群经济联系网络结构如图 3-19 至图 3-21 所示。在研究期内，哈长城市群经济联系的网络连接线呈现减少趋势，网络密度由 2003 年的 0.3889 降低到 2009 年的 0.3111，到 2016 年降为 0.300，说明城市群间经济联系活动减少，相互作用日渐减弱。

3. 点度中心度分析

哈长城市群的点度中心度结果如表 3-44 所示，长春与哈尔滨的点出度最高，其次为大庆和吉林，其他城市与以上四市的点出度水平差距明显，其原因主要是长春、哈尔滨等城市经济发展水平高、集聚要素能力强，对其他城市具有较强的辐射带动作用，其可以通过经济联系网络带动其他城市发展，并在哈长城市群中

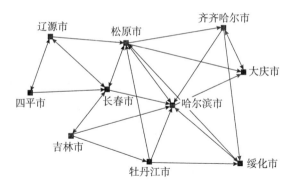

图 3-19　2003 年哈长城市群经济联系网络结构

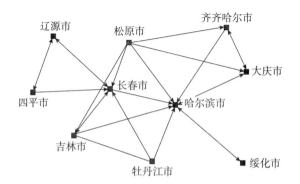

图 3-20　2009 年哈长城市群经济联系网络结构

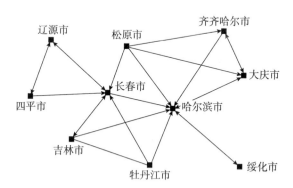

图 3-21　2016 年哈长城市群经济联系网络结构

处于中心地位。就点入度而言，仍然是上述四市的点入度水平最高，说明这些城市的经济发达，对外吸引力较强，其他城市对它们的关注度较高，从而使这些城市能更多地整合其他城市的资源进行发展。

表3-44 哈长城市群经济联系网络点度中心度排序及结果

排序	点出度						点入度					
	2003年		2009年		2016年		2003年		2009年		2016年	
1	哈尔滨	13.0	长春	42.0	长春	95.8	吉林	6.9	吉林	23.1	吉林	50.5
2	长春	12.7	哈尔滨	36.3	哈尔滨	76.7	哈尔滨	6.6	哈尔滨	18.9	哈尔滨	32.8
3	大庆	7.7	大庆	19.2	大庆	23.1	绥化	6.1	长春	17.0	长春	32.4
4	吉林	3.7	吉林	11.3	吉林	19.9	松原	5.1	大庆	15.5	大庆	31.5
5	齐齐哈尔	0.8	松原	2.2	辽源	3.4	长春	4.2	松原	8.9	辽源	18.0
6	松原	0.8	齐齐哈尔	1.7	松原	3.3	大庆	3.7	辽源	8.3	松原	16.4
7	绥化	0.5	辽源	1.7	齐齐哈尔	3.3	齐齐哈尔	2.5	四平	8.3	绥化	16.3
8	四平	0.4	四平	1.4	四平	1.6	辽源	2.1	齐齐哈尔	7.1	四平	14.9
9	辽源	0.3	牡丹江	0.4	绥化	0.8	四平	2.1	绥化	6.9	齐齐哈尔	11.4
10	牡丹江	0.2	绥化	0.2	牡丹江	0.7	牡丹江	0.9	牡丹江	2.3	牡丹江	4.6

4. 中间中心度分析

哈长城市群中间中心度结果如表3-45所示,中间中心度排序变化幅度不大但两极分化现象较严重。哈尔滨、长春、大庆的中间中心度水平一直处于领先地位,表明三市在哈长城市群中处于关键地位,在各城市经济联系中起着重要的"中介"和"桥梁"作用。但是到2016年城市群内共有六个城市的中间中心度为0,即存在较多"间断"点,未起到经济联系中介作用,各城市参与哈长城市群协同发展的程度较低,自身的空间经济联系水平亟待提高,同时也说明哈长城市群的经济联系辐射网络整体水平不高。

表3-45 哈长城市群经济联系网络中间中心度排序及结果

排序	2003年		2009年		2016年	
1	长春	21.17	哈尔滨	36.00	哈尔滨	35.50
2	松原	17.83	长春	26.00	长春	26.50
3	哈尔滨	15.17	大庆	14.00	大庆	14.00
4	辽源	1.67	齐齐哈尔	8.00	松原	3.00
5	吉林	1.00	松原	2.00	齐齐哈尔	0.00
6	大庆	0.83	牡丹江	0.00	牡丹江	0.00
7	齐齐哈尔	0.33	吉林	0.00	吉林	0.00
8	四平	0.00	四平	0.00	四平	0.00
9	牡丹江	0.00	辽源	0.00	辽源	0.00
10	绥化	0.00	绥化	0.00	绥化	0.00

5. 接近中心度分析

哈长城市群接近中心度结果如表 3-46 所示,整体接近中心度水平差距不明显,说明区域城市之间经济交流较为方便,空间联系较为紧密。从接近中心度整体水平来看,哈尔滨、长春等城市排名靠前,表明这些城市与其他城市之间的交流不完全依赖于中间城市,能以更快的速度与其他城市产生经济辐射关系,即这些城市在整个城市群的经济联系空间辐射网络中扮演着"核心行动者"的角色。牡丹江和松原的点出度排名靠前,但其点入度排名靠后,说明在哈长城市群内,两市能以更快的速度对外与其他城市产生经济辐射关系。

表 3-46　哈长城市群经济联系网络接近中心度排序及结果

排序	点出度						点入度					
	2003 年		2009 年		2016 年		2003 年		2009 年		2016 年	
1	牡丹江	56.3	牡丹江	50.0	牡丹江	52.9	哈尔滨	81.8	哈尔滨	81.8	哈尔滨	81.8
2	哈尔滨	42.9	松原	42.9	哈尔滨	40.9	松原	81.8	长春	75.0	长春	75.0
3	松原	42.9	哈尔滨	39.1	松原	40.9	长春	69.2	吉林	64.3	吉林	60.0
4	长春	42.9	长春	36.0	长春	37.5	吉林	60.0	大庆	52.9	大庆	52.9
5	辽源	39.1	齐齐哈尔	36.0	大庆	36.0	绥化	60.0	绥化	47.4	绥化	47.4
6	齐齐哈尔	37.5	大庆	34.6	齐齐哈尔	36.0	大庆	56.3	辽源	47.4	辽源	47.4
7	吉林	36.0	吉林	33.3	吉林	34.6	齐齐哈尔	50.0	四平	47.4	四平	47.4
8	大庆	36.0	绥化	30.0	绥化	31.0	辽源	45.0	齐齐哈尔	37.5	齐齐哈尔	37.5
9	绥化	34.6	辽源	29.0	辽源	30.0	四平	45.0	松原	28.1	松原	37.5
10	四平	33.3	四平	29.0	四平	30.0	牡丹江	10.0	牡丹江	10.0	牡丹江	10.0

6. 核心—边缘结构分析

核心—边缘结构如表 3-47 所示,哈长城市群城市间的核心区、边缘区在研究期内进行略微调整,哈尔滨、大庆和长春一直处于网络的核心区域,齐齐哈尔由核心区被划入边缘区,吉林由边缘区被划入核心区,其他城市一直处于边缘区。

表 3-47　哈长城市群经济联系网络核心—边缘结构

年份	核心	边缘
2003	哈尔滨、齐齐哈尔、大庆、长春	牡丹江、绥化、吉林、四平、辽源、松原
2009	哈尔滨、大庆、长春、吉林	齐齐哈尔、牡丹江、绥化、四平、辽源、松原
2016	哈尔滨、大庆、长春、吉林	齐齐哈尔、牡丹江、绥化、四平、辽源、松原

网络联结密度结果如表 3-48 所示，核心区与边缘区的联系密度在不断增长，核心区成员的联结密度由 2003 年的 1.104 增长到 2016 年的 11.574，增长了 9.48 倍，说明核心区城市之间的城市空间经济联系更加紧密。核心区与边缘区的联结密度由 2003 年的 0.875 增长到 2016 年的 3.192，增长了 2.65 倍；边缘区城市间的联结密度由 2003 年的 0.072 增长到 2016 年的 0.163，增长了 1.26 倍，增长速度都远低于核心区。哈长城市群中城市空间经济联系网络中存在明显的分层，且近十年存在扩大趋势。

表 3-48　哈长城市群核心—边缘网络联结密度

区域	2003 年		2009 年		2016 年	
	核心区	边缘区	核心区	边缘区	核心区	边缘区
核心区	1.104	0.875	5.828	1.618	11.574	3.192
边缘区	0.155	0.072	0.193	0.099	0.343	0.163

7. 凝聚子群分析

哈长城市群经济联系网络划分为四个凝聚子群，如表 3-49 所示。哈长城市群经济联系网络凝聚子群十多年来变化不大，联系网络中存在四个子群，第 1 子群成员由最初的 3 个减少为 1 个，哈尔滨仍为第 1 子群成员，而齐齐哈尔和大庆被划入第 2 子群，子群 3 和子群 4 则未发生变化。哈长城市群各城市主体需注意资源禀赋、区位经济能级和行政级别的障碍和差异，需进一步加强区域沟通与跨境合作，促进区域内部各类要素资源自由流动，逐步形成多中心、网络化的协同发展格局。

表 3-49　哈长城市群经济联系网络凝聚子群

年份	子群 1	子群 2	子群 3	子群 4
2003	哈尔滨、齐齐哈尔、大庆	牡丹江、绥化	长春	吉林、四平、辽源、松原
2009	哈尔滨、齐齐哈尔	大庆、牡丹江、绥化	长春	吉林、四平、辽源、松原
2016	哈尔滨	齐齐哈尔、大庆、牡丹江、绥化	长春	吉林、四平、辽源、松原

七、中原城市群经济联系网络特征

1. 经济联系总量的时间演变

根据修正的引力模型，对中原城市群 13 个城市的 2003 年、2009 年和 2016

年对外经济联系总量进行测算，其结果如表 3-50 所示。在中原城市群内部，郑州经济联系总量"一枝独秀"，远远高于城市群内部其他城市，这充分体现了郑州中心城市的地位，说明郑州经济辐射范围较大，在中原城市群区域联系中核心作用明显。然而中原城市群内部的其他城市，经济联系总量水平较低且相互差距不大，说明这些城市的人口、经济规模、交通可达性等因素的差异不大，其对外吸引力还不够强大，不足以与郑州相竞争。

表 3-50 中原城市群经济联系总量排名

城市	2003 年	排名	2009 年	排名	2015 年	排名
郑州	20.00	1	68.18	1	278.29	1
开封	2.64	4	5.59	8	29.65	4
洛阳	4.51	2	13.67	2	37.79	2
平顶山	1.52	7	7.29	5	11.06	10
鹤壁	1.02	11	2.99	11	6.67	11
新乡	3.33	3	9.12	4	27.86	6
焦作	1.69	6	6.07	7	15.17	7
许昌	1.49	8	4.34	10	33.67	3
漯河	1.93	5	11.59	3	29.14	5
商丘	1.18	10	6.32	6	14.91	8
周口	0.52	13	1.66	12	4.53	12
晋城	0.73	12	0.96	13	2.19	13
亳州	1.30	9	4.53	9	11.50	9

2. 整体网络结构特征分析

中原城市群经济联系网络结构如图 3-22 至图 3-24 所示。在研究期内，中原城市群经济联系的网络连接线呈现先减少后增加的波动变化，网络密度由 2003 年的 0.3077 降低到 2009 年的 0.2949，到 2016 年上升为 0.3013，说明城市群间经济联系活动在波动中减弱。

3. 点度中心度分析

中原城市群的点度中心度结果如表 3-51 所示，郑州市的点出度最高，其余城市与郑州的点出度水平有较大差距，表明郑州能够更多地与周边城市进行互动，具有较强的辐射功能，因而处于中原城市群的核心位置，中原城市群呈单核驱动发展模式。就点入度而言，开封的点入度最大，表明随着中原城市群协同发

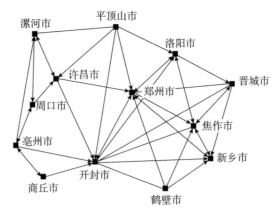

图 3-22　2003 年中原城市群经济联系网络结构

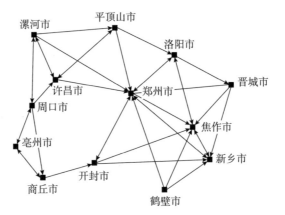

图 3-23　2009 年中原城市群经济联系网络结构

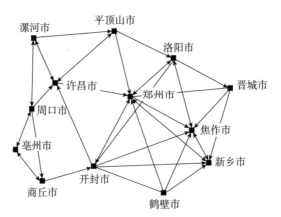

图 3-24　2016 年中原城市群经济联系网络结构

展的大力推进，为促进自身的经济发展，开封不断整合利用外部资源，与其他城市积极建立并加强经济联系。此外，点入度次于开封的依次是许昌、新乡和焦作，这些城市利用本地优势资源条件，大力加强对外经济联系，积极促进地区的经济发展。

表 3-51　中原城市群经济联系网络点度中心度排序及结果

排序	点出度						点入度					
	2003 年		2009 年		2016 年		2003 年		2009 年		2016 年	
1	郑州	20.0	郑州	68.2	郑州	278.3	开封	9.0	开封	21.6	开封	105.9
2	洛阳	4.5	洛阳	13.7	洛阳	37.8	新乡	4.9	新乡	17.0	许昌	61.4
3	新乡	3.3	漯河	11.6	许昌	33.7	郑州	4.0	焦作	16.3	新乡	54.9
4	开封	2.6	新乡	9.1	开封	29.7	焦作	3.7	郑州	13.7	焦作	52.4
5	漯河	1.9	平顶山	7.3	漯河	29.1	漯河	3.3	许昌	11.7	郑州	41.5
6	焦作	1.7	商丘	6.3	新乡	27.9	许昌	3.0	洛阳	11.3	洛阳	38.5
7	平顶山	1.5	焦作	6.1	焦作	15.2	洛阳	2.7	漯河	10.7	漯河	36.7
8	许昌	1.5	开封	5.6	商丘	14.9	鹤壁	2.4	平顶山	9.6	平顶山	27.2
9	亳州	1.3	亳州	4.5	亳州	11.5	晋城	2.4	商丘	7.8	商丘	22.1
10	商丘	1.2	许昌	4.3	平顶山	11.1	平顶山	2.1	亳州	7.0	鹤壁	18.9
11	鹤壁	1.0	鹤壁	3.0	鹤壁	6.7	亳州	1.7	鹤壁	6.5	亳州	18.1
12	晋城	0.7	周口	1.7	周口	4.5	商丘	1.3	周口	5.6	周口	15.2
13	周口	0.5	晋城	1.0	晋城	2.2	周口	1.2	晋城	3.5	晋城	9.7

4. 中间中心度分析

中原城市群中间中心度结果如表 3-52 所示，中间中心度排序变化幅度不大且中间中心度水平较为接近。近些年来，在中原城市群中间中心度排名中开封取代洛阳位居榜首，而洛阳近些年排名下降到第 4 位，表明洛阳作为中转城市的地位正逐年下降。总体来看，开封、郑州、许昌等市的中间中心度水平相比于其他城市较高，说明这些城市在城市群的经济联系辐射网络中起着重要的"中介"作用。除鹤壁中间中心度为 0 未起到中介作用，其他城市均被纳入到了中原城市群体系中，说明各城市参与中原城市群协同发展的程度较高，都能通过枢纽型中介城市与网络中的其他城市发生经济联系而未被边缘化。

表 3-52 中原城市群经济联系网络中间中心度排序及结果

排序	2003 年		2009 年		2016 年	
1	洛阳	45.50	洛阳	31.73	开封	33.67
2	郑州	38.17	郑州	31.32	郑州	29.17
3	平顶山	35.00	开封	26.77	许昌	28.50
4	漯河	28.00	平顶山	20.73	洛阳	18.17
5	周口	21.00	商丘	17.93	商丘	16.92
6	开封	18.83	周口	13.50	新乡	11.75
7	亳州	15.17	漯河	13.48	漯河	10.42
8	许昌	14.83	新乡	13.20	周口	10.33
9	新乡	13.50	焦作	13.15	平顶山	7.42
10	焦作	13.50	亳州	7.77	焦作	6.25
11	晋城	0.50	许昌	4.75	亳州	2.92
12	鹤壁	0.00	晋城	0.67	晋城	0.50
13	商丘	0.00	鹤壁	0.00	鹤壁	0.00

5. 接近中心度分析

中原城市群接近中心度结果如表 3-53 所示,整体接近中心度水平较为平均,说明区域城市之间经济交流较为方便,经济联系较为紧密。从接近中心度整体水平来看,在考察期内相对排名有小幅变动,但绝对水平波动不大,这说明中原城市群内各城市都在积极加强与其他城市的经济联系,努力降低对外交流过程中对其他城市的依赖程度,提高通达性水平。但是从点出度水平来看,作为区域中心城市,郑州的表现难以令人满意,在与区域其他城市之间的经济联系方面优势并不明显,没有对周边城市展现出强大的吸引力,与其他城市的经济联系有待加强。

表 3-53 中原城市群经济联系网络接近中心度排序及结果

排序	点出度						点入度					
	2003 年		2009 年		2016 年		2003 年		2009 年		2016 年	
1	平顶山	52.2	漯河	54.5	郑州	57.1	开封	85.7	郑州	75.0	郑州	70.6
2	洛阳	46.2	平顶山	52.2	开封	57.1	郑州	75.0	开封	60.0	开封	63.2
3	许昌	44.4	郑州	48.0	洛阳	54.5	新乡	57.1	焦作	60.0	许昌	63.2
4	亳州	44.4	焦作	48.0	平顶山	52.2	焦作	52.2	新乡	57.1	焦作	57.1

续表

排序	点出度						点入度					
	2003年		2009年		2016年		2003年		2009年		2016年	
5	焦作	40.0	洛阳	48.0	焦作	50.0	洛阳	50.0	洛阳	50.0	新乡	54.5
6	晋城	40.0	许昌	48.0	许昌	48.0	漯河	41.4	商丘	46.2	商丘	50.0
7	周口	40.0	开封	44.4	新乡	46.2	许昌	38.7	平顶山	44.4	洛阳	48.0
8	商丘	40.0	周口	44.4	鹤壁	46.2	鹤壁	37.5	许昌	38.7	漯河	46.2
9	郑州	38.7	晋城	44.4	晋城	46.2	晋城	37.5	漯河	38.7	平顶山	46.2
10	漯河	37.5	新乡	41.4	周口	44.4	平顶山	34.3	鹤壁	37.5	亳州	38.7
11	新乡	32.4	商丘	40.0	商丘	42.9	周口	31.6	亳州	36.4	鹤壁	36.4
12	鹤壁	32.4	鹤壁	36.4	漯河	40.0	亳州	25.5	周口	34.3	周口	36.4
13	开封	30.0	亳州	36.4	亳州	36.4	商丘	20.7	晋城	34.3	晋城	33.3

6. 核心—边缘结构分析

核心—边缘结构如表 3-54 所示，中原城市群城市间的核心区、边缘区在研究期内并没有发生变化，郑州和开封一直处于网络的核心区域，且相对位置也未发生变化，其他城市一直处于边缘区。

表 3-54　中原城市群经济联系网络核心—边缘结构

年份	核心	边缘
2003	郑州、开封	洛阳、平顶山、鹤壁、新乡、焦作、许昌、漯河、商丘、周口、晋城、亳州
2009	郑州、开封	洛阳、平顶山、鹤壁、新乡、焦作、许昌、漯河、商丘、周口、晋城、亳州
2016	郑州、开封	洛阳、平顶山、鹤壁、新乡、焦作、许昌、漯河、商丘、周口、晋城、亳州

网络联结密度结果如表 3-55 所示，核心区与边缘区的联系密度在不断增长，核心区成员的联结密度由 2003 年的 4.067 增长到 2016 年的 50.683，增长了 11.46 倍；核心区与边缘区的联结密度也由 2003 年的 0.659 增长到 2016 年的 9.39，增长了 13.25 倍；边缘区城市间的联结密度由 2003 年的 0.13 增长到 2016 年的 1.35，增长了 9.38 倍，说明核心区城市之间、核心区与边缘区的城市空间经济联系更加紧密，且在中原城市群城市空间经济联系网络中存在明显分层现象。

表 3-55　中原城市群核心—边缘网络联结密度

区域	2003 年		2009 年		2016 年	
	核心区	边缘区	核心区	边缘区	核心区	边缘区
核心区	4.067	0.659	9.686	2.472	50.683	9.39
边缘区	0.223	0.13	0.726	0.478	2.09	1.35

7. 凝聚子群分析

中原城市群经济联系网络划分为四个凝聚子群，如表 3-56 所示，中原城市群经济联系网络凝聚子群近十余年未发生变化，联系网络中存在四个子群，第 1 子群成员为郑州，第 2 子群由开封、洛阳、平顶山、鹤壁、新乡、焦作、许昌、漯河和晋城组成，第 3 子群包含商丘和亳州，第 4 子群成员为周口。郑州作为中原城市群核心城市的地位一直较稳固，依托其资金、信息等资源要素集中的优势，对其他城市具有较强的辐射和广泛的带动力；其他城市需加强与郑州的产业对接，承接核心城市的产业转移，寻找经济增长点；商丘、亳州和周口需加强与其他城市的经济交流与合作，实现共同发展。

表 3-56　中原城市群经济联系网络凝聚子群

年份	子群 1	子群 2	子群 3	子群 4
2003	郑州	开封、洛阳、平顶山、鹤壁、新乡、焦作、许昌、漯河、晋城	商丘、亳州	周口
2009	郑州	开封、洛阳、平顶山、鹤壁、新乡、焦作、许昌、漯河、晋城	商丘、亳州	周口
2016	郑州	开封、洛阳、平顶山、鹤壁、新乡、焦作、许昌、漯河、晋城	商丘、亳州	周口

八、北部湾城市群经济联系网络特征

1. 经济联系总量的时间演变

根据修正的引力模型，对北部湾城市群 10 个城市的 2003 年、2009 年和 2016 年对外经济联系总量进行测算，其结果如表 3-57 所示。北部湾城市群经济联系总量两极分化现象较为明显，经济联系总量较大且排名靠前的是南宁、茂名和湛江，其经济联系总量在该城市群内部占绝对优势，远远高于其他城市。作为广西壮族自治区首府，南宁拥有区域内其他城市无法比拟的政策优势，再加上其人力资源丰富、经济基础较好、交通便利，因此近些年发展情况较好，与域内城市具有广泛的经济联系。

表 3-57　北部湾城市群经济联系总量排名

城市	2003 年	排名	2009 年	排名	2016 年	排名
南宁	3.06	2	13.10	1	41.63	1
北海	0.62	7	1.83	7	8.08	7
防城港	1.08	5	3.21	5	10.26	5
钦州	1.84	4	5.52	4	14.41	4
玉林	0.31	9	1.67	8	4.12	9
崇左	0.13	10	0.22	10	0.69	10
湛江	3.31	1	10.36	2	26.25	3
茂名	2.30	3	6.96	3	33.50	2
阳江	0.60	8	1.06	9	6.21	8
海口	1.03	6	2.73	6	8.34	6

2. 整体网络结构特征分析

北部湾群经济联系网络结构如图 3-25 至图 3-27 所示。在研究期内，北部湾城市群经济联系的网络连接线增加，说明城市群之间经济联系日趋紧密。网络密度由 2003 年的 0.300 增加到 2009 年的 0.3222，到 2016 年为 0.3222，在 2003 ~ 2009 年呈逐年上升趋势，说明城市群间经济联系活动频繁，相互作用加强。

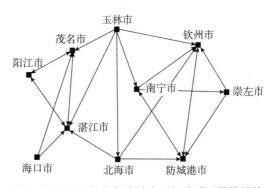

图 3-25　2003 年北部湾城市群经济联系网络结构

3. 点度中心度分析

北部湾城市群的点度中心度结果如表 3-58 所示，南宁、茂名和湛江的点出度水平显著高于城市群内部其他城市，尤其是南宁，其对城市群内部其他城市的

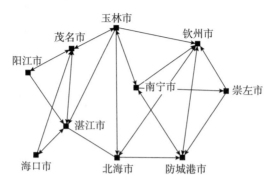

图 3-26 2009 年北部湾城市群经济联系网络结构

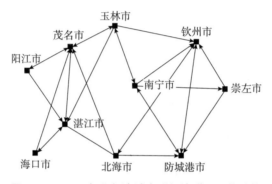

图 3-27 2016 年北部湾城市群经济联系网络结构

影响远大于受其他城市的影响,说明这三个城市对外开放能力较强,与其他城市的空间经济联系较大,可以通过经济联系辐射网络助力其他城市经济建设。从点入度水平来看,北部湾城市群内部各城市差距不大,说明各城市均能不断地整合利用外部资源,与其他城市积极地建立并加强经济联系,主动发生经济往来,促进本地区经济社会发展。

表 3-58 北部湾城市群经济联系网络点度中心度排序及结果

排序	点出度						点入度					
	2003 年		2009 年		2016 年		2003 年		2009 年		2016 年	
1	湛江	3.3	南宁	13.1	南宁	41.6	防城港	2.4	钦州	9.5	钦州	29.3
2	南宁	3.1	湛江	10.4	茂名	33.5	钦州	2.3	茂名	7.2	湛江	26.2
3	茂名	2.3	茂名	7.0	湛江	26.3	湛江	2.1	湛江	6.8	茂名	25.2
4	钦州	1.8	钦州	5.5	钦州	14.4	茂名	1.9	防城港	5.9	防城港	17.3
5	防城港	1.1	防城港	3.2	防城港	10.3	阳江	1.2	玉林	3.9	玉林	12.1

续表

排序	点出度											点入度											
	2003 年		2009 年		2016 年		2003 年		2009 年		2016 年	
6	海口	1.0	海口	2.7	海口	8.3	崇左	1.0	北海	3.3	阳江	11.0
7	北海	0.6	北海	1.8	北海	8.1	北海	0.9	南宁	3.0	北海	9.7
8	阳江	0.6	玉林	1.7	阳江	6.2	海口	0.9	海口	2.7	南宁	9.1
9	玉林	0.3	阳江	1.1	玉林	4.1	南宁	0.8	阳江	2.4	海口	7.4
10	崇左	0.1	崇左	0.2	崇左	0.7	玉林	0.7	崇左	2.1	崇左	6.2

4. 中间中心度分析

北部湾城市群中间中心度结果如表 3-59 所示,中间中心度存在两极分化的趋势,当前,玉林、茂名、南宁和钦州的中间中心度较其他城市而言相对较高,说明这四个城市在北部湾城市群的经济联系辐射网络中能够起到一定的"中介"作用。然而崇左、阳江、海口由于处于北部湾城市群的边缘位置,其中间中心度均为 0,未起到中介作用。其自身的空间经济联系水平较低,同时也说明北部湾城市群的经济联系辐射网络整体水平不高。

表 3-59　北部湾城市群经济联系网络中间中心度排序及结果

排序	2003 年		2009 年		2016 年	
1	湛江	7.00	玉林	31.50	玉林	28.00
2	南宁	4.33	茂名	26.33	茂名	27.00
3	钦州	1.33	南宁	20.33	南宁	17.50
4	防城港	1.00	湛江	11.33	钦州	15.50
5	茂名	1.00	钦州	7.50	北海	8.00
6	北海	0.33	北海	6.67	湛江	8.00
7	玉林	0.00	防城港	1.33	防城港	1.00
8	崇左	0.00	崇左	0.00	崇左	0.00
9	阳江	0.00	阳江	0.00	阳江	0.00
10	海口	0.00	海口	0.00	海口	0.00

5. 接近中心度分析

北部湾城市群接近中心度结果如表 3-60 所示,整体接近中心度水平差距相对较小,区域内城市经济联系网络较为紧密,城市间的通达性较为良好。但值得注意的是，作为区域中心城市的南宁，其接近中心度水平与其城市定位并不匹配，与其他城市之间的交流依赖于中间城市的程度较大，对周边城市的吸引力不足，吸收周边城市优势资源的能力较弱，南宁需要通过各个方面来加强自身实力，从而提升自身对外吸引力，加强与其他城市的经济联系。

表3-60　北部湾城市群经济联系网络接近中心度排序及结果

排序	点出度						点入度					
	2003 年		2009 年		2016 年		2003 年		2009 年		2016 年	
1	玉林	69.2	玉林	69.2	玉林	64.3	湛江	20.0	湛江	60.0	茂名	60.0
2	北海	37.5	南宁	56.3	北海	60.0	钦州	20.0	钦州	56.3	湛江	60.0
3	湛江	14.3	茂名	52.9	南宁	56.3	南宁	19.6	南宁	52.9	玉林	56.3
4	南宁	14.3	北海	50.0	钦州	52.9	防城港	19.6	茂名	52.9	钦州	56.3
5	崇左	14.3	钦州	47.4	茂名	50.0	茂名	19.6	玉林	52.9	南宁	52.9
6	钦州	14.1	崇左	42.9	崇左	42.9	阳江	18.8	北海	47.4	防城港	42.9
7	防城港	14.1	防城港	40.9	防城港	40.9	海口	18.4	防城港	42.9	阳江	39.1
8	茂名	14.1	湛江	39.1	湛江	37.5	崇左	18.0	海口	39.1	海口	39.1
9	阳江	14.1	海口	39.1	阳江	37.5	北海	11.1	阳江	36.0	北海	37.5
10	海口	14.1	阳江	39.1	海口	37.5	玉林	10.0	崇左	36.0	崇左	36.0

6. 核心—边缘结构分析

核心—边缘结构如表3-61所示，北部湾城市群城市间的核心区、边缘区在研究期内一直在调整，南宁、防城港、钦州、湛江和茂名一直处于网络的核心区域；北海、玉林和海口先是由边缘区被划入核心区，又由核心区被划入边缘区，崇左和阳江一直处于边缘区。

表3-61　北部湾城市群经济联系网络核心—边缘结构

年份	核心	边缘
2003	南宁、防城港、钦州、湛江、茂名	北海、玉林、崇左、阳江、海口
2009	南宁、北海、防城港、钦州、玉林、湛江、茂名、海口	崇左、阳江
2016	南宁、防城港、钦州、湛江、茂名	北海、玉林、崇左、阳江、海口

网络联结密度结果如表3-62所示，核心区与边缘区的联系密度在不断增长，核心区成员的联结密度由2003年的0.373增长到2016年的4.246，增长了10.38

倍;核心区与边缘区的联结密度也由 2003 年的 0.166 增长到 2016 年的 1.645,增长了 8.91 倍,这说明核心区城市之间、核心区与边缘区的城市空间经济联系更加紧密。边缘区城市间的联结密度由 2003 年的 0.03 增长到 2016 年的 0.264,增长了 7.8 倍,可见边缘区城市间经济联系较弱。北部湾城市群中城市空间经济联系网络中存在较明显的分层。

表 3-62 北部湾城市群核心—边缘网络联结密度

区域	2003 年		2009 年		2016 年	
	核心区	边缘区	核心区	边缘区	核心区	边缘区
核心区	0.373	0.166	0.732	0.275	4.246	1.645
边缘区	0.083	0.03	0.079	0.009	0.886	0.264

7. 凝聚子群分析

北部湾城市群经济联系网络划分为四个凝聚子群,如表 3-63 所示。北部湾城市群经济联系网络凝聚子群近十余年发生变化不大,仅在子群内部有个别城市发生变化。防城港先是由第 2 子群被划入第 1 子群,又由第 1 子群被划入第 2 子群;同样,玉林先是由第 3 子群被划入第 2 子群,又由第 2 子群被划入第 3 子群,而湛江则是由第 4 子群成员变为第 3 子群成员。

表 3-63 北部湾城市群经济联系网络凝聚子群

年份	子群 1	子群 2	子群 3	子群 4
2003	南宁、北海	防城港、钦州、崇左	玉林、阳江	茂名、湛江、海口
2009	南宁、北海、防城港	钦州、玉林、崇左	湛江、阳江	茂名、海口
2016	南宁、北海	防城港、钦州、崇左	玉林、湛江	茂名、阳江、海口

第四章　城市群城镇化质量的非均衡发展

第一节　城市群城镇化质量的时空演变

一、模型建立

1. 城市群城镇化质量评价指标体系建立原则

（1）系统性原则。

"系统性"要求在城镇化质量评价中坚持全局意识、整体观念，把城镇化质量看成城镇化发展这个大系统中的一个子系统来对待，指标体系要综合地反映城市群城镇化质量中各维度、各指标相互作用的方式、强度和方向等各方面的内容，是一个受多种因素相互作用、相互制约的系统的量。各指标之间要有一定的逻辑关系，它们不但要从不同的侧面反映出城镇化质量评价系统中生态、经济、社会子系统的主要特征和状态，而且还要反映生态—经济—社会系统之间的内在联系。因此，必须把城镇化质量视为一个系统问题，并基于多因素来进行综合评估。

（2）完整性原则。

由于城镇化质量评价涵盖的指标丰富多样，指标体系也是由多维度组成并反映出各维度的特征，同时各指标相互联系构成一个有机整体。城镇化质量是多层次、多因素综合影响和作用的结果，评价体系也应具有完整性，并能从不同方面、不同层次反映城镇化质量的实际情况。一是指标体系应选择一些指标从整体研究期间把握评价目标的协调程序，以保证评价的全面性和可信度。二是在指标设置上按照指标间的层次递进关系，通过一定的梯度，能准确反映指标间的支配关系，充分落实分层次评价原则，这样既能消除指标间的相容性又能保证指标体系的完整性、科学性。

（3）有效性原则。

城镇化质量评价指标体系必须遵循经济规律和社会发展规律，采用科学的方法和手段。确立的指标必须是能够通过观察、测试、评议等方式得出明确结论的定性或定量指标，结合城镇化质量定量和定性调查研究，指标体系较为客观和真实地反映所研究系统发展演化的状态，从不同角度和侧面进行城镇化质量衡量，都应坚持科学有效的原则。统筹兼顾，指标体系过大或过小都不利于做出正确的评价，因此必须以科学态度选取指标，把握科学发展规律，提高发展质量和效益，以便真实有效作出评价。

（4）可量可比性原则。

不同城市群城镇化质量的系统结构都是一致的，构建的指标体系应在不同城市群间具有相同的结构。不同城市群之间城镇化质量在不同空间、时间上具有较大的差异性，地域性较明显，这种差异很大程度上决定了城市间在城镇化发展上的不同。只有在城镇化质量评价中坚持可量可比性原则，才能根据统一的标准衡量出城市群城镇化质量发展的不足之处，指导城镇化今后的科学发展。在指标选择上，还应注意在总体范围内的一致性，指标体系的构建是为城镇化质量评价服务的，指标选取的计算量度和计算方法必须一致，各指标尽量简单明了、微观性强、便于收集。

结合以往的研究成果，遵循指标选取的系统性、完整性、有效性和可量可比性的原则，分别从经济发展质量、人口发展质量、基础设施发展质量、环境景观发展质量四个维度，选取 25 个指标，构建了城市群城镇化质量综合评价指标体系（见表 4-1）。

表 4-1　城镇化质量综合评价指标体系

一级指标	二级指标	三级指标
城镇化质量	经济发展质量	人均地区生产总值（万元）
		第二三产业占 GDP 的比重（%）
		第二三产业 GDP 密度（亿元/平方千米）
		人均固定资产投资（万元）
		人均财政收入（元）
		万元 GDP 耗水量（万吨）
		万元 GDP 耗电量（千瓦时）
	人口发展质量	第二三产业从业人员比重（%）
		人口密度（人/平方公里）
		职工平均工资（万元）
		人均社会消费品零售总额（万元）
		人均科学技术支出（元）
		人均教育支出（元）

一级指标	二级指标	三级指标
城镇化质量	基础设施 发展质量	用水普及率（%）
		燃气普及率（%）
		每万人拥有公共汽车（辆）
		人均城道路面积（平方米）
		每百人公共图书馆藏书（册、件）
		每万人医院、卫生院床位数（张）
	环境景观 发展质量	建成区绿化覆盖率（%）
		人均公园绿地面积（平方米）
		建成区排水管道密度（千米/平方千米）
		一般工业固体废物综合利用率（%）
		污水处理厂集中处理率（%）
		生活垃圾无害化处理率（%）

2. 城市群城镇化质量评价方法

（1）指标权重。

常用的指标权重确定方法分为主观赋权法和客观赋权法。主观赋权法是一类根据评价者主观上对各项指标重视程度的判定来赋予权重的方法，由于本书选择的新型城镇化质量评价指标综合性较强，本书选择客观赋权法中的熵值法确定新型城镇化质量评价指标体系下的指标权重。熵值法是一种在综合考虑各因素提供信息量的基础上计算一个综合指标的数学方法，主要根据各指标传递给决策者的信息量大小来确定权重。根据信息熵理论，信息熵是信息不确定性的度量，熵值越小，所蕴涵的信息量越大，若某个属性下的熵值越小，则说明该属性在决策时所起的作用越大，应赋予该属性较大的权重，否则相反。

设有 m 个待评城市，n 项评价指标，则建立原始指标数据矩阵 $X = (x_{ij})_{m \times n}$ $(0 \leqslant i \leqslant m, 0 \leqslant j \leqslant n)$，$x_{ij}$ 为第 i 个待评城市第 j 项指标的指标值。

进行标准化处理，确定正向指标和逆向指标。正向指标是指综合评价得分越高，说明对城镇化质量影响的正效应越大；逆向指标是指综合评价值越高，说明对城镇化质量影响的负效应越大。为消除指标间不同单位的影响，采用极值法对数据进行标准化处理。

对于正向指标，标准化公式为：

$$x'_{ij} = \frac{x_{ij} - \min_j(x_{ij})}{\max_j(x_{ij}) - \min_j(x_{ij})} \qquad (4-1)$$

对于逆向指标，标准化公式为：

$$x'_{ij} = \frac{\max_j(x_{ij}) - x_{ij}}{\max_j(x_{ij}) - \min_j(x_{ij})} \qquad (4-2)$$

计算第 j 项指标下第 i 个城市指标值占该指标的比重 P_{ij}：

$$P_{ij} = \frac{x'_{ij}}{\sum_{i=1}^{m} x'_{ij}} \qquad (4-3)$$

计算第 j 项指标的信息熵值 e_j：

$$e_j = -\frac{1}{\ln m} \sum_{i=1}^{m} (P_{ij} \times \ln P_{ij}) \qquad (4-4)$$

计算第 j 项指标的权重 w_j：

$$w_j = \frac{1 - e_j}{\sum_{j=1}^{n} (1 - e_j)} \qquad (4-5)$$

其中，$0 \leqslant w_j \leqslant 1$，$\sum_{i=1}^{m} w_j = 1$。

（2）城镇化质量综合评价模型。

综合评价法是根据所选择的评价模型，对经过处理后的指标进行汇总，计算综合评价指数或综合评价分值，以定量评价某领域发展水平的方法，第 i 个城市城镇化质量的综合评价模型为：

$$Z_i = \sum_{j=1}^{n} w_j \times X'_{ij} \qquad (4-6)$$

3. 城市群城镇化质量的收敛性检验

收敛性检验主要研究区域间的发展不均衡问题，本书采用变异系数对城镇化质量 σ 收敛进行检验，公式为：

$$CV_t = \sqrt{\frac{1}{m-1} \sum_{i=1}^{m} \left(Z_{it} - \frac{1}{m}\sum_{i=1}^{m} Z_{it}\right)^2} \Big/ \frac{1}{m}\sum_{i=1}^{m} Z_{it} \qquad (4-7)$$

式（4-7）中，CV_t 表示第 t 年的变异系数，m 表示城市数量，Z_{it} 表示第 i 个城市第 t 年的城镇化质量程度。$CV_{t+1} < CV_t$ 表示随着时间的推移，不同城市的城镇化质量的差距在逐渐缩小。

二、城市群总体城镇化质量演变趋势

2003～2016 年，中国八大城市群城镇化质量呈先递增再递减的波动变化，如表 4-2 所示。排序依次为珠三角城市群、长三角城市群、京津冀城市群、中原城市群、长江中游城市群、哈长城市群、北部湾城市群和成渝城市群。2003～2014年，珠三角城市群、长三角城市群和京津冀城市群的城镇化质量高于城市群平均水平，2015～2016 年只有珠三角城市群和长三角城市群的城镇化质量高于城市群平均水平，其他城市群的城镇化质量均低于城市群平均水平。

表 4-2　中国八大城市群城镇化质量

年份	京津冀	长三角	珠三角	长江中游	成渝	哈长	中原	北部湾	总均值
2003	0.241	0.260	0.319	0.169	0.142	0.184	0.189	0.153	0.205
2004	0.290	0.288	0.370	0.203	0.173	0.216	0.233	0.174	0.240
2005	0.298	0.299	0.361	0.206	0.178	0.218	0.225	0.181	0.243
2006	0.298	0.296	0.371	0.204	0.170	0.215	0.220	0.174	0.241
2007	0.256	0.269	0.349	0.186	0.151	0.195	0.196	0.155	0.217
2008	0.279	0.286	0.361	0.211	0.172	0.211	0.213	0.178	0.237
2009	0.270	0.273	0.353	0.196	0.156	0.194	0.197	0.164	0.223
2010	0.252	0.255	0.344	0.191	0.154	0.187	0.184	0.160	0.213
2011	0.242	0.262	0.341	0.187	0.150	0.183	0.176	0.156	0.211
2012	0.248	0.273	0.349	0.190	0.152	0.185	0.178	0.161	0.216
2013	0.239	0.262	0.361	0.193	0.149	0.191	0.177	0.162	0.214
2014	0.250	0.292	0.379	0.215	0.169	0.195	0.202	0.178	0.235
2015	0.215	0.261	0.360	0.201	0.158	0.170	0.199	0.163	0.215
2016	0.187	0.244	0.362	0.178	0.141	0.154	0.155	0.150	0.195

京津冀城市群城镇化质量高于均值的幅度在逐渐缩小，到 2016 年低于均值0.008；长三角城市群和珠三角城市群高于平均值的差距，及成渝城市群和北部湾城市群低于平均值的差距没有大的变动；长江中游城市群低于均值的差距在逐渐缩小，而哈长城市群和北部湾城市群低于均值的差距在逐年增大。（见图 4-1）。

从城市来看，2003 年城镇化质量排名前 5 位的城市依次为：深圳（0.740）、上海（0.716）、天津（0.485）、北京（0.470）、宁波（0.461），排名后 5 位的城市依次为：内江（0.102）、钦州（0.102）、乐山（0.102）、崇左（0.096）、咸宁（0.088）；2009 年城镇化质量排名前 5 位的城市依次为：深圳（0.800）、上海（0.481）、东莞（0.445）、北京（0.417）、宁波（0.409），排名后 5 位的

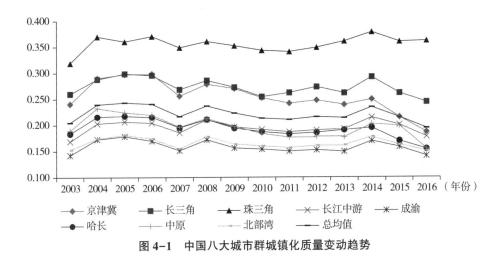

图 4-1 中国八大城市群城镇化质量变动趋势

城市依次为：广安（0.128）、钦州（0.125）、绥化（0.125）、内江（0.124）、
崇左（0.120）；2016 年城镇化质量排名前 5 位的城市依次为：深圳（0.863）、
上海（0.470）、东莞（0.403）、珠海（0.393）、北京（0.387），排名后 5 位的
城市依次为：雅安（0.107）、宜春（0.093）、达州（0.091）、商丘（0.089）、
绥化（0.080）。2003 年，高于城市群平均质量水平 0.205 的城市有 47 个，占所
有城市的 37.60%；2009 年，高于城市群平均质量水平 0.223 的城市有 53 个，占
所有城市的 42.40%；2016 年，高于城市群平均质量水平 0.195 的城市有 42 个，
占所有城市的 33.60%。各城市群城镇化质量发展不平衡，地理位置优越、经济
水平高的京津冀城市群、长三角城市群、珠三角城市群等区域城镇化质量得分
高，而资源匮乏、发展资金不足、土地贫瘠的西南等区域城镇化质量得分较低。

从城镇化质量结构比例来看（见图 4-2），城市群总体经济发展质量指数呈
现先递增再递减的趋势，且占比最大，由 2003 年的 37.64% 上升到 2016 年的
45.01%；人口发展质量指数呈现稳步递增的趋势，由 2003 年的 21.13% 上升到
2016 年的 22.98%，在 2014 年达到最大值为 0.059；基础设施质量指数呈现先递
增再递减再稳步递增的趋势，在 2004 年达到最大值后，出现递减再稳步回升的
趋势；环境景观质量指数和基础设施质量指数的占比都呈下降趋势，且环境景观
质量指数占比最小，占 2016 年的 14.30%。

从经济发展质量指数来看（见表 4-3）。2003~2016 年，中国八大城市群城
镇化经济发展质量呈现先递增再递减的波动变化，在 2008 年达到最高值。排名
前 2 位的是珠三角城市群和长三角城市群；京津冀城市群在 2003~2013 年排名第
3 位，随后被长江中游城市群所取代。

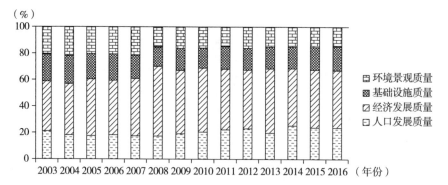

图4-2　中国城市群城镇化质量结构比例变动趋势

表4-3　中国八大城市群城镇化经济发展质量

年份	京津冀	长三角	珠三角	长江中游	成渝	哈长	中原	北部湾	总均值
2003	0.082	0.101	0.123	0.061	0.060	0.072	0.061	0.065	0.077
2004	0.098	0.112	0.145	0.075	0.077	0.089	0.081	0.084	0.093
2005	0.110	0.124	0.157	0.087	0.087	0.096	0.093	0.096	0.104
2006	0.104	0.123	0.153	0.082	0.080	0.092	0.085	0.087	0.099
2007	0.098	0.118	0.139	0.079	0.075	0.093	0.078	0.081	0.094
2008	0.129	0.147	0.171	0.114	0.105	0.120	0.107	0.110	0.125
2009	0.110	0.131	0.158	0.096	0.087	0.100	0.085	0.094	0.107
2010	0.105	0.121	0.146	0.097	0.087	0.098	0.082	0.094	0.103
2011	0.100	0.114	0.134	0.091	0.080	0.093	0.075	0.088	0.097
2012	0.096	0.114	0.133	0.091	0.079	0.094	0.072	0.087	0.096
2013	0.104	0.123	0.157	0.100	0.082	0.100	0.079	0.091	0.104
2014	0.096	0.120	0.132	0.101	0.085	0.095	0.082	0.092	0.102
2015	0.085	0.111	0.130	0.095	0.077	0.084	0.080	0.085	0.094
2016	0.080	0.104	0.121	0.088	0.072	0.078	0.074	0.077	0.088

　　从人口发展质量指数来看（见表4-4），研究期内八大城市群城镇化人口发展质量呈现先逐步递增，到2014年达到最大值后再递减的波动变化，排名前3位的依次是珠三角城市群、京津冀城市群和长三角城市群；中原城市群在2003～2016年人口发展质量超过总均值，后呈现低于均值情况。

表4-4　中国八大城市群城镇化人口发展质量

年份	京津冀	长三角	珠三角	长江中游	成渝	哈长	中原	北部湾	总均值
2003	0.066	0.058	0.094	0.029	0.021	0.028	0.043	0.022	0.043
2004	0.072	0.054	0.092	0.028	0.022	0.027	0.050	0.021	0.043
2005	0.072	0.056	0.087	0.028	0.021	0.027	0.043	0.020	0.043
2006	0.076	0.056	0.088	0.031	0.020	0.027	0.044	0.022	0.044
2007	0.057	0.048	0.091	0.027	0.017	0.022	0.039	0.018	0.038
2008	0.063	0.052	0.092	0.029	0.019	0.026	0.043	0.020	0.041
2009	0.063	0.055	0.092	0.031	0.021	0.026	0.045	0.021	0.043
2010	0.067	0.058	0.094	0.030	0.021	0.026	0.043	0.021	0.044
2011	0.068	0.069	0.100	0.031	0.021	0.028	0.045	0.022	0.047
2012	0.075	0.073	0.106	0.033	0.022	0.029	0.048	0.024	0.050
2013	0.055	0.059	0.094	0.030	0.020	0.030	0.041	0.022	0.042
2014	0.071	0.087	0.124	0.045	0.030	0.034	0.057	0.031	0.059
2015	0.056	0.069	0.116	0.042	0.028	0.028	0.053	0.025	0.051
2016	0.042	0.067	0.137	0.031	0.022	0.020	0.029	0.026	0.045

　　从基础设施发展质量指数来看（见表4-5），2003～2016年，八大城市群城镇化基础设施发展质量呈现先增加，到2004年达到最大值后再逐步递减的变动趋势，排名前3位的依次是珠三角城市群、京津冀城市群和长三角城市群；哈长城市群在2003～2008年和2010年基础设施发展质量超过总均值，其余年份均低于总均值。

表4-5　中国八大城市群城镇化基础设施发展质量

年份	京津冀	长三角	珠三角	长江中游	成渝	哈长	中原	北部湾	总均值
2003	0.052	0.050	0.053	0.039	0.027	0.046	0.043	0.026	0.042
2004	0.062	0.059	0.076	0.049	0.032	0.052	0.049	0.031	0.051
2005	0.059	0.056	0.059	0.045	0.030	0.051	0.044	0.026	0.047
2006	0.060	0.055	0.080	0.046	0.028	0.053	0.042	0.027	0.048
2007	0.048	0.045	0.072	0.035	0.021	0.040	0.031	0.023	0.038
2008	0.047	0.042	0.062	0.034	0.019	0.037	0.028	0.021	0.036
2009	0.056	0.043	0.066	0.034	0.019	0.038	0.029	0.020	0.037
2010	0.042	0.037	0.066	0.030	0.017	0.035	0.024	0.018	0.032
2011	0.043	0.042	0.072	0.035	0.022	0.036	0.027	0.021	0.036
2012	0.042	0.045	0.071	0.032	0.019	0.035	0.025	0.021	0.036

续表

年份	京津冀	长三角	珠三角	长江中游	成渝	哈长	中原	北部湾	总均值
2013	0.047	0.040	0.074	0.032	0.018	0.034	0.026	0.021	0.035
2014	0.047	0.042	0.083	0.034	0.023	0.039	0.030	0.025	0.039
2015	0.041	0.042	0.077	0.033	0.022	0.031	0.035	0.024	0.037
2016	0.036	0.042	0.071	0.032	0.021	0.030	0.026	0.022	0.034

从环境景观发展质量指数来看（见表4-6），2003~2016年，八大城市群城镇化环境景观发展质量呈现先增加，到2004年达到最大值后再逐步递减的变动趋势，排名首位的是长三角城市群，珠三角城市群和京津冀城市群并列第2位，城市群之间的差异并不显著。

表4-6　中国八大城市群城镇化环境景观发展质量

年份	京津冀	长三角	珠三角	长江中游	成渝	哈长	中原	北部湾	总均值
2003	0.041	0.052	0.049	0.040	0.035	0.038	0.043	0.039	0.043
2004	0.059	0.063	0.058	0.050	0.041	0.048	0.053	0.038	0.052
2005	0.056	0.062	0.057	0.046	0.040	0.043	0.045	0.038	0.049
2006	0.058	0.061	0.050	0.045	0.041	0.043	0.049	0.038	0.050
2007	0.053	0.058	0.047	0.044	0.039	0.040	0.048	0.033	0.047
2008	0.039	0.044	0.036	0.034	0.029	0.029	0.036	0.026	0.035
2009	0.041	0.043	0.037	0.036	0.030	0.030	0.038	0.028	0.036
2010	0.038	0.039	0.037	0.035	0.028	0.028	0.035	0.026	0.034
2011	0.031	0.037	0.034	0.031	0.028	0.025	0.029	0.025	0.031
2012	0.034	0.041	0.039	0.035	0.032	0.029	0.029	0.029	0.035
2013	0.033	0.039	0.036	0.032	0.029	0.026	0.030	0.027	0.032
2014	0.036	0.043	0.039	0.034	0.031	0.028	0.033	0.029	0.035
2015	0.034	0.040	0.038	0.032	0.031	0.027	0.031	0.028	0.033
2016	0.028	0.031	0.032	0.027	0.026	0.025	0.026	0.025	0.028

将城市群各年度城镇化质量得分的标准差与均值相比，求出城市群城镇化质量的变异系数，以此来衡量各年度城市群城镇化质量发展的收敛程度。中国八大城市群城镇化质量的变异系数如图4-3所示。八大城市群总体的变异系数在研究期间近似呈现"W"型分布，最高值为2003年（0.507），最低值为2005年（0.378），此后出现两年持续增长，到2007年（0.433）达到一个小峰值，2008年呈下降状之后出现缓慢的增长，2012年之后的下降趋势也较平缓，增减幅度

大致均 0.419 上下，到 2016 年突增到 0.491，在研究期内城市群之间城镇化质量的差异呈现波动变动，存在非均衡发展增大趋势。

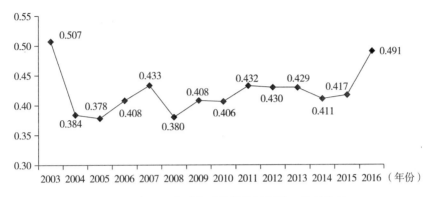

图 4-3　中国八大城市群城镇化质量的 σ 收敛趋势

三、各城市群城镇化质量的演变趋势

1. 京津冀城市群城镇化质量的时空差异

京津冀城市群城镇化质量总体呈下降趋势，北京市城镇化质量明显高于城市群其他城市。京津冀城市群城镇化质量排名前 2 位的城市为北京和天津，石家庄在 2003 年排名第 3，但到 2015 年排名下降到第 5 位。2003 年，高于城市群均值（0.241）的城市有 2 个，分别是天津（0.485）和北京（0.470）；2009 年，高于城市群均值（0.270）的城市有 5 个，分别是北京（0.417）、天津（0.331）、沧州（0.303）、石家庄（0.300）、邢台（0.271）；2016 年，高于城市群均值（0.187）的城市有 4 个，分别是北京（0.387）、天津（0.318）、沧州（0.264）、廊坊（0.190）（见表 4-7）。京津冀城市群除北京和天津城镇化质量水平较高外，其余城市的城镇化质量水平较薄弱，城市间不均衡性明显。

表 4-7　京津冀城市群城镇化质量

年份 城市	2003	2005	2007	2009	2010	2011	2012	2013	2014	2015	2016
北京	0.470	0.561	0.440	0.417	0.417	0.437	0.439	0.424	0.500	0.404	0.387
天津	0.485	0.351	0.310	0.331	0.318	0.344	0.363	0.326	0.324	0.331	0.318
石家庄	0.230	0.322	0.282	0.300	0.297	0.299	0.314	0.302	0.238	0.199	0.179
唐山	0.209	0.257	0.234	0.239	0.225	0.214	0.220	0.185	0.200	0.176	0.173
秦皇岛	0.213	0.305	0.255	0.252	0.248	0.226	0.239	0.223	0.241	0.169	0.158

续表

年份 城市	2003	2005	2007	2009	2010	2011	2012	2013	2014	2015	2016
邯郸	0.192	0.269	0.244	0.251	0.241	0.220	0.227	0.219	0.231	0.190	0.137
邢台	0.193	0.281	0.245	0.271	0.251	0.219	0.232	0.160	0.180	0.165	0.121
保定	0.215	0.275	0.217	0.255	0.245	0.226	0.223	0.223	0.232	0.145	0.131
张家口	0.225	0.220	0.203	0.226	0.185	0.163	0.169	0.187	0.186	0.177	0.110
承德	0.201	0.235	0.209	0.196	0.177	0.169	0.164	0.157	0.174	0.144	0.129
沧州	0.178	0.305	0.266	0.303	0.277	0.252	0.247	0.292	0.338	0.316	0.264
廊坊	0.206	0.259	0.233	0.228	0.211	0.210	0.216	0.206	0.220	0.223	0.190
衡水	0.114	0.228	0.191	0.245	0.188	0.165	0.165	0.206	0.181	0.159	0.129

京津冀城市群城镇化质量的变异系数如图4-4所示，变异系数总体呈现先递减后递增的趋势，2003年该城市群的变异系数为0.453，之后逐年递减，虽2005年、2006年有所增长，但增幅较小，到2009年达到其最低点0.211，之后除2013年极轻微下降，其余年份均逐步增长，到2016年京津冀城市群变异系数达到其峰值0.455，在研究期内城市间城镇化质量水平发展差异较大，存在向非均衡发展趋势。

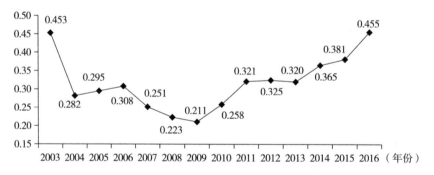

图4-4　京津冀城市群城镇化质量的 σ 收敛趋势

从京津冀城市群城镇化质量结构比例来看（见图4-5），城市群经济发展质量水平呈现先递增，在2008年达到最大值0.1294后再递减的趋势，且占比最大，由2003年的33.98%上升到2016年的42.93%；人口发展质量水平呈现小幅下降的趋势，且占比由2003年的27.50%下降到2016年的22.53%，在2012年占比达到最大值为30.14%；基础设施质量水平呈现先递减，在2008年达到最小值后，再稳步回升的趋势；环境景观质量水平占比都呈下降趋势，且其占比最小，由2003年的17.05%下降到2016年的15.30%。

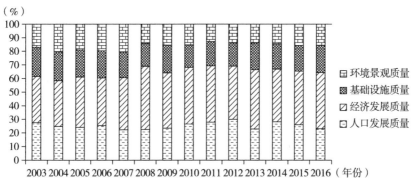

图 4-5　京津冀城市群城镇化质量结构比例变动趋势

2. 长三角城市群城镇化质量的时空差异

长三角城市群排名第一的为上海，但其城镇化质量水平为下降趋势，其他城市的城镇化质量水平波动幅度不大，城市间的差距在缩小。2003 年，高于城市群均值（0.260）的城市有 9 个，为上海（0.716）、宁波（0.461）、苏州（0.420）、南京（0.363）、杭州（0.363）、合肥（0.360）、无锡（0.294）、南通（0.266）、常州（0.264）；2009 年，高于城市群均值（0.273）的城市有 12 个，为上海（0.481）、宁波（0.409）、杭州（0.400）、苏州（0.396）、无锡（0.380）、合肥（0.313）、绍兴（0.305）、镇江（0.296）、扬州（0.292）、南京（0.289）、芜湖（0.283）、常州（0.277）；2016 年，高于城市群均值（0.244）的城市有 11 个，为上海（0.470）、合肥（0.340）、苏州（0.331）、宁波（0.326）、南京（0.318）、杭州（0.312）、无锡（0.301）、芜湖（0.280）、常州（0.272）、镇江（0.269）、舟山（0.268）（见表 4-8）。

表 4-8　长三角城市群城镇化质量

年份 城市	2003	2005	2007	2009	2010	2011	2012	2013	2014	2015	2016
上海	0.716	0.577	0.479	0.481	0.432	0.461	0.461	0.434	0.493	0.437	0.470
南京	0.363	0.356	0.298	0.289	0.269	0.284	0.303	0.289	0.300	0.292	0.318
无锡	0.294	0.396	0.365	0.380	0.360	0.379	0.386	0.374	0.400	0.342	0.301
常州	0.264	0.335	0.313	0.277	0.288	0.296	0.320	0.318	0.340	0.274	0.272
苏州	0.420	0.365	0.372	0.396	0.335	0.351	0.375	0.353	0.375	0.344	0.331
南通	0.266	0.347	0.333	0.229	0.240	0.231	0.242	0.242	0.273	0.251	0.222
盐城	0.163	0.216	0.185	0.191	0.178	0.189	0.190	0.191	0.228	0.203	0.184
扬州	0.238	0.307	0.260	0.292	0.268	0.224	0.235	0.234	0.251	0.237	0.224

续表

年份\城市	2003	2005	2007	2009	2010	2011	2012	2013	2014	2015	2016
镇江	0.255	0.294	0.265	0.296	0.252	0.271	0.326	0.285	0.320	0.286	0.269
泰州	0.180	0.279	0.268	0.245	0.238	0.246	0.244	0.206	0.227	0.215	0.205
杭州	0.363	0.373	0.340	0.400	0.329	0.342	0.354	0.352	0.367	0.341	0.312
宁波	0.461	0.405	0.350	0.409	0.338	0.358	0.359	0.358	0.401	0.359	0.326
嘉兴	0.205	0.289	0.273	0.263	0.246	0.254	0.253	0.251	0.266	0.239	0.223
湖州	0.226	0.258	0.243	0.234	0.213	0.211	0.211	0.208	0.227	0.203	0.183
绍兴	0.245	0.341	0.288	0.305	0.271	0.286	0.279	0.223	0.249	0.226	0.207
金华	0.227	0.298	0.237	0.244	0.204	0.195	0.197	0.201	0.220	0.202	0.179
舟山	0.162	0.246	0.243	0.242	0.231	0.245	0.253	0.258	0.291	0.266	0.268
台州	0.197	0.260	0.210	0.220	0.204	0.197	0.201	0.203	0.226	0.225	0.201
合肥	0.360	0.351	0.323	0.313	0.339	0.368	0.372	0.336	0.384	0.351	0.340
芜湖	0.233	0.292	0.226	0.283	0.276	0.291	0.325	0.303	0.389	0.303	0.280
马鞍山	0.205	0.274	0.257	0.243	0.250	0.267	0.264	0.253	0.245	0.225	0.196
铜陵	0.147	0.248	0.220	0.225	0.220	0.240	0.300	0.284	0.363	0.313	0.219
安庆	0.181	0.182	0.178	0.176	0.175	0.163	0.171	0.179	0.223	0.181	0.177
滁州	0.159	0.160	0.164	0.171	0.171	0.182	0.201	0.180	0.215	0.197	0.185
池州	0.120	0.168	0.157	0.145	0.152	0.149	0.151	0.155	0.172	0.168	0.148
宣城	0.109	0.148	0.134	0.142	0.138	0.136	0.130	0.132	0.146	0.121	0.110

　　长三角城市群城镇化质量的变异系数如图4-6所示，长三角城市群的变异系数在2003年时达到其峰值0.497，2004年骤降到0.301之后多年均呈现出较为平稳状态，只有2006年（0.323）、2009年（0.311）及2016年（0.314）表现出较为明显的增长，其余年份长三角城市群的变异系数均在0.297上下浮动，研究期内城市间城镇化质量水平的差距逐渐缩小，存在向均衡发展的趋势。

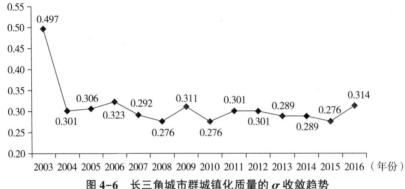

图4-6　长三角城市群城镇化质量的 σ 收敛趋势

从长三角城市群城镇化质量结构比例来看（见图4-7），城市群经济发展质量水平呈现先递增，在2008年达到最大值0.1474后再递减的趋势，且占比最大，由2003年的33.67%上升到2016年的42.68%；人口发展质量水平呈现小幅上升趋势，且占比由2003年的22.25%上升到2016年的27.48%，在2014年占比达到最大值为29.69%；基础设施质量水平呈现先递减，在2014年达到最小值后，再稳步回升的趋势；环境景观质量水平占比总体呈下降趋势，且其占比最小，由2003年的20.04%下降到2016年的12.77%。

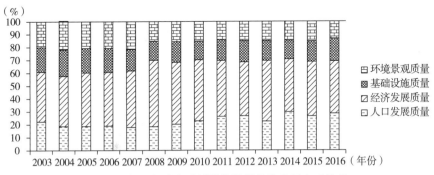

图4-7 长三角城市群城镇化质量结构比例变动趋势

3. 珠三角城市群城镇化质量的时空差异

珠三角城市群城镇化质量排名第一位的为深圳，城镇化质量水平远远高于其他城市，东莞城镇化质量水平波动幅度较大，但整体发展比较平稳。2003年，高于城市群均值（0.319）的城市有4个，为深圳（0.740）、佛山（0.461）、广州（0.328）、东莞（0.321）；2009年，高于城市群均值（0.353）的城市有3个，为深圳（0.800）、东莞（0.445）、广州（0.366）；2016年，高于城市群均值（0.362）的城市有3个，为深圳（0.863）、东莞（0.403）、珠海（0.393）（见表4-9）。

表4-9 珠三角城市群城镇化质量

年份\城市	2003	2005	2007	2009	2010	2011	2012	2013	2014	2015	2016
广州	0.328	0.422	0.346	0.366	0.342	0.275	0.323	0.365	0.387	0.332	0.356
深圳	0.740	0.697	0.836	0.800	0.814	0.807	0.789	0.810	0.814	0.798	0.863
珠海	0.231	0.398	0.305	0.298	0.294	0.314	0.328	0.352	0.410	0.403	0.393
佛山	0.461	0.371	0.256	0.302	0.293	0.301	0.306	0.314	0.317	0.327	0.337
江门	0.253	0.237	0.200	0.198	0.201	0.178	0.199	0.196	0.201	0.210	0.194

续表

年份 城市	2003	2005	2007	2009	2010	2011	2012	2013	2014	2015	2016
肇庆	0.161	0.224	0.224	0.209	0.207	0.218	0.218	0.208	0.215	0.208	0.182
惠州	0.193	0.243	0.204	0.224	0.212	0.215	0.227	0.242	0.325	0.264	0.226
东莞	0.321	0.314	0.509	0.445	0.410	0.459	0.446	0.458	0.414	0.413	0.403
中山	0.181	0.341	0.264	0.331	0.321	0.302	0.305	0.304	0.325	0.288	0.305

珠三角城市群城镇化质量的变异系数如图 4-8 所示。珠三角城市群的变异系数在 2003~2007 年呈先减后增状态，具体表现为 2003 年（0.576）递减到 2005 年（0.403）又递增到 2007 年（0.590），且 2004 年和 2007 年的增减幅度极为明显，在 2007 年到达其峰值状态后又表现出"W"型状态，在 2011 年（0.565）达到了一个小峰值，2008 年（0.519）和 2014 年（0.476）分别到达两个小谷值，2016 年增幅较大达到 0.566，在研究期内城市间城镇化质量水平的差距呈现波动变动，无明显收敛趋势。

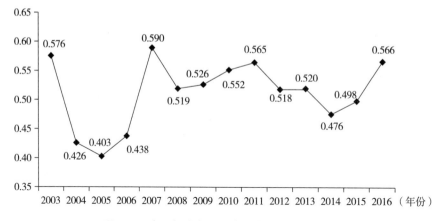

图 4-8　珠三角城市群城镇化质量的 σ 收敛趋势

从珠三角城市群城镇化质量结构比例来看（见图 4-9）。城市群经济发展质量水平呈现先递增，在 2008 年达到最大值 0.1715 后再递减的趋势，且占比最大，由 2003 年的 38.65% 下降到 2016 年的 33.50%；人口发展质量水平较大幅度增长，且占比由 2003 年的 29.34% 上升到 2016 年的 37.97%，并在 2016 年达到最大值；基础设施质量水平稳步递增，在 2014 年达到最大值后，又逐步下降；环境景观质量水平占比都呈下降趋势，且其占比最小，由 2003 年的 15.39% 下降到 2016 年的 8.88%。

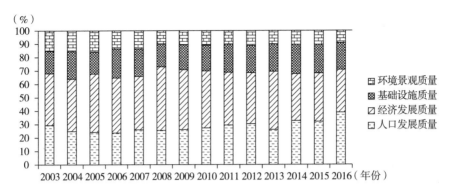

图 4-9　珠三角城市群城镇化质量结构比例变动趋势

4. 长江中游城市群城镇化质量的时空差异

在长江中游城市群中，武汉城镇化质量增长幅度最大，由 2003 年的 0.213 增长到 2015 年的 0.370；长沙城镇化质量由 2003 年的 0.285 递增到 2005 年的 0.389 达到最大值最后，呈现递减趋势，到 2015 年为 0.331；南昌城镇化质量呈现波动下降趋势，由 2003 年的 0.349 下降到 2015 年的 0.229。2003 年，高于城市群均值（0.169）的城市有 11 个，为南昌（0.349）、长沙（0.285）、新余（0.229）、武汉（0.213）、九江（0.199）、株洲（0.199）、宜昌（0.191）、荆州（0.189）、黄石（0.183）、黄冈（0.177）、景德镇（0.170）；2009 年，高于城市群均值（0.196）的城市有 12 个，为长沙（0.357）、武汉（0.294）、岳阳（0.265）、南昌（0.249）、湘潭（0.232）、黄石（0.230）、景德镇（0.229）、株洲（0.229）、九江（0.212）、鹰潭（0.209）、宜昌（0.203）、黄冈（0.202）；2016 年，高于城市群均值（0.178）的城市有 13 个，为武汉（0.327）、长沙（0.303）、湘潭（0.225）、九江（0.222）、株洲（0.220）、宜昌（0.215）、南昌（0.207）、岳阳（0.198）、景德镇（0.189）、鄂州（0.186）、鹰潭（0.183）、衡阳（0.183）、黄石（0.181），具体如表 4-10 所示。

表 4-10　长江中游城市群城镇化质量

年份 城市	2003	2005	2007	2009	2010	2011	2012	2013	2014	2015	2016
武汉	0.213	0.254	0.282	0.294	0.273	0.288	0.304	0.338	0.394	0.370	0.327
黄石	0.183	0.259	0.228	0.230	0.213	0.220	0.227	0.241	0.250	0.237	0.181
宜昌	0.191	0.253	0.197	0.203	0.194	0.194	0.200	0.208	0.231	0.227	0.215
襄阳	0.155	0.185	0.163	0.174	0.162	0.156	0.160	0.160	0.215	0.193	0.170

续表

年份 城市	2003	2005	2007	2009	2010	2011	2012	2013	2014	2015	2016
鄂州	0.144	0.149	0.129	0.172	0.159	0.158	0.161	0.166	0.176	0.168	0.186
荆门	0.152	0.185	0.151	0.161	0.164	0.160	0.171	0.186	0.205	0.195	0.173
孝感	0.115	0.155	0.137	0.144	0.140	0.133	0.147	0.137	0.156	0.154	0.127
荆州	0.189	0.160	0.149	0.152	0.160	0.161	0.152	0.152	0.173	0.164	0.151
黄冈	0.177	0.233	0.178	0.202	0.193	0.150	0.150	0.148	0.184	0.170	0.145
咸宁	0.088	0.126	0.127	0.129	0.125	0.134	0.140	0.141	0.160	0.143	0.132
长沙	0.285	0.389	0.376	0.357	0.341	0.327	0.331	0.327	0.351	0.331	0.303
株洲	0.199	0.233	0.229	0.229	0.239	0.235	0.220	0.230	0.223	0.242	0.220
湘潭	0.148	0.224	0.219	0.232	0.209	0.207	0.212	0.236	0.266	0.248	0.225
衡阳	0.151	0.168	0.166	0.189	0.198	0.196	0.197	0.209	0.228	0.216	0.183
岳阳	0.143	0.197	0.190	0.265	0.228	0.200	0.192	0.199	0.221	0.228	0.198
常德	0.148	0.170	0.172	0.181	0.176	0.171	0.178	0.179	0.199	0.188	0.167
益阳	0.148	0.176	0.126	0.146	0.141	0.133	0.140	0.138	0.159	0.147	0.135
娄底	0.128	0.208	0.171	0.169	0.165	0.162	0.160	0.159	0.173	0.158	0.130
南昌	0.349	0.309	0.267	0.249	0.266	0.264	0.283	0.263	0.298	0.229	0.207
景德镇	0.170	0.242	0.191	0.229	0.225	0.220	0.217	0.197	0.235	0.226	0.189
萍乡	0.163	0.196	0.167	0.181	0.184	0.182	0.189	0.185	0.194	0.174	0.166
九江	0.199	0.248	0.201	0.212	0.215	0.236	0.236	0.234	0.258	0.245	0.222
新余	0.229	0.187	0.188	0.196	0.201	0.197	0.200	0.195	0.200	0.177	0.172
鹰潭	0.142	0.218	0.197	0.209	0.193	0.195	0.206	0.207	0.241	0.222	0.183
吉安	0.120	0.153	0.148	0.147	0.147	0.139	0.140	0.149	0.168	0.152	0.142
宜春	0.129	0.161	0.131	0.141	0.129	0.119	0.117	0.116	0.128	0.110	0.093
抚州	0.138	0.149	0.135	0.132	0.137	0.127	0.131	0.130	0.146	0.129	0.111
上饶	0.130	0.194	0.179	0.176	0.184	0.164	0.165	0.162	0.180	0.181	0.124

长江中游城市群城镇化质量的变异系数如图 4-10 所示，长江中游城市群变异系数，2003 年在其峰值 0.315 骤降到 2004 年的 0.258，此后上升到 2006 年的 0.303 再次下降，到 2010 年到达其最低点 0.254，之后逐步保持稳定增长的趋势，到 2016 年达到 0.293，在研究期内城市之间城镇化质量的差异整体呈现先减后增再减再逐渐递增的趋势，地区间分布向非均衡发展。

从长江中游城市群城镇化质量结构比例来看（见图 4-11），城市群经济发展质量水平整体呈现递增趋势，在 2008 年达到最大值 0.1141 后呈现轻微递减的趋

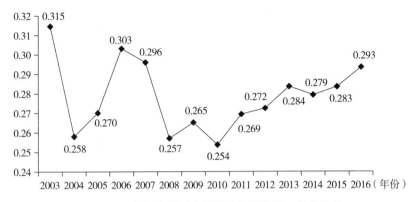

图 4-10 长江中游城市群城镇化质量的 σ 收敛趋势

势，且占比最大，由 2003 年的 36.31%上升到 2016 年的 49.43%；人口发展质量水平呈现较小幅度变化趋势，虽然在 2014 年占比达到最大值 20.92%，但此后又逐渐减小，其占比由 2003 年的 17.16%基本稳定在 2016 年的 17.24%；基础设施质量水平呈现先递增且在 2004 年达到最大值后，再逐步减小的趋势；环境景观质量水平占比都呈下降趋势，且其占比最小，由 2003 年的 23.57%下降到 2016 年的 15.43%。

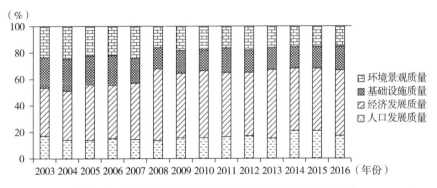

图 4-11 长江中游城市群城镇化质量结构比例变动趋势

5. 成渝城市群城镇化质量的时空差异

成渝城市群城镇化质量排名前四位的依次为成都、绵阳、重庆和德阳，其中成都城镇化质量远高于其他城市。2003 年，高于城市群均值（0.142）的城市有 9 个，为成都（0.250）、重庆（0.168）、南充（0.160）、泸州（0.160）、达州（0.149）、绵阳（0.149）、自贡（0.146）、宜宾（0.144）、广安（0.143）；2009 年，高于城市群均值（0.156）的城市有 5 个，为成都（0.281）、重庆

（0.184）、绵阳（0.183）、宜宾（0.164）、德阳（0.163）；2016 年，高于城市群均值（0.141）的城市有 6 个，为成都（0.233）、眉山（0.173）、重庆（0.162）、自贡（0.157）、泸州（0.146）、绵阳（0.145），具体如表 4-11 所示。

表 4-11 成渝城市群城镇化质量

年份 城市	2003	2005	2007	2009	2010	2011	2012	2013	2014	2015	2016
重庆	0.168	0.217	0.174	0.184	0.174	0.169	0.168	0.174	0.188	0.171	0.162
成都	0.250	0.303	0.269	0.281	0.280	0.273	0.270	0.255	0.306	0.276	0.233
自贡	0.146	0.184	0.145	0.153	0.149	0.143	0.148	0.145	0.170	0.158	0.157
泸州	0.160	0.174	0.132	0.140	0.140	0.139	0.139	0.148	0.169	0.161	0.146
德阳	0.131	0.183	0.161	0.163	0.165	0.161	0.168	0.163	0.205	0.180	0.138
绵阳	0.149	0.199	0.193	0.183	0.176	0.181	0.194	0.191	0.227	0.189	0.145
遂宁	0.122	0.143	0.114	0.144	0.138	0.122	0.131	0.132	0.149	0.166	0.135
内江	0.102	0.138	0.122	0.124	0.131	0.129	0.130	0.125	0.144	0.139	0.125
乐山	0.102	0.149	0.144	0.142	0.140	0.137	0.140	0.144	0.155	0.136	0.126
南充	0.160	0.157	0.138	0.141	0.134	0.131	0.134	0.131	0.148	0.143	0.122
眉山	0.114	0.135	0.106	0.132	0.132	0.122	0.125	0.126	0.148	0.151	0.173
宜宾	0.144	0.200	0.171	0.164	0.151	0.150	0.151	0.148	0.160	0.153	0.133
广安	0.143	0.162	0.137	0.128	0.138	0.130	0.146	0.129	0.146	0.143	0.132
达州	0.149	0.186	0.148	0.137	0.135	0.131	0.124	0.117	0.110	0.101	0.091
雅安	0.123	0.171	0.135	0.142	0.139	0.142	0.130	0.120	0.133	0.116	0.107
资阳	0.113	0.153	0.132	0.139	0.137	0.132	0.136	0.137	0.154	0.144	0.127

成渝城市群城镇化质量的变异系数如图 4-12 所示，变异系数总体在 0.241 上下波动，最小值 0.223 在 2008 年，2007 年达到第二峰值 0.255，2014 年达到其峰值 0.270，之后又呈现下降趋势，到 2016 年达到仅次于谷值的 0.225，在研究期内城市之间城镇化质量的差异呈波动变动，存在逐渐收敛的趋势。

从成渝城市群城镇化质量结构比例来看（见图 4-13），城市群经济发展质量水平呈现先递增，在 2008 年达到最大值 0.1046 后再递减的趋势，且占比最大，由 2003 年的 40.10%上升到 2016 年的 51.00%；人口发展质量水平呈现小幅增长的趋势，且占比由 2003 年的 14.54%上升到 2016 年的 15.87%，在 2014 年占比达到最大值为 17.83%，且其占比最小；基础设施质量水平呈现先递减，在 2008 年达到最小值后，再稳步回升的趋势；环境景观质量水平占比都呈下降趋势，由 2003 年的 24.28%下降到 2016 年的 18.12%。

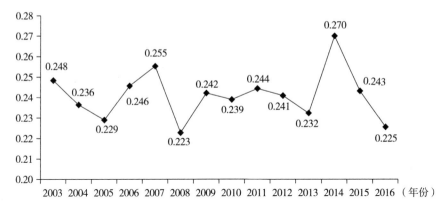

图 4-12　成渝城市群城镇化质量的 σ 收敛趋势

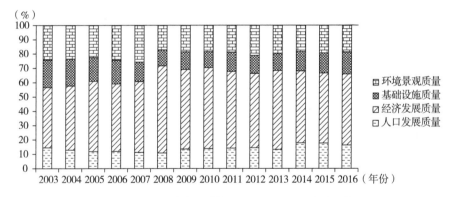

图 4-13　成渝城市群城镇化质量结构比例变动趋势

6. 哈长城市群城镇化质量的时空差异

哈长城市群城镇化质量总体呈现下降趋势，排名前三的依次为大庆、长春和哈尔滨。2003 年，高于城市群均值（0.184）的城市有 3 个，为大庆（0.282）、长春（0.277）、哈尔滨（0.228）；2009 年，高于城市群均值（0.194）的城市有 6 个，为大庆（0.286）、长春（0.238）、哈尔滨（0.223）、吉林（0.210）、辽源（0.210）、松原（0.201）；2016 年，高于城市群均值（0.154）的城市有 5 个，为长春（0.211）、大庆（0.202）、哈尔滨（0.188）、辽源（0.163）、吉林（0.163），具体如表 4-12 所示。

表 4-12　哈长城市群城镇化质量

年份 城市	2003	2005	2007	2009	2010	2011	2012	2013	2014	2015	2016
哈尔滨	0.228	0.267	0.208	0.223	0.217	0.224	0.229	0.225	0.234	0.204	0.188
齐齐哈尔	0.154	0.185	0.159	0.151	0.154	0.156	0.137	0.196	0.158	0.146	0.114
大庆	0.282	0.315	0.317	0.286	0.287	0.289	0.298	0.282	0.269	0.225	0.202
牡丹江	0.161	0.185	0.155	0.136	0.126	0.139	0.135	0.137	0.133	0.128	0.127
绥化	0.118	0.137	0.113	0.125	0.119	0.110	0.107	0.106	0.124	0.093	0.080
长春	0.277	0.271	0.237	0.238	0.242	0.242	0.254	0.251	0.273	0.228	0.211
吉林	0.165	0.165	0.194	0.210	0.193	0.185	0.193	0.193	0.208	0.172	0.163
四平	0.149	0.195	0.148	0.161	0.151	0.146	0.148	0.153	0.175	0.139	0.139
辽源	0.157	0.233	0.216	0.210	0.200	0.161	0.172	0.174	0.190	0.189	0.163
松原	0.143	0.223	0.206	0.201	0.183	0.176	0.181	0.189	0.189	0.172	0.152

哈长城市群城镇化质量的变异系数如图 4-14 所示，哈长城市群的变异系数在 2004 年、2009 年、2012 年有较大幅度的变化，导致在 2004 年时达到最小值 0.234，2009 年达到次最小值 0.260，2012 年时达到其峰值 0.321 之后又呈现逐步下降的趋势，故哈长城市群变异系数总体呈现下降趋势，具体从 2003 年的 0.314 下降到 2016 年的 0.265，在研究期内城市之间城镇化质量的差异存在收敛趋势。

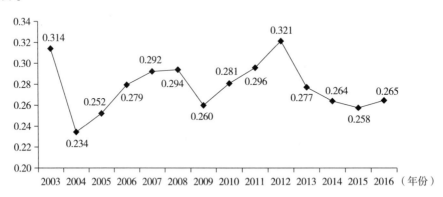

图 4-14　哈长城市群城镇化质量的 σ 收敛趋势

从哈长城市群城镇化质量结构比例来看（见图 4-15），城市群经济发展质量水平呈现先递增，在 2008 年达到最大值 0.1196 后再递减的趋势，且占比最大，由 2003 年的 39.25% 上升到 2016 年的 50.79%；人口发展质量水平呈现小幅下降的趋势，且占比由 2003 年的 15.11%下降到 2016 年的 13.16%，在 2014 年占比达到最大值为 17.23%，且其占比最小；基础设施质量水平呈现先递减，在 2008 年达到最小值后，再稳步回升的趋势；环境景观质量水平占比都呈下降趋势，由 2003 年的 20.61%下降到 2016 年的 16.28%。

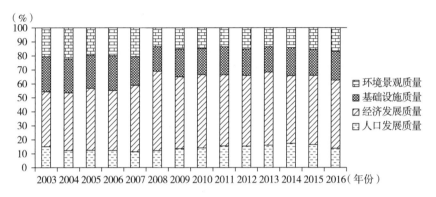

图 4-15 哈长城市群城镇化质量结构比例变动趋势

7. 中原城市群城镇化质量的时空差异

中原城市群城镇化质量排名变动最大的城市为晋城，由 2003 年的第 11 位上升到 2015 年的第 3 位，郑州和许昌的排名没有变动，依次为第一、第二位。2003 年，高于城市群均值（0.189）的城市有 7 个，为郑州（0.266）、许昌（0.228）、洛阳（0.220）、新乡（0.216）、平顶山（0.213）漯河（0.212）、焦作（0.211）；2009 年，高于城市群均值（0.197）的城市有 6 个，为郑州（0.282）、许昌（0.253）、晋城（0.243）、新乡（0.212）、平顶山（0.211）、洛阳（0.208）；2016 年，高于城市群均值（0.155）的城市有 6 个，为郑州（0.257）、晋城（0.189）、新乡（0.164）、漯河（0.163）、焦作（0.157）、洛阳（0.156），具体如表 4-13 所示。

表 4-13 中原城市群城镇化质量

年份 城市	2003	2005	2007	2009	2010	2011	2012	2013	2014	2015	2016
郑州	0.266	0.314	0.275	0.282	0.237	0.230	0.243	0.243	0.285	0.303	0.257
开封	0.158	0.193	0.180	0.181	0.178	0.172	0.165	0.182	0.218	0.253	0.139
洛阳	0.220	0.255	0.227	0.208	0.183	0.190	0.192	0.187	0.219	0.198	0.156
平顶山	0.213	0.224	0.197	0.211	0.192	0.181	0.173	0.171	0.188	0.200	0.152
鹤壁	0.132	0.188	0.188	0.177	0.171	0.161	0.157	0.162	0.175	0.159	0.153

续表

年份 城市	2003	2005	2007	2009	2010	2011	2012	2013	2014	2015	2016
新乡	0.216	0.221	0.213	0.212	0.207	0.198	0.203	0.198	0.215	0.203	0.164
焦作	0.211	0.214	0.153	0.163	0.154	0.141	0.139	0.128	0.157	0.191	0.157
许昌	0.228	0.315	0.253	0.253	0.248	0.243	0.252	0.249	0.297	0.269	0.142
漯河	0.212	0.205	0.175	0.167	0.161	0.150	0.155	0.154	0.169	0.163	0.163
商丘	0.162	0.148	0.135	0.130	0.112	0.102	0.100	0.102	0.121	0.101	0.089
周口	0.179	0.215	0.207	0.193	0.170	0.163	0.154	0.153	0.172	0.160	0.122
晋城	0.144	0.287	0.210	0.243	0.232	0.228	0.244	0.236	0.266	0.242	0.189
亳州	0.120	0.140	0.135	0.145	0.140	0.132	0.134	0.131	0.150	0.145	0.125

中原城市群城镇化质量的变异系数如图 4-16 所示，由 2003 年的 0.229 增长到 2016 年的 0.253，期间在 2007 年和 2008 年出现大幅度下降趋势，到 2008 年达到其最低点 0.195，此后又逐步上升，2015 年时达到其峰值 0.281，在研究期内城市之间城镇化质量的差异呈现先缩小后增大的趋势。

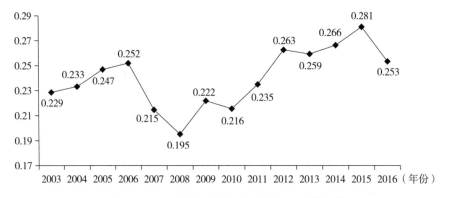

图 4-16　中原城市群城镇化质量的 σ 收敛趋势

从中原城市群城镇化质量结构比例来看（见图 4-17），城市群经济发展质量水平呈现先递增，在 2008 年达到最大值 0.1065 后再递减的趋势，且占比最大，由 2003 年的 32.26% 上升到 2016 年的 47.82%；人口发展质量水平呈现小幅下降的趋势，且占比由 2003 年的 22.58% 下降到 2016 年的 18.73%，在 2014 年占比达到最大值为 28.18%；基础设施质量水平呈现先递减且在 2008 年达到最小值后，再稳步回升的趋势，且其占比最小；环境景观质量水平占比都呈下降趋势，由 2003 年的 22.60% 下降到 2016 年的 17.70%。

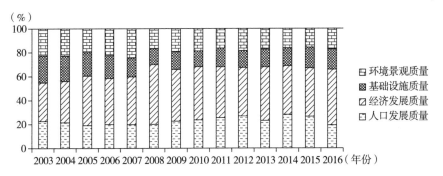

图4-17 中原城市群城镇化质量结构比例变动趋势

8. 北部湾城市群城镇化质量的时空差异

北部湾城市群城镇化质量排名前三位依次为南宁、海口和北海，城市间城镇化质量波动幅度大体一致。2003年，高于城市群均值（0.153）的城市有6个，为南宁（0.212）、海口（0.190）、玉林（0.178）、茂名（0.168）、北海（0.164）、湛江（0.158）；2009年，高于城市群均值（0.164）的城市有6个，为南宁（0.205）、海口（0.186）、湛江（0.185）、北海（0.173）、阳江（0.173）、茂名（0.167）；2016年，高于城市群均值（0.150）的城市有4个，为海口（0.199）、北海（0.183）、南宁（0.180）、湛江（0.177），具体如表4-14所示。

表4-14 北部湾城市群城镇化质量

年份\城市	2003	2005	2007	2009	2010	2011	2012	2013	2014	2015	2016
南宁	0.212	0.213	0.204	0.205	0.205	0.206	0.211	0.217	0.241	0.211	0.180
北海	0.164	0.184	0.165	0.173	0.176	0.152	0.198	0.203	0.225	0.192	0.183
防城港	0.113	0.146	0.133	0.151	0.154	0.167	0.166	0.167	0.181	0.154	0.142
钦州	0.102	0.133	0.111	0.125	0.109	0.120	0.115	0.118	0.150	0.137	0.119
玉林	0.178	0.168	0.139	0.151	0.153	0.146	0.146	0.143	0.158	0.147	0.128
崇左	0.096	0.136	0.123	0.120	0.117	0.108	0.118	0.112	0.126	0.114	0.111
湛江	0.158	0.205	0.173	0.185	0.184	0.176	0.172	0.166	0.186	0.188	0.177
茂名	0.168	0.200	0.167	0.167	0.154	0.156	0.153	0.154	0.153	0.144	0.135
阳江	0.147	0.195	0.150	0.173	0.164	0.159	0.150	0.161	0.167	0.147	0.130
海口	0.190	0.228	0.186	0.186	0.182	0.175	0.176	0.176	0.188	0.191	0.199

北部湾城市群城镇化质量的变异系数如图4-18所示，2003年处于较高状

态，到 2004 年增长到其最高点 0.275，2005 年发生最大幅度变化减小到 0.185，此后该城市群的变异系数一直维持在 0.188 左右，期间的最小值为 2009 年的 0.165，较大值为 2013 年的 0.206，2015 年之后又呈现增长的趋势，2016 年北部湾城市群的变异系数达到 0.207，在研究期内城市之间城镇化质量存在收敛的趋势。

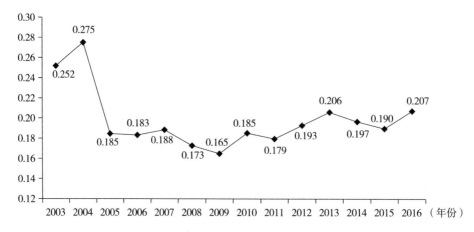

图 4-18　北部湾城市群城镇化质量的 σ 收敛趋势

从北部湾城市群城镇化质量结构比例来看（见图 4-19），城市群经济发展质量水平呈现先递增，在 2008 年达到最大值 0.1103 后再递减的趋势，且占比最大，由 2003 年的 42.85% 上升到 2016 年的 51.24%；人口发展质量水平呈现小幅增长的趋势，其占比由 2003 年的 14.70% 上升到 2016 年的 17.59%，在 2008 年占比达到最小值为 11.48% 后又呈现稳步回升的趋势；基础设施质量水平呈现先递减并在 2008 年达到最小值后，再逐步回升，且其占比最小；环境景观质量水平占比总体呈下降趋势，由 2003 年的 25.50% 下降到 2016 年为 16.65%。

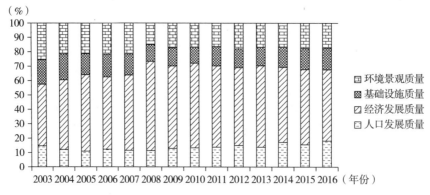

图 4-19　北部湾城市群城镇化质量结构比例变动趋势

第二节 城市群城镇化质量的非均衡发展

一、研究方法

采用 Dagum 基尼系数及其按子群分解的方法，从整体上描述中国八大城市群城镇化质量发展的区域差异，基尼系数的定义如式（4-8）所示：

$$G = \frac{\sum_{j=1}^{k} \sum_{h=1}^{k} \sum_{i=1}^{n_j} \sum_{r=1}^{n_h} |y_{ji} - y_{hr}|}{2n^2 \bar{y}} \tag{4-8}$$

式（4-8）中：G 是城市群总体基尼系数，$y_{ji}(y_{hr})$ 是 $j(h)$ 城市群内任意一个城市的城镇化质量，$\bar{y}$ 是八大城市群 125 个城市城镇化质量的平均值，$n_j(n_h)$ 是 $j(h)$ 城市群内城市的个数，n 是城市的个数，k 是城市群的个数，j、h 是城市群划分个数，i、r 是城市群内城市的个数。

在进行基尼系数分解时，首先根据各个城市群内城镇化质量均值对城市群进行排序，如式（4-9）所示，然后将基尼系数分解为城市群内差距的贡献 G_w 如式（4-11）所示、城市群间差异的贡献 G_{nb} 如式（4-13）所示、超变密度的贡献 G_t 如式（4-14）所示，三者之间的关系为 $G = G_w + G_{nb} + G_t$。其中，G_{jj} 表示 j 城市群区域内基尼系数如式（4-10）所示，G_{jh} 表示 j 和 h 城市群区域间基尼系数如式（4-12）所示。式（4-13）中，$p_j = n_j/n$，$s_j = n_j \overline{Y_j}/n\overline{Y}(j = 1, 2, \cdots, k)$，$D_{jh}$ 表示 j 和 h 城市群区域间城镇化质量的相对影响如式（4-15）所示。d_{jh} 表示城市群间城镇化质量的差值如式（4-16）所示，可以理解为 j、h 城市群中所有 $y_{ji} - y_{hr} > 0$ 的样本值加总的数学期望；p_{jh} 定义为超变一阶矩如式（4-17）所示，可以理解为 j、h 城市群中所有 $y_{hr} - y_{ji} > 0$ 的样本值加总的数学期望；$F_j(F_h)$ 表示 $j(h)$ 城市群的累积密度分布函数。

$$\overline{Y_h} \leqslant \cdots \overline{Y_j} \leqslant \cdots \leqslant \overline{Y_k} \tag{4-9}$$

$$G_{jj} = \frac{\frac{1}{2\overline{Y_j}} \sum_{i=1}^{n_j} \sum_{r=1}^{n_j} |y_{ji} - y_{jr}|}{n_j^2} \tag{4-10}$$

$$G_w = \sum_{j=1}^{k} G_{jj} p_j s_j \tag{4-11}$$

$$G_{jh} = \frac{\sum_{i=1}^{n_j} \sum_{r=1}^{n_h} |y_{ji} - y_{hr}|}{n_j n_h (\overline{Y_j} - \overline{Y_h})} \tag{4-12}$$

$$G_{nb} = \sum_{j=2}^{k} \sum_{h=1}^{j-1} G_{jh}(p_j s_h + p_h s_j) D_{jh} \tag{4-13}$$

$$G_t = \sum_{j=2}^{k} \sum_{h=1}^{j-1} G_{jh}(p_j s_h + p_h s_j)(1 - D_{jh}) \tag{4-14}$$

$$D_{jh} = \frac{d_{jh} - p_{jh}}{d_{jh} + p_{jh}} \tag{4-15}$$

$$d_{jh} = \int_0^{\square} dF_j(y) \int_0^y (y - x) dF_h(x) \tag{4-16}$$

$$p_{jh} = \int_0^{\square} dF_h(y) \int_0^y (y - x) dF_j(y) \tag{4-17}$$

二、城市群城镇化质量总体差异

采用 Dagum 基尼系数方法对中国八大城市群城镇化质量的区域差距进行实证分析，如表 4-15 所示。城市群总体城镇化质量基尼系数的均值为 0.205，从其演变过程来看，从 2003 年的 0.232 缩小至 2008 年的 0.186 后出现扩大趋势，到 2016 年达到 0.224，总体来看呈现波动下降趋势。随着国家区域协调发展战略的实施，八大城市群城镇化质量总体差距得以有效控制。从城市群内部差异来看，珠三角城市群区域内差距的均值最大，为 0.235；其次为长三角、京津冀、哈长、长江中游、中原、成渝城市群，其区域内差距均值分别为 0.166、0.150、0.146、0.145、0.129、0.110；而北部湾城市群区域内差距的均值最小，仅为 0.105。这表明珠三角城市群区域内差距最大，而北部湾城市群内区域差距最小，其他城市群处于中间水平。

表 4-15　城市群城镇化质量总体及区域内差异

年份	总体	京津冀	长三角	珠三角	长江中游	成渝	哈长	中原	北部湾
2003	0.232	0.195	0.242	0.272	0.155	0.120	0.155	0.123	0.134
2004	0.193	0.121	0.153	0.213	0.136	0.116	0.122	0.127	0.143
2005	0.194	0.130	0.162	0.193	0.140	0.111	0.135	0.132	0.099
2006	0.207	0.131	0.169	0.211	0.158	0.116	0.148	0.136	0.099
2007	0.206	0.117	0.159	0.265	0.148	0.121	0.150	0.116	0.102

续表

年份	总体	京津冀	长三角	珠三角	长江中游	成渝	哈长	中原	北部湾
2008	0.186	0.106	0.152	0.236	0.138	0.095	0.154	0.106	0.092
2009	0.199	0.105	0.169	0.240	0.140	0.104	0.138	0.120	0.087
2010	0.193	0.131	0.151	0.241	0.134	0.094	0.150	0.117	0.097
2011	0.206	0.157	0.165	0.251	0.144	0.102	0.155	0.128	0.094
2012	0.211	0.161	0.168	0.231	0.144	0.105	0.170	0.141	0.103
2013	0.208	0.162	0.161	0.240	0.150	0.108	0.148	0.141	0.109
2014	0.203	0.170	0.158	0.215	0.145	0.127	0.142	0.143	0.103
2015	0.202	0.185	0.152	0.225	0.148	0.115	0.139	0.151	0.100
2016	0.224	0.222	0.166	0.255	0.154	0.110	0.142	0.122	0.109

我国八大城市群城镇化质量区域内差距的演变趋势如图4-20所示。具体来看，京津冀城市群城镇化质量区域内差距呈现"下降—上升—下降—上升"的演变趋势，在2009年达到最低值0.105，2016年达到最高值0.222，年均上升1.00%；长三角城市群城镇化质量区域内差距呈现频繁波动的演变趋势，2010年达到最低值0.151，2003年达到最高值0.242，年均下降2.86%；珠三角城市群城镇化质量区域内差距呈现"下降—上升—下降—上升"的演变趋势，2005年达到最低值0.193，2003年达到最高值0.272，年均下降0.50%；长江中游城市群城镇化质量区域内差距呈现"下降—上升—下降—上升"的演变趋势，2010年达到最低值0.134，2006年达到最高值0.158，年均下降0.05%；成渝城市群城镇化质量区域内差距呈现"下降—上升—下降—上升—下降"的演变趋势，2010年达到最低值0.094，2014年达到最高值0.127，年均下降0.67%；哈长城市群城镇化质量区域内差距呈现"下降—上升—下降—上升—下降"的演变趋势，2004年达到最低值0.122，2012年达到最高值0.170，年均下降0.67%；中原城市群城镇化质量区域内差距呈现"上升—下降—上升—下降"的演变趋势，2008年达到最低值0.106，2015年达到最高值0.151，年均下降0.06%；北部湾城市群城镇化质量区域内差距呈现"上升—下降—上升"的演变趋势，2009年达到最低值0.087，2004年达到最高值0.143，年均下降1.58%。

三、城市群城镇化质量区域间差异

从城市群区域间差距来看（见表4-16），城市群城镇化质量区域间差距的均值为0.214。其中，京津冀与珠三角、长江中游、成渝、哈长、中原城市群区域

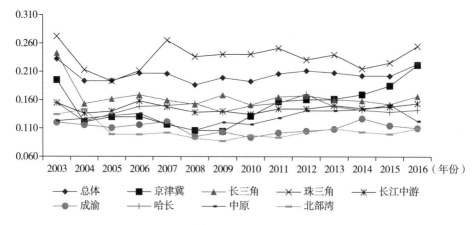

图 4-20　城镇化质量区域差距的动态演变

间差距的均值，长三角与珠三角、成渝、中原城市群区域间差距的均值，珠三角与哈长、中原城市群区域间差距的均值，长江中游与成渝、哈长城市群区域间差距的均值，成渝城市群与哈长城市群区域间差距的均值，均高于城市群总体区域差距的平均水平；而其他城市群区域间差距的均值都低于城市群总体区域差距的平均水平。其中，成渝与哈长城市群区域间城镇化质量差距的均值最高，为0.387；长江中游与北部湾城市群区域间差距的均值最低，仅为0.118；其他城市群区域间差距处于中间水平。

表 4-16　城市群城镇化质量区域间差异

年份 区域	2003	2005	2007	2009	2010	2011	2012	2013	2014	2015	2016
1 与 2	0.232	0.153	0.147	0.142	0.144	0.171	0.176	0.170	0.186	0.199	0.236
1 与 3	0.269	0.188	0.229	0.209	0.224	0.247	0.240	0.259	0.265	0.296	0.359
1 与 4	0.232	0.205	0.194	0.184	0.176	0.183	0.187	0.178	0.167	0.174	0.197
1 与 5	0.280	0.259	0.267	0.276	0.256	0.252	0.256	0.248	0.222	0.193	0.202
1 与 6	0.222	0.180	0.174	0.182	0.185	0.193	0.203	0.178	0.181	0.186	0.202
1 与 7	0.184	0.171	0.156	0.172	0.178	0.188	0.200	0.193	0.177	0.177	0.194
1 与 8	0.244	0.244	0.246	0.246	0.227	0.222	0.224	0.209	0.190	0.180	0.190
2 与 3	0.271	0.193	0.237	0.229	0.228	0.233	0.220	0.234	0.215	0.225	0.263
2 与 4	0.268	0.224	0.225	0.209	0.188	0.212	0.222	0.203	0.201	0.188	0.208
2 与 5	0.314	0.270	0.292	0.286	0.263	0.286	0.298	0.286	0.281	0.264	0.282

续表

区域＼年份	2003	2005	2007	2009	2010	2011	2012	2013	2014	2015	2016
2与6	0.247	0.202	0.207	0.208	0.197	0.220	0.234	0.202	0.226	0.232	0.245
2与7	0.225	0.194	0.194	0.199	0.192	0.222	0.239	0.223	0.216	0.189	0.248
2与8	0.287	0.262	0.277	0.261	0.239	0.262	0.271	0.249	0.254	0.245	0.250
3与4	0.335	0.287	0.327	0.304	0.302	0.313	0.310	0.322	0.299	0.304	0.357
3与5	0.390	0.343	0.401	0.392	0.388	0.395	0.398	0.419	0.388	0.394	0.399
3与6	0.310	0.265	0.306	0.305	0.311	0.321	0.323	0.323	0.331	0.363	0.406
3与7	0.289	0.253	0.295	0.297	0.313	0.329	0.334	0.351	0.318	0.305	0.408
3与8	0.360	0.332	0.385	0.367	0.365	0.372	0.371	0.383	0.366	0.379	0.414
4与5	0.155	0.141	0.160	0.162	0.157	0.161	0.161	0.171	0.172	0.169	0.168
4与6	0.163	0.142	0.155	0.142	0.144	0.152	0.160	0.151	0.149	0.156	0.157
4与7	0.156	0.145	0.138	0.132	0.128	0.139	0.147	0.150	0.147	0.153	0.155
4与8	0.152	0.132	0.142	0.136	0.137	0.140	0.140	0.148	0.145	0.153	0.149
5与6	0.172	0.153	0.181	0.164	0.162	0.161	0.169	0.176	0.156	0.140	0.141
5与7	0.180	0.161	0.170	0.160	0.145	0.147	0.149	0.152	0.160	0.172	0.126
5与8	0.140	0.110	0.116	0.109	0.114	0.113	0.117	0.123	0.122	0.113	0.118
6与7	0.152	0.137	0.137	0.132	0.137	0.144	0.160	0.150	0.146	0.161	0.137
6与8	0.165	0.142	0.161	0.142	0.144	0.142	0.155	0.151	0.134	0.126	0.132
7与8	0.158	0.146	0.148	0.131	0.122	0.125	0.133	0.134	0.137	0.156	0.124

注：1代表京津冀城市群，2代表长三角城市群，3代表珠三角城市群，4代表长江中游城市群，5代表成渝城市群，6代表哈长城市群，7代表中原城市群，8代表北部湾城市群。

四、城市群城镇化质量区域差距来源

中国城市群城镇化质量水平差距来源及其贡献率大小如表4-17所示。从区域差距来源的大小来看，超变密度差距来源最大，介于0.098~0.125；区域间差距来源居中，介于0.068~0.088；而区域内差距来源最小，介于0.021~0.029。从差距贡献率的大小来看，超变密度差距贡献率均值为52.18%，始终高于区域间差距贡献率的均值36.64%和区域内差距贡献率的均值11.18%。这表明超变密度差距是八大城市群城镇化质量总体区域差距产生的主要来源，因此，缩小超变密度差距是解决城市群城镇化质量不均衡问题的关键。

表 4-17　城市群城镇化质量区域差异来源及其贡献率

年份	区域内		区域间		超变密度	
	来源	贡献率%	来源	贡献率%	来源	贡献率%
2003	0.029	12.29	0.079	34.03	0.125	53.68
2004	0.021	10.91	0.072	37.16	0.100	51.93
2005	0.022	11.16	0.068	34.90	0.105	53.93
2006	0.023	11.18	0.075	36.25	0.109	52.57
2007	0.022	10.88	0.078	38.06	0.105	51.05
2008	0.021	11.15	0.068	36.26	0.098	52.58
2009	0.022	11.01	0.075	37.86	0.102	51.12
2010	0.021	10.92	0.070	36.16	0.102	52.91
2011	0.023	11.17	0.076	37.01	0.107	51.82
2012	0.023	11.05	0.080	37.81	0.108	51.14
2013	0.029	11.16	0.079	38.05	0.105	50.79
2014	0.023	11.36	0.070	34.73	0.109	53.90
2015	0.023	11.35	0.071	35.21	0.108	53.44
2016	0.024	10.94	0.088	39.46	0.111	49.60

　　中国城市群城镇化质量水平地区差距来源及贡献率的演变趋势如图 4-21 所示，具体来看，区域内差距的贡献率在考察期内变化非常平稳，基本维持在 11% 左右，年均下降 0.89%；区域间差距的贡献率在考察期内呈现缓慢上升趋势，保持在 34.03%～39.46%，均值增长 1.15%；超变密度差距的贡献率在考察期内呈现缓慢下降趋势，保持在 49.60%～53.93%，均值下降 0.61%。

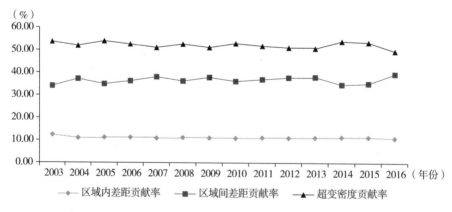

图 4-21　城市群城镇化质量区域差距贡献率演变趋势

第三节　城市群城镇化质量的动态演进

一、研究方法

研究采用非参数估计方法核密度（Kernel）估计来分析城镇化质量差异的动态演变。核密度采用连续的密度曲线对显示了相关变量的分布态势，优点在于非参数模型的采用，使研究对象摆脱未知参数的影响（Russell，2002）。假设随机变量 Y 在点 y 处的概率密度为 $f(y)$，则在点 y 处的概率密度可由式（4-18）求出：

$$f(y) = \frac{1}{Nh} \sum_{i=1}^{N} K\left(\frac{y_i - \overline{y}}{h}\right) \tag{4-18}$$

式（4-18）中：N 为样本的数量，h 为带宽，$K(\cdot)$ 为核函数，y_i 为独立同分布的样本值，$\overline{y}$ 为样本均值。在本书中，y_1，y_2，…，y_n 是各城市城镇化质量，$f(y)$ 是其 Kernel 密度估计。在核密度估计中，带宽的选择对估计的精度和密度曲线的平滑程度有重要影响，当样本量越多时，带宽的设置应当越小（李兆亮等，2017），带宽的选择需满足式（4-19）：

$$\lim_{N \to \square} h(N) = 0; \lim_{N \to \square} Nh(H) = N \to \square \tag{4-19}$$

本书采用高斯核函数对中国城市群城镇化质量度的动态变化情况进行估计，根据核密度估计图获取变量分布的位置、形态和延展性等信息，其函数表达式为式（4-20）：

$$K(y) = \frac{1}{\sqrt{2\pi}} \exp\left(-\frac{y^2}{2}\right) \tag{4-20}$$

由于非参数估计不需要由固定的函数表达式分析，而是通过图形的变化来进行考察，因此，将根据核密度曲线的对比结果研究相关变量的分布形态及其演进态势。位置信息可用来说明城镇化质量的高低；形态信息可用来分析城镇化质量的空间差异大小和极化程度，其中波峰的高度和宽度反映差异大小，波峰数量反映极化程度；延展性信息可用来刻画城镇化质量的空间差异大小，拖尾越长，则差异越大。

二、城市群总体城镇化质量的演进特征

借助核密度估计方法就其城镇化质量的分布位置、态势、延展性和极化趋势进行深入分析，以 2003 年、2007 年、2010 年、2013 年和 2016 年为观测时间点，

分别研究中国八大城市群总体、各城市群内部城镇化质量分布的整体态势及其动态演进特征。

城市群总体城镇化质量的核密度估计结果如图 4-22 所示。从位置上看，城市群总体在研究期内核密度曲线表现出先向右移后向左移动的变化态势，说明各城市群城镇化质量水平总体呈下降趋势，这一特征与前文的描述一致。从分布形状来看，核密度曲线呈现"多峰—双峰—多峰"的演变轨迹，波峰宽度呈现"扩大—缩小"变动，分布曲线呈现明显的右拖尾现象，表明城市群总体城镇化质量呈现"多极化—两极化—多极化"的发展轨迹，城市间差距呈现从扩大到缩小的变动态势，但集聚类型并不明显。从峰度上看，主波峰高度呈现"下降—上升—下降—上升"的演变过程，且 2007 年和 2016 年分别是主波峰的最低值和最高值，说明城市群总体城镇化质量极化程度呈波动式减缓又增长的趋势。

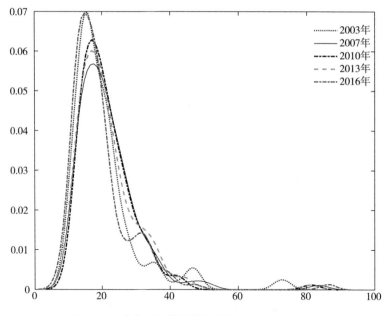

图 4-22　城市群总体城镇化质量 Kernel 密度分布

三、各城市群城镇化质量的演进特征

1. 京津冀城市群城镇化质量的演进特征

京津冀城市群城镇化质量的核密度估计结果如图 4-23 所示。从位置上看，京津冀城市群在研究期内核密度曲线表现出先向右移后向左移动的变化态势，说明各城市群城镇化质量水平总体呈下降趋势。从分布形状来看，核密度曲线呈现

"双峰—多峰"的演变轨迹，波峰宽度呈现"扩大—缩小"变动，分布曲线呈现明显的右拖尾现象，表明城市群城镇化质量呈现"两极化—多极化"的发展轨迹，城市间差距呈现从扩大到缩小的变动态势，但集聚类型并不明显。从峰度上看，主波峰高度呈现"下降—上升"的演变过程，且 2003 年和 2013 年分别是主波峰的最高值和最低值，说明城市群总体城镇化质量极化程度呈波动式减缓又增长的趋势。

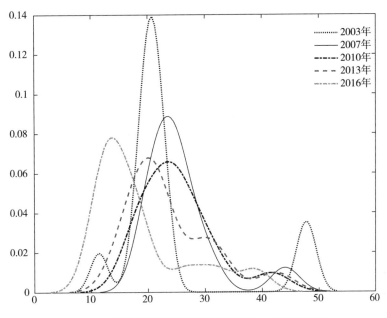

图 4-23　京津冀城市群城镇化质量 Kernel 密度分布

2. 长三角城市群城镇化质量的演进特征

长三角城市群城镇化质量的核密度估计结果如图 4-24 所示。从位置上看，长三角城市群在研究期内核密度曲线表现出先向右移动后向左移动的变化态势，城市群城镇化质量水平在考察期变动幅度不大。从分布形状来看，核密度曲线呈现"多峰—双峰—多峰"的演变轨迹，波峰宽度呈现"扩大—缩小"变动，分布曲线呈现明显的右拖尾现象且拖尾逐年降低，表明城市群城镇化质量呈现"多极化—两极化—多极化"的发展轨迹，城市间差距呈现从扩大到缩小的变动态势。从峰度上看，主波峰高度呈现"上升—下降—上升"的演变过程，且 2003 年和 2010 年分别是主波峰的最低值和最高值，说明长三角城市群城镇化质量极化程度呈波动式减缓又增长的趋势。

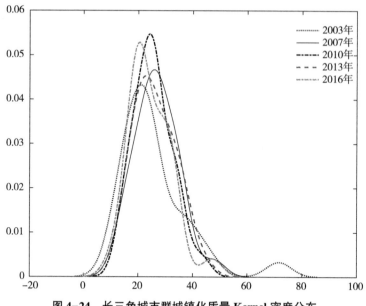

图4-24   长三角城市群城镇化质量 Kernel 密度分布

3. 珠三角城市群城镇化质量的演进特征

珠三角城市群城镇化质量的核密度估计结果如图 4-25 所示。从位置上看，珠三角城市群在研究期内核密度曲线表现出向右移动的变化态势，城市群城镇化质量水平稳步提升。从分布形状来看，核密度曲线呈现"双峰—多峰—双峰"的演变轨迹，波峰宽度呈现"缩小—扩大"变动，分布曲线呈明显的右拖尾现象且拖尾逐年增加，表明城市群城镇化质量呈现"两极化—多极化—两极化"的发展轨迹，城市间差距总体呈现扩大的变动态势。从峰度上看，主波峰高度呈现"上升—下降"的演变过程，且 2003 年和 2007 年分别是主波峰的最低值和最高值，说明珠三角城市群城镇化质量极化程度呈波动式增长又减缓的趋势。

4. 长江中游城市群城镇化质量的演进特征

长江中游城市群城镇化质量的核密度估计结果如图 4-26 所示。从位置上看，长江中游城市群在研究期内核密度曲线表现出向右移动的变化态势，城市群城镇化质量水平稳步提升。从分布形状来看，核密度曲线呈现"多峰—双峰"的演变轨迹，波峰宽度呈现"缩小—扩大"变动，分布曲线呈明显的右拖尾现象，表明城市群城镇化质量呈现"多极化—两极化"的发展轨迹，城市间差距总体呈现扩大的变动态势。从峰度上看，主波峰高度呈现"下降—上升"的演变过程，且 2003 年和 2013 年分别是主波峰的最高值和最低值，说明长江中游城市群城镇化质量极化程度呈波动式减缓的趋势。

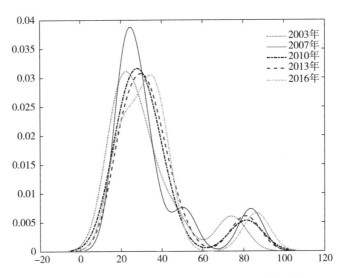

图 4-25 珠三角城市群城镇化质量 Kernel 密度分布

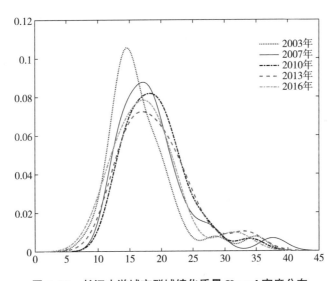

图 4-26 长江中游城市群城镇化质量 Kernel 密度分布

5. 成渝城市群城镇化质量的演进特征

成渝城市群城镇化质量的核密度估计结果如图 4-27 所示。从位置上看，成渝城市群在研究期内核密度曲线表现出向左移动的变化态势，城市群城镇化质量水平出现下降。从分布形状来看，核密度曲线呈现"双峰—多峰—双峰"的演变轨迹，波峰宽度呈现"缩小—扩大—缩小"变动，分布曲线呈明显的右拖尾现象，表明城市群城镇化质量呈现"两极化—多极化—两极化"的发展轨迹，城市间差距总体呈现缩小的变动态势。从峰度上看，主波峰高度呈现"上升—下降—上升"的演变过程，且 2003 年和 2010 年分别是主波峰的最低值和最高值，说明成渝城市群城镇化质量极化程度呈波动式上升到减缓的趋势。

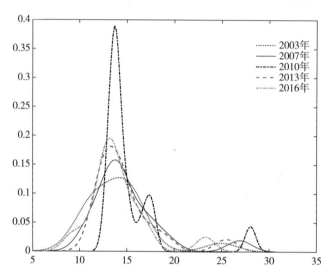

图 4-27　成渝城市群城镇化质量 Kernel 密度分布

6. 哈长城市群城镇化质量的演进特征

哈长城市群城镇化质量的核密度估计结果如图 4-28 所示。从位置上看，哈长城市群在研究期内核密度曲线表现出向右移动后向左移动的变化态势，城市群城镇化质量水平基本不变。从分布形状来看，核密度曲线呈现"多峰—单峰"的演变轨迹，波峰宽度呈现"扩大—缩小"变动，表明城市群城镇化质量呈现"多极化—单极化"的发展轨迹，城市间差距总体呈现扩大的变动态势。从峰度上看，主波峰高度呈现"下降—上升"的演变过程，且 2003 年和 2010 年分别是主波峰的最高值和最低值，说明哈长城市群城镇化质量极化程度呈减缓的趋势。

7. 中原城市群城镇化质量的演进特征

中原城市群城镇化质量的核密度估计结果如图 4-29 所示。从位置上看，中原城市群在研究期内核密度曲线表现出向左移动的变化态势，城市群城镇化质量水平出现下降。从分布形状来看，核密度曲线呈现"单峰—多峰"的演变

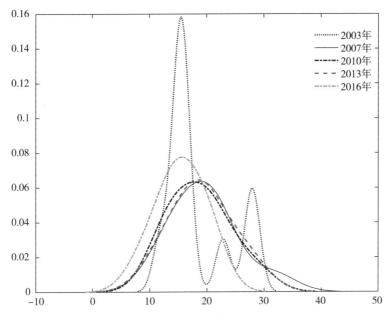

图4-28 哈长城市群城镇化质量 Kernel 密度分布

轨迹，波峰宽度呈现"缩小"变动，表明城市群城镇化质量呈现"单极化—多极化"的发展轨迹，城市间差距总体呈现缩小的变动态势。从峰度上看，主波峰高度呈现"上升—下降—上升"的演变过程，且2003年和2016年分别是主波峰的最低值和最高值，说明中原城市群城镇化质量极化程度呈上升的趋势。

8. 北部湾城市群城镇化质量的演进特征

北部湾城市群城镇化质量的核密度估计结果如图4-30所示。从位置上看，北部湾城市群在研究期内核密度曲线表现出向左移动的变化态势，城市群城镇化质量水平出现下降。从分布形状来看，核密度曲线呈现"多峰—单峰—多峰"的演变轨迹，波峰宽度呈现"扩大—缩小"变动，表明城市群城镇化质量呈现"多极化—单极化—多极化"的发展轨迹，城市间差距总体呈现缩小的变动态势。从峰度上看，主波峰高度呈现"上升—下降"的演变过程，且2003年和2013年分别是主波峰的最低值和最高值，说明北部湾城市群城镇化质量极化程度呈缓慢上升的趋势。

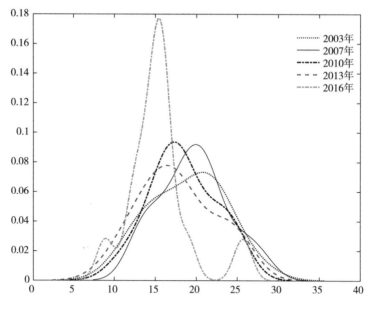

图 4-29 中原城市群城镇化质量 Kernel 密度分布

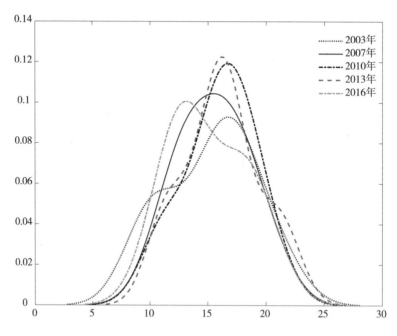

图 4-30 北部湾城市群城镇化质量 Kernel 密度分布

第五章 城市群建设用地利用效率的非均衡发展

第一节 城市群建设用地利用效率的时空演变

一、研究方法

城市建设用地利用效率是指单位城市建设用地投入所带来的产出,建设用地利用效率可通过生产技术的改进和生产规模的扩大获取。节地型技术的开发和使用可改变城市建设用地和其他生产要素的组合方式。在既定的产出条件下,降低城市建设用地的使用数量,可提高城市建设用地使用效率。此外,城市建设用地利用效率的提高也可通过生产规模的扩大而获取。

城市建设用地利用效率存在的差异为效率改进的提高创造了前提条件,通过将城市建设用地从低效率的城市流转至高效率城市,或者是将新增建设用地更多地配置给高效率使用的城市都将提高城市建设用地的整体使用效率,因此准确测算城市建设用地的利用效率对于效率的改进具有重要作用。由于传统生产率测度方法大多只适用于单一产出的情形,且需要事先人为假定生产边界,对变量的量纲较为敏感,导致其适用范围较窄,测算结果误差较大,而 DEA 法可有效克服上述缺点,因此将采用该方法对我国城市群的城市建设用地利用效率进行测度。DEA 模型可以分为在产出水平不变的条件下使投入最小化的投入导向型模型和在投入水平不变的条件下使产出最大化的产出导向型模型。根据本书的研究对象,建设用地投入的数量是决策的基本变量,因此采用投入导向型的规模报酬可变模型。

假设要评估 K 个城市的建设用地利用效率,评价指标体系包含 N 种投入指标和 M 种产出指标,设 x_{jn} 代表第 j 个城市的第 n 种资源投入量,y_{jm} 代表第 j 个城市的第 m 种资源产出量,则投入导向下对偶形式的 BBC 模型可表示为:

$$\text{Min}\left[\theta - \varepsilon(e_1^T S^- + e_2^T S^+)\right]$$

$$\text{s. t.}\begin{cases} \sum_{j=1}^{K} x_{jn}\lambda_j + S^- = \theta x_n & n = 1, 2, \cdots, N \\ \sum_{j=1}^{K} y_{jm}\lambda_j - S^+ = y_m & m = 1, 2, \cdots, M \\ \sum_{j=1}^{K} \lambda_j = 1 \\ \lambda_j \geqslant 0, \ S^- \geqslant 0, \ S^+ \geqslant 0, \ x_{jn} \geqslant 0, \ y_{jm} \geqslant 0 \end{cases} \tag{5-1}$$

式（5-1）中：θ（$0<\theta\leqslant1$）为综合效率指数，其值越接近于 1，表明城市建设用地利用效率越高；λ_j 为权重变量；S^- 为投入冗余变量；S^+ 为产出不足变量；ε 为非阿基米德无穷小，一般取 $\varepsilon = 10^{-6}$；$e_1^T =$（1，1，$\cdots$，1）$\in E_m$ 和 $e_2^T =$（1，1，$\cdots$，1）$\in E_k$ 分别为 m 维和 k 维单位向量空间。计算结果中：①若 $\theta = 1$，且 $S^- = 0$，$S^+ = 0$ 时，则该决策单元有效，各决策在原投入要素的基础上获得了最优的产出；②若 $\theta = 1$，且 $S^- \neq 0$，或 $S^+ \neq 0$ 时，则该决策单元为弱 DEA 有效，各决策单元可以在保持原投入不变而提高产出，或在原产出不变而减少投入；③若 $\theta < 1$ 时，则该决策单元未达到最优效率状态，此时可以通过决策单元在相对有效平面上的投影来改进无效的决策单元，建议各投入及产出的调整值为 $x_{jn}^* = \theta x_n - S^-$，$y_{jm}^* = \theta y_m + S^+$，调整后的效率值为 1；建议改进的值为：$\Delta x_{jn} = x_{jn} - x_{jn}^*$，$\Delta y_{jm} = y_{jm}^* - y_{jm}$。

本书计算的 BCC 模型结果为技术效率值，还可以进一步分解成为规模效率与纯技术效率，即技术效率＝规模效率×纯技术效率。建设用地利用效率（技术）效率表示建设用地利用过程中的资源要素配置，投入产出和规模集聚等能力的总称，资源得到充分有效利用，产出能力增强，（技术）效率水平就越高；纯技术效率衡量的是既定投入资源提供产出的能力，或资源要素实际投入到产出的转换能力，反映特定生产技术水平的投入要素利用程度；规模效率衡量投入要素在规模上满足生产需求的能力，即是否在最适的规模上进行经营。可以判断出建设用地利用中的非有效性在多大程度上来自于纯技术无效率（投入要素冗余）和规模无效率（未达最优规模）。

DEA 法使用的前提条件是清晰界定投入和产出，由于土地资源必须与其他生产要素共同投入到生产过程中才能发挥作用，因此本书选取土地、资本和劳动力作为投入指标，分别对应城市建设用地、固定资产投资和第二三产业从业人员数；在产出指标方面主要考虑城市建设用地利用所产生的经济、社会及生态效应，分别对应第二三产业增加值、城镇职工平均工资和建成区绿化覆盖率。

二、城市群总体建设用地利用效率演变趋势

2003~2016 年，中国八大城市群建设用地利用效率如表 5-1 所示。综合技术效率是反映城市建设用地利用投入与产出的相对量，通过单位面积城市建设用地投入与其产出取得的有效成果来衡量。从时序上来看，研究期间城市群建设用地利用效率整体上呈现波动上升态势，由 2003 年的 0.565 上升到 2016 年的 0.633，城市群建设用地利用综合技术效率总体不高。从城市群来看，建设用地利用综合技术效率最高的为珠三角城市群，由 2003 年的 0.736 上升到 2016 年的 0.755；最低的为中原城市群，由 2003 年的 0.436 上升到 2016 年的 0.472。分城市来看，城市建设用地利用纯技术效率的最优个数最多，其次为规模效率，综合技术效率的最优个数最少。

表 5-1　中国八大城市群建设用地利用效率

年份	京津冀	长三角	珠三角	长江中游	成渝	哈长	中原	北部湾	总均值
2003	0.476	0.564	0.736	0.557	0.562	0.595	0.436	0.692	0.565
2004	0.504	0.589	0.734	0.575	0.564	0.631	0.477	0.654	0.581
2005	0.505	0.535	0.752	0.560	0.604	0.666	0.479	0.630	0.574
2006	0.526	0.571	0.857	0.589	0.666	0.613	0.492	0.649	0.604
2007	0.450	0.519	0.660	0.510	0.593	0.568	0.431	0.631	0.533
2008	0.467	0.506	0.649	0.485	0.567	0.551	0.431	0.614	0.520
2009	0.453	0.498	0.713	0.496	0.526	0.488	0.473	0.617	0.518
2010	0.467	0.499	0.712	0.486	0.589	0.491	0.502	0.585	0.526
2011	0.410	0.470	0.667	0.492	0.545	0.522	0.435	0.621	0.505
2012	0.521	0.515	0.712	0.540	0.624	0.544	0.550	0.647	0.566
2013	0.588	0.718	0.798	0.651	0.654	0.717	0.482	0.721	0.663
2014	0.589	0.655	0.757	0.630	0.617	0.698	0.472	0.697	0.633
2015	0.616	0.693	0.861	0.658	0.646	0.705	0.499	0.707	0.665
2016	0.585	0.655	0.755	0.630	0.616	0.698	0.472	0.706	0.633

纯技术效率是从技术层面反映城市建设用地科技投入水平是否达到了相对最优产出，如表 5-2 所示。从时序上来看，城市建设用地利用纯技术效率呈现逐步上升的态势。由 2003 年的 0.646 上升到 2016 年的 0.713，在研究期间城市群建设用地利用纯技术效率提高了六个百分点。从城市群来看，建设用地利用纯技术

效率最高的为珠三角城市群,由 2003 年的 0.827 上升到 2015 年的 0.885,后在 2016 降为 0.807;最低的为中原城市群,由 2003 年的 0.479 上升到 2016 年的 0.527。

表 5-2　中国八大城市群建设用地利用纯技术效率

年份	京津冀	长三角	珠三角	长江中游	成渝	哈长	中原	北部湾	总均值
2003	0.537	0.731	0.827	0.606	0.626	0.659	0.479	0.758	0.646
2004	0.563	0.783	0.845	0.612	0.601	0.700	0.513	0.692	0.661
2005	0.559	0.673	0.829	0.574	0.641	0.707	0.508	0.675	0.632
2006	0.600	0.730	0.914	0.638	0.698	0.656	0.521	0.741	0.678
2007	0.538	0.637	0.772	0.538	0.632	0.609	0.459	0.689	0.597
2008	0.562	0.614	0.720	0.511	0.615	0.620	0.480	0.684	0.585
2009	0.542	0.627	0.752	0.524	0.576	0.578	0.506	0.645	0.583
2010	0.558	0.610	0.782	0.507	0.630	0.548	0.526	0.635	0.585
2011	0.518	0.601	0.709	0.513	0.601	0.554	0.479	0.644	0.568
2012	0.620	0.640	0.750	0.577	0.682	0.571	0.586	0.657	0.627
2013	0.667	0.769	0.812	0.675	0.709	0.746	0.532	0.740	0.704
2014	0.697	0.775	0.798	0.716	0.668	0.767	0.527	0.726	0.711
2015	0.677	0.731	0.885	0.721	0.663	0.725	0.545	0.718	0.705
2016	0.671	0.784	0.807	0.716	0.674	0.771	0.527	0.738	0.713

规模效率是反映各地区在一定规模投入水平上是否达到城市建设用地利用的相对最优产出,如表 5-3 所示。从时序上来看,城市建设用地利用规模效率呈波动上升态势,且 2015 年达到最高值为 0.949,在研究期间城市群建设用地规模效率提高了六个百分点。从城市群来看,长三角城市群建设用地利用规模效率增长最快,由 2003 年的 0.806 上升到 2015 年的 0.952,但 2016 年呈大幅度下降趋势。

表 5-3　中国八大城市群建设用地利用规模效率

年份	京津冀	长三角	珠三角	长江中游	成渝	哈长	中原	北部湾	总均值
2003	0.901	0.806	0.901	0.933	0.913	0.899	0.913	0.928	0.893
2004	0.912	0.782	0.878	0.939	0.952	0.910	0.941	0.956	0.900
2005	0.931	0.835	0.919	0.976	0.957	0.955	0.953	0.935	0.928

续表

年份	京津冀	长三角	珠三角	长江中游	成渝	哈长	中原	北部湾	总均值
2006	0.905	0.804	0.938	0.937	0.962	0.927	0.946	0.876	0.905
2007	0.879	0.840	0.886	0.955	0.951	0.931	0.950	0.930	0.913
2008	0.875	0.844	0.922	0.946	0.934	0.886	0.913	0.910	0.903
2009	0.882	0.826	0.950	0.947	0.936	0.869	0.950	0.954	0.908
2010	0.885	0.839	0.915	0.959	0.940	0.915	0.954	0.915	0.913
2011	0.861	0.811	0.953	0.958	0.920	0.949	0.924	0.961	0.908
2012	0.890	0.835	0.957	0.947	0.918	0.955	0.957	0.983	0.919
2013	0.903	0.940	0.980	0.965	0.930	0.967	0.933	0.978	0.948
2014	0.870	0.857	0.941	0.894	0.930	0.920	0.930	0.955	0.902
2015	0.931	0.952	0.976	0.920	0.975	0.969	0.935	0.979	0.949
2016	0.892	0.848	0.929	0.894	0.922	0.916	0.929	0.952	0.900

三、各城市群建设用地利用效率演变趋势

1. 京津冀城市群建设用地利用效率的时空差异

京津冀城市群建设用地利用效率如表5-4所示。从城市来看，建设用地效率相对较好的是唐山、廊坊和衡水，平均效率值高（分别为0.593、0.572、0.572），建设用地效率相对较差的是邯郸和保定（分别为0.384、0.376），低于京津冀城市群建设用地平均利用效率0.511。建设用地利用效率年平均增长率最高的为天津，年平均增长率为5.54%，由2003年的0.479上升到2016年的0.966；最低的为邯郸，2003年和2016年的建设用地利用效率均为0.403。

表5-4　京津冀城市群建设用地利用效率

年份 城市	2003	2005	2007	2009	2010	2011	2012	2013	2014	2015	2016
北京	0.348	0.552	0.467	0.608	0.585	0.573	0.572	0.679	0.643	0.674	0.644
天津	0.479	0.549	0.446	0.418	0.372	0.361	0.380	0.923	0.964	0.877	0.966
石家庄	0.525	0.404	0.346	0.288	0.255	0.249	0.251	0.521	0.577	0.583	0.577
唐山	0.694	0.676	0.431	0.351	0.324	0.420	0.396	0.686	0.769	0.943	0.769
秦皇岛	0.539	0.566	0.491	0.485	0.482	0.364	0.457	0.560	0.671	0.523	0.671
邯郸	0.403	0.417	0.359	0.300	0.296	0.282	0.329	0.461	0.402	0.472	0.403

续表

年份 城市	2003	2005	2007	2009	2010	2011	2012	2013	2014	2015	2016
邢台	0.427	0.493	0.527	0.555	0.582	0.470	0.550	0.466	0.382	0.394	0.381
保定	0.381	0.406	0.350	0.334	0.309	0.314	0.452	0.476	0.360	0.365	0.360
张家口	0.534	0.664	0.528	0.466	0.467	0.412	0.532	0.503	0.498	0.579	0.498
承德	0.519	0.573	0.487	0.501	0.483	0.462	0.573	0.465	0.468	0.540	0.469
沧州	0.447	0.430	0.417	0.442	0.535	0.403	0.868	0.640	0.572	0.610	0.572
廊坊	0.464	0.426	0.432	0.542	0.647	0.512	0.686	0.646	0.734	0.819	0.677
衡水	0.422	0.414	0.565	0.593	0.731	0.514	0.726	0.613	0.616	0.635	0.617

京津冀城市群建设用地利用效率的变异系数如图 5-1 所示，变异系数总体呈现波动上升趋势，由 2003 年的 0.188 上升到 2016 年的 0.290，波动范围在 0.16 ~ 0.33，在研究期内城市群间的城市建设用地效率差异存在增大趋势。

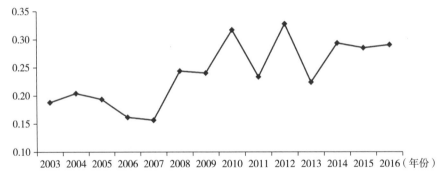

图 5-1　京津冀城市群建设用地利用效率的 σ 收敛趋势

2. 长三角城市群建设用地利用效率的时空差异

长三角城市群建设用地利用效率如表 5-5 所示。从城市来看，常州、南通、马鞍山、池州和宣城均在某些年份出现过利用效率为 1 的情况，而宣城在 2003 ~ 2016 年，有 12 年的建设用地利用效率均为 1，表现出了较优且最稳健的建设用地利用效率。建设用地效率相对较好的还有上海和铜陵，平均效率值较高（分别为 0.648、0.678），此外共 14 个城市低于长三角城市群建设用地平均利用效率。建设用地效率相对最差的是合肥，建设用地效率为 0.348，远远低于长三角城市群建设用地平均利用效率 0.570。建设用地利用效率年平均增长率最高的为镇江，年平均增长率为 4.16%，由 2003 年的 0.504 上升到 2016 年的 0.856；最低的为安庆，年平均增长率为 0.11%，2016 年的建设用地利用效率 0.479，低于 2003

年建设用地利用效率 0.486。

表 5-5　长三角城市群建设用地利用效率

城市＼年份	2003	2005	2007	2009	2010	2011	2012	2013	2014	2015	2016
上海	0.562	0.572	0.551	0.618	0.612	0.649	0.704	0.766	0.741	0.776	0.741
南京	0.424	0.423	0.402	0.397	0.355	0.334	0.368	0.659	0.631	0.693	0.631
无锡	0.625	0.516	0.483	0.472	0.388	0.386	0.402	0.888	0.819	0.828	0.819
常州	0.573	0.433	0.413	0.473	0.497	0.408	0.459	1.000	0.979	1.000	0.979
苏州	0.543	0.532	0.519	0.615	0.567	0.503	0.527	0.835	0.759	0.782	0.760
南通	0.407	0.543	1.000	0.411	0.452	0.371	0.373	0.550	0.473	0.475	0.474
盐城	0.398	0.403	0.342	0.341	0.376	0.412	0.411	0.576	0.545	0.632	0.546
扬州	0.557	0.561	0.512	0.574	0.545	0.455	0.456	0.718	0.658	0.687	0.655
镇江	0.504	0.433	0.405	0.394	0.379	0.392	0.410	0.794	0.857	0.887	0.856
泰州	0.560	0.524	0.451	0.447	0.452	0.454	0.465	0.583	0.498	0.502	0.498
杭州	0.563	0.516	0.534	0.572	0.517	0.476	0.457	0.617	0.593	0.607	0.591
宁波	0.587	0.428	0.403	0.473	0.499	0.501	0.514	0.764	0.744	0.799	0.744
嘉兴	0.496	0.300	0.374	0.398	0.426	0.418	0.509	0.608	0.586	0.582	0.587
湖州	0.709	0.418	0.467	0.456	0.420	0.425	0.496	0.599	0.562	0.611	0.563
绍兴	0.443	0.425	0.426	0.452	0.430	0.412	0.524	0.570	0.521	0.527	0.523
金华	0.671	0.479	0.541	0.598	0.638	0.570	0.667	0.667	0.623	0.701	0.624
舟山	0.517	0.532	0.606	0.586	0.625	0.565	0.574	0.784	0.633	0.595	0.627
台州	0.670	0.567	0.506	0.523	0.540	0.545	0.592	0.543	0.518	0.598	0.518
合肥	0.385	0.406	0.250	0.238	0.213	0.229	0.245	0.496	0.489	0.491	0.489
芜湖	0.404	0.444	0.333	0.343	0.304	0.323	0.310	0.633	0.612	0.620	0.612
马鞍山	0.452	0.547	0.498	0.466	0.449	0.472	0.499	1.000	0.691	0.696	0.690
铜陵	0.510	0.676	0.791	0.583	0.623	0.594	0.581	0.747	0.690	0.736	0.689
安庆	0.486	0.673	0.461	0.391	0.423	0.456	0.533	0.498	0.479	0.589	0.479
滁州	0.614	0.557	0.549	0.507	0.483	0.499	0.690	0.982	0.563	0.713	0.563
池州	1.000	1.000	0.667	0.619	0.768	0.822	0.897	0.803	0.778	0.889	0.777
宣城	1.000	1.000	1.000	1.000	1.000	0.539	0.718	1.000	1.000	1.000	1.000

　　长三角城市群建设用地利用效率的变异系数如图 5-2 所示,在研究期间建设用地利用效率的城市间发展不平衡程度呈现出先波动上升再逐年下降的趋势,其由 2003 年的 0.276 上升到 2008 年的 0.353,后下降到 2016 年的 0.222,城市间

发展不平衡程度得到控制并呈下降的趋势。

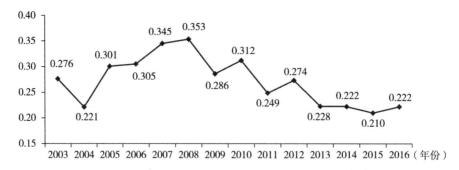

图 5-2　长三角城市群建设用地利用效率的 σ 收敛趋势

3. 珠三角城市群建设用地利用效率的时空差异

珠三角城市群建设用地利用效率如表 5-6 所示。从时序上来看，2003～2016 年珠三角城市群建设用地利用效率整体上呈现平稳波动态势，较其他城市建设用地利用效率最高，由 2003 年的 0.736 上升到 2016 年的 0.755。广州、深圳、佛山、江门、东莞和中山均出现过建设用地利用效率为 1 的情况，其中东莞 14 年中 11 年的建设用地利用效率均为 1，利用效率高效。然而珠海、江门、肇庆和惠州建设用地平均利用效率较差（分别为 0.528、0.682、0.565、0.461）均低于珠三角城市群建设用地平均利用效率 0.740。

表 5-6　珠三角城市群建设用地利用效率

年份 城市	2003	2005	2007	2009	2010	2011	2012	2013	2014	2015	2016
广州	0.587	0.735	0.649	0.869	0.771	0.767	0.765	1.000	1.000	1.000	1.000
深圳	0.755	0.898	0.805	1.000	0.982	1.000	1.000	1.000	1.000	1.000	1.000
珠海	0.663	0.634	0.403	0.413	0.393	0.369	0.424	0.594	0.577	0.787	0.573
佛山	0.776	0.821	0.755	0.892	0.838	0.893	0.939	1.000	1.000	1.000	1.000
江门	0.772	0.738	0.596	0.655	0.567	0.538	0.629	0.620	0.559	1.000	0.559
肇庆	0.551	0.777	0.589	0.460	0.481	0.432	0.542	0.594	0.509	0.682	0.510
惠州	0.520	0.417	0.401	0.370	0.377	0.359	0.437	0.533	0.503	0.538	0.504
东莞	1.000	1.000	1.000	1.000	1.000	1.000	1.000	1.000	0.728	0.819	0.728
中山	1.000	0.747	0.741	0.757	1.000	0.641	0.672	0.837	0.935	0.926	0.925

珠三角城市群建设用地利用效率的变异系数如图 5-3 所示。在研究期间城市

建设用地利用效率的差异并没有随着时间推移而呈现显著的缩小趋势，而表现为升降波动变动的过程，近年来还呈现逐渐发散趋势，说明珠三角城市群的建设用地利用效率并没有显著的收敛趋势。

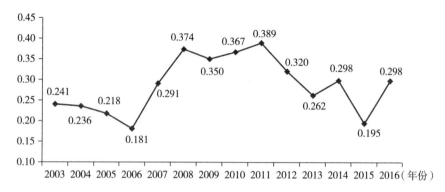

图5-3　珠三角城市群建设用地利用效率的 σ 收敛趋势

4. 长江中游城市群建设用地利用效率的时空差异

长江中游城市群建设用地利用效率如表5-7所示。从时序上来看，2003~2016年长江中游城市群建设用地利用效率呈现波动上升态势，由2003年的0.557上升到2016年的0.630。从城市来看，黄冈、常德、娄底、新余和鹰潭均出现过建设用地利用效率为1的情况，而其中鹰潭有13年建设用地利用效率为1，2008年虽未达到1，但利用效率为0.993，整体来看，鹰潭建设用地利用效率在整个长江中游城市群中表现最为优秀。另外低于长江中游城市群建设用地平均利用效率的共有18个城市，其中建设用地效率最差的是荆州，为0.397，远低于长江中游城市群建设用地平均利用效率0.561。建设用地利用效率年平均增长率最高的为长沙，年平均增长率为6.42%，2003年建设用地利用效率为0.403，在2016年上升到0.905；最低的为荆州，2003年和2016年的建设用地利用效率分别为0.380和0.410，年平均增长率为0.59%。

表5-7　长江中游城市群建设用地利用效率

年份 城市	2003	2005	2007	2009	2010	2011	2012	2013	2014	2015	2016
武汉	0.608	0.517	0.443	0.400	0.332	0.341	0.378	0.722	0.694	0.854	0.694
黄石	0.574	0.791	0.532	0.470	0.456	0.434	0.499	0.544	0.511	0.496	0.511
宜昌	0.352	0.401	0.389	0.378	0.372	0.416	0.448	0.603	0.583	0.566	0.583

续表

年份 城市	2003	2005	2007	2009	2010	2011	2012	2013	2014	2015	2016
襄阳	0.503	0.798	0.495	0.480	0.426	0.388	0.388	0.646	0.557	0.582	0.557
鄂州	0.641	0.524	0.464	0.391	0.321	0.344	0.345	0.568	0.494	0.779	0.494
荆门	0.784	0.577	0.565	0.574	0.539	0.402	0.481	0.568	0.520	0.556	0.521
孝感	0.486	0.572	0.653	0.741	0.690	0.603	0.556	0.331	0.365	0.441	0.363
荆州	0.380	0.469	0.399	0.363	0.363	0.269	0.316	0.452	0.410	0.471	0.410
黄冈	1.000	0.483	0.602	0.699	0.527	0.436	0.555	0.480	0.491	0.371	0.489
咸宁	0.585	0.609	0.496	0.455	0.441	0.664	0.472	0.523	0.486	0.526	0.486
长沙	0.403	0.397	0.342	0.396	0.327	0.323	0.364	0.866	0.904	0.869	0.905
株洲	0.478	0.576	0.446	0.431	0.427	0.407	0.427	0.598	0.579	0.574	0.578
湘潭	0.489	0.426	0.383	0.395	0.328	0.357	0.349	0.630	0.543	0.688	0.542
衡阳	0.467	0.548	0.380	0.419	0.404	0.366	0.403	0.471	0.416	0.521	0.416
岳阳	0.592	0.775	0.542	0.531	0.525	0.496	0.877	0.640	0.808	0.832	0.808
常德	0.901	0.847	0.674	0.597	0.629	0.668	0.705	0.949	0.987	1.000	0.987
益阳	0.411	0.498	0.340	0.347	0.356	0.346	0.411	0.465	0.535	0.582	0.535
娄底	0.464	0.545	0.743	0.441	0.523	1.000	0.498	0.588	0.697	0.790	0.697
南昌	0.572	0.397	0.422	0.315	0.281	0.296	0.308	0.516	0.475	0.501	0.477
景德镇	0.517	0.414	0.458	0.429	0.428	0.499	0.750	0.661	0.658	0.708	0.659
萍乡	0.431	0.449	0.435	0.351	0.416	0.458	0.517	0.661	0.598	0.597	0.597
九江	0.483	0.583	0.474	0.530	0.492	0.494	0.611	0.764	0.796	0.784	0.796
新余	0.377	0.497	0.639	0.480	0.600	0.574	0.638	1.000	0.908	0.886	0.908
鹰潭	1.000	1.000	1.000	1.000	1.000	1.000	1.000	1.000	1.000	1.000	1.000
吉安	0.556	0.584	0.624	0.738	0.813	0.683	0.891	0.924	0.641	0.656	0.641
宜春	0.516	0.547	0.581	0.598	0.582	0.409	0.617	0.633	0.613	0.567	0.614
抚州	0.347	0.404	0.359	0.418	0.484	0.530	0.599	0.543	0.535	0.611	0.535
上饶	0.665	0.450	0.412	0.515	0.537	0.586	0.722	0.880	0.826	0.616	0.826

　　长江中游城市群建设用地利用效率的变异系数如图5-4所示。在研究期间城市建设用地利用效率的差异呈现先缩小再上升后下降的趋势，波动范围在0.254~0.372，总体呈现收敛趋势。

　　5. 成渝城市群建设用地利用效率的时空差异

　　成渝城市群建设用地利用效率如表5-8所示。从时序上来看，2003~2016年成渝城市群建设用地利用效率呈现平稳波动态势，较其他城市建设用地利用效率

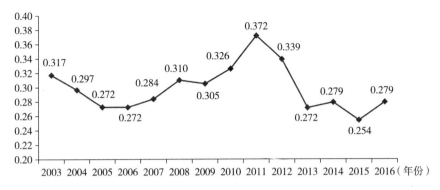

图5-4　长江中游城市群建设用地利用效率的 σ 收敛趋势

高，2003年建设用地利用效率为0.512，2016年上升到0.616。从城市来看，达州和雅安均实现过建设用地利用效率为1的情况，而建设用地效率相对较好的还有广安和资阳等，平均效率值高（分别为0.787、0.766），建设用地平均利用效率最低的是重庆，为0.388，低于成渝城市群建设用地平均利用效率0.511。但重庆的建设用地利用效率年平均增长率最高，为4.68%，建设用地利用效率由2003年的0.326上升到2016年的0.591；最低的为自贡，2003年和2016年的建设用地利用效率均为0.595。

表5-8　成渝城市群建设用地利用效率

年份 城市	2003	2005	2007	2009	2010	2011	2012	2013	2014	2015	2016
重庆	0.326	0.310	0.244	0.322	0.280	0.307	0.291	0.619	0.615	0.622	0.591
成都	0.407	0.369	0.266	0.347	0.356	0.344	0.352	0.601	0.565	0.581	0.567
自贡	0.595	0.867	0.640	0.506	0.471	0.492	0.612	0.610	0.595	0.696	0.595
泸州	0.371	0.463	0.516	0.416	0.394	0.392	0.453	0.476	0.464	0.475	0.464
德阳	0.531	0.691	0.673	0.524	0.784	0.759	0.740	0.631	0.623	0.679	0.624
绵阳	0.537	0.563	0.443	0.372	0.381	0.357	0.448	0.506	0.494	0.506	0.495
遂宁	0.372	0.399	0.377	0.319	0.472	0.428	0.541	0.539	0.492	0.523	0.493
内江	0.503	0.582	0.548	0.484	0.567	0.556	0.667	0.673	0.706	0.634	0.705
乐山	0.472	0.461	0.450	0.435	0.440	0.414	0.470	0.668	0.632	0.639	0.632
南充	0.501	0.502	0.457	0.374	0.345	0.342	0.389	0.397	0.382	0.429	0.382
眉山	0.617	0.542	0.511	0.621	0.630	0.552	0.711	0.797	0.717	0.898	0.716
宜宾	0.549	0.645	0.661	0.793	0.836	0.682	0.794	0.636	0.591	0.655	0.592

续表

年份 城市	2003	2005	2007	2009	2010	2011	2012	2013	2014	2015	2016
广安	0.690	0.624	0.787	0.579	0.754	0.771	0.873	0.971	0.863	0.808	0.864
达州	0.634	0.822	0.943	0.854	1.000	0.659	0.984	0.704	0.522	0.460	0.523
雅安	0.986	0.966	1.000	0.783	1.000	1.000	1.000	1.000	0.951	0.920	0.950
资阳	0.900	0.862	0.978	0.680	0.708	0.666	0.657	0.643	0.667	0.814	0.667

成渝城市群建设用地利用效率的变异系数如图 5-5 所示,2003~2016 年建设用地利用效率的变异系数呈现波动上升后下降的趋势,由 2003 年的 0.321 下降到 2016 年的 0.235,利用效率差异最高的为 2007 年,在研究期内城市群内建设用地效率存在收敛趋势。

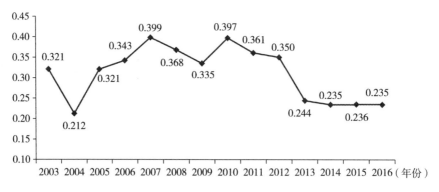

图 5-5　成渝城市群建设用地利用效率的 σ 收敛趋势

6. 哈长城市群建设用地利用效率的时空差异

哈长城市群建设用地利用效率如表 5-9 所示。从时序上来看,2003~2016 年哈长城市群建设用地利用效率呈现波动态势,2005 年到达过峰值,较其他城市建设用地利用效率比较高,而后处于下降趋势,直到 2012 年才处于波动上升趋势。从城市来看,大庆、牡丹江、绥化和长春均实现过建设用地利用效率为 1,其中绥化更是 13 年都为 1。此外仅有松原建设用地效率 0.628,高于哈长城市群建设用地平均利用效率 0.606,建设用地平均利用效率最差的是哈尔滨,为0.408。并且哈尔滨建设用地利用效率年平均增长率也最低,2003 年和 2016 年的建设用地利用效率分别为 0.446 和 0.489,年平均增长率为 0.71%。建设用地利用效率年平均增长率最高的为辽源,年平均增长率为 4.99%。

表 5-9　哈长城市群建设用地利用效率

年份 城市	2003	2005	2007	2009	2010	2011	2012	2013	2014	2015	2016
哈尔滨	0.446	0.455	0.365	0.367	0.294	0.267	0.224	0.498	0.489	0.529	0.489
齐齐 哈尔	0.505	0.679	0.325	0.330	0.363	0.364	0.440	0.428	0.579	0.580	0.579
大庆	1.000	1.000	0.687	0.630	0.648	0.752	0.733	1.000	1.000	1.000	1.000
牡丹江	0.647	1.000	0.581	0.531	0.477	0.502	0.511	0.670	0.677	0.602	0.677
绥化	1.000	1.000	1.000	1.000	1.000	1.000	1.000	1.000	1.000	0.999	1.000
长春	0.631	0.505	1.000	0.309	0.260	0.350	0.299	0.551	0.549	0.543	0.549
吉林	0.402	0.326	0.282	0.326	0.335	0.338	0.344	0.701	0.652	0.693	0.652
四平	0.427	0.557	0.404	0.441	0.473	0.475	0.746	0.644	0.611	0.530	0.611
辽源	0.371	0.517	0.396	0.424	0.496	0.613	0.620	0.804	0.699	0.779	0.699
松原	0.521	0.621	0.642	0.524	0.560	0.558	0.525	0.875	0.721	0.798	0.721

　　哈长城市群建设用地利用效率的变异系数如图 5-6 所示。2003~2016 年哈长城市群建设用地利用效率整体上呈现先波动上升后下降的态势，由 2003 年的 0.390 上升到 2008 年是最高点 0.477 后，逐渐下降到 2016 年的 0.250，在考察期内城市之间的用地效率差异存在缩小的趋势。

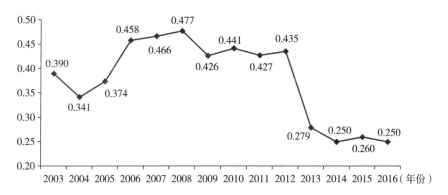

图 5-6　哈长城市群建设用地利用效率的 σ 收敛趋势

7. 中原城市群建设用地利用效率的时空差异

　　中原城市群建设用地利用效率如表 5-10 所示。从时序上来看，2003~2016 年中原城市群建设用地利用效率呈现平稳上升态势，较其他城市建设用地利用效率最低。从城市来看，建设用地效率相对较好的有平顶山（0.637）和晋城（0.685），平均效率值较高，建设用地效率相对较差的是开封和商丘，建设用地效率分别为 0.389、0.344，低于中原城市群建设用地平均利用效率 0.474。建设用地利用效率年平均增长率最高的为周口，年平均增长率为 2.86%，由 2003 年的 0.366 上升到 2016 年的 0.528；最低的为鹤壁，年平均增长率为 0.09%，2003年和 2016 年的建设用地利用效率分别为 0.442 和 0.437。

表 5-10　中原城市群建设用地利用效率

年份 城市	2003	2005	2007	2009	2010	2011	2012	2013	2014	2015	2016
郑州	0.397	0.408	0.319	0.373	0.327	0.321	0.348	0.487	0.460	0.472	0.461
开封	0.343	0.423	0.337	0.352	0.375	0.287	0.482	0.365	0.466	0.334	0.466
洛阳	0.526	0.425	0.337	0.394	0.367	0.438	0.501	0.492	0.496	0.496	0.496
平顶山	0.571	0.628	0.550	0.743	0.853	0.721	0.796	0.588	0.522	0.561	0.522
鹤壁	0.442	0.475	0.417	0.394	0.422	0.335	0.445	0.487	0.437	0.455	0.437
新乡	0.386	0.448	0.371	0.337	0.294	0.321	0.357	0.449	0.451	0.455	0.451
焦作	0.305	0.354	0.353	0.360	0.395	0.372	0.483	0.326	0.361	0.398	0.361
许昌	0.567	0.541	0.310	0.486	0.482	0.428	0.666	0.472	0.405	0.421	0.405
漯河	0.508	0.617	0.537	0.472	0.480	0.404	0.577	0.528	0.482	0.536	0.483
商丘	0.292	0.292	0.339	0.356	0.330	0.289	0.396	0.395	0.405	0.394	0.404
周口	0.366	0.346	0.415	0.544	0.600	0.384	0.650	0.504	0.529	0.648	0.528
晋城	0.500	0.805	0.845	0.749	0.972	0.735	0.787	0.579	0.558	0.502	0.557
亳州	0.461	0.464	0.473	0.587	0.631	0.620	0.658	0.588	0.567	0.815	0.567

中原城市群建设用地利用效率的变异系数如图 5-7 所示。2003~2016 年中原城市群建设用地利用效率整体上呈现先波动上升到最高点后再下降又小幅上升又下降的态势，由 2003 年的 0.219 上升到 2010 年的 0.417，后下降到 2016 年的0.131，在考察期内城市之间的用地效率差异存在逐步缩小趋势。

8. 北部湾城市群建设用地利用效率的时空差异

北部湾城市群建设用地利用效率如表 5-11 所示。从时序上来看，2003~2016 年北部湾城市群建设用地利用效率呈现平稳态势，比其他城市建设用地利用效率高。从城市来看，2003~2016 年崇左建设用地利用效率均为 1，表现出了最为高效的建设用地利用效率。此外建设用地效率相对较好的有防城港（0.883）和茂名（0.927），平均效率值较高，建设用地效率相对较差的是南宁，建设用地效率分别为 0.393，远远低于北部湾城市群建设用地平均利用效率 0.655。建设

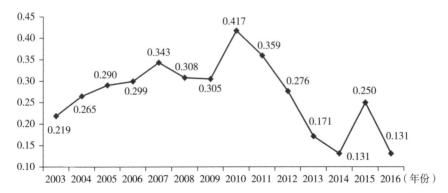

图 5-7 中原城市群建设用地利用效率的 σ 收敛趋势

用地利用效率年平均增长率最高的为钦州，年平均增长率为 2.31%，由 2003 年的 0.434 上升到 2016 年的 0.584；最低的为阳江，年平均增长率为 0.11%，2003 年和 2016 年的建设用地利用效率分别为 0.674 和 0.684。

表 5-11 北部湾城市群建设用地利用效率

城市\年份	2003	2005	2007	2009	2010	2011	2012	2013	2014	2015	2016
南宁	0.383	0.373	0.335	0.648	0.283	0.237	0.244	0.448	0.453	0.469	0.453
北海	0.698	0.560	0.571	0.372	0.417	0.719	0.485	0.736	0.869	0.859	0.868
防城港	1.000	0.758	1.000	0.721	0.676	0.884	0.867	1.000	1.000	1.000	1.000
钦州	0.434	0.365	0.409	0.415	0.289	0.455	0.523	0.569	0.585	0.469	0.584
玉林	0.693	0.530	0.470	0.427	0.497	0.440	0.383	0.563	0.517	0.552	0.518
崇左	1.000	1.000	1.000	1.000	1.000	1.000	1.000	1.000	1.000	1.000	1.000
湛江	0.636	0.688	0.620	0.636	0.740	0.596	0.802	0.807	0.767	0.770	0.768
茂名	1.000	0.963	1.000	1.000	1.000	1.000	1.000	0.844	0.730	0.847	0.731
阳江	0.674	0.606	0.584	0.518	0.526	0.487	0.747	0.808	0.595	0.654	0.684
海口	0.398	0.454	0.318	0.437	0.424	0.388	0.422	0.434	0.457	0.449	0.458

北部湾城市群建设用地利用效率的变异系数如图 5-8 所示。2003~2016 年北部湾城市群建设用地利用效率整体上呈现先波动上升后下降的态势，变异系数波动范围在 0.289~0.449，在考察期内城市之间的用地效率差异存在呈现先增加后缩小的趋势。

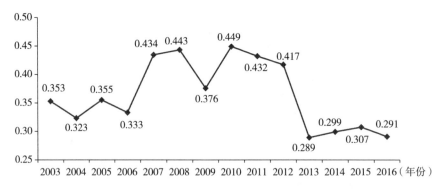

图 5-8　北部湾城市群建设用地利用效率的 σ 收敛趋势

第二节　城市群建设用地利用效率的非均衡发展

一、城市群内建设用地利用效率总体差异

采用 Dagum 基尼系数方法计算得到中国八大城市群建设用地利用效率基尼系数及分解指标，如表 5-12 所示。从演变趋势来看，城市群总体建设用地利用效率总体差异呈现逐年递减趋势，年均递减率为 0.97%。从演变过程来看，2003年城市群总体差异为 0.172，2008 年上升到 0.200，随后呈现平缓下降趋势，到2016 年下降为 0.151。随着国家区域协调发展战略的实施，八大城市群总体建设用地利用效率差距得以有效控制。

从城市群内部差异来看，哈长和北部湾城市群区域内差距的均值最大，为0.192；其次为成渝、长江中游、珠三角、长三角、中原城市群，其区域内差距均值分别为 0.168、0.155、0.150、0.140、0.138；而京津冀城市群区域内差距的均值最小，仅为 0.129。这表明哈长和北部湾城市群区域内差距最大，而京津冀城市群内区域差距最小，其他城市群处于中间水平。

表 5-12　城市群建设用地利用效率总体及区域内差异

年份	总体	京津冀	长三角	珠三角	长江中游	成渝	哈长	中原	北部湾
2003	0.172	0.097	0.137	0.126	0.162	0.166	0.194	0.120	0.185
2004	0.150	0.109	0.115	0.123	0.141	0.117	0.171	0.143	0.166
2005	0.170	0.102	0.143	0.110	0.140	0.176	0.194	0.150	0.189

续表

年份	总体	京津冀	长三角	珠三角	长江中游	成渝	哈长	中原	北部湾
2006	0.180	0.088	0.159	0.093	0.145	0.188	0.244	0.149	0.175
2007	0.193	0.085	0.171	0.153	0.146	0.217	0.241	0.159	0.225
2008	0.200	0.131	0.174	0.201	0.158	0.204	0.242	0.157	0.233
2009	0.181	0.132	0.142	0.186	0.153	0.182	0.202	0.155	0.194
2010	0.206	0.173	0.160	0.194	0.167	0.217	0.217	0.210	0.236
2011	0.200	0.128	0.130	0.208	0.188	0.194	0.219	0.180	0.230
2012	0.193	0.177	0.147	0.171	0.183	0.194	0.232	0.150	0.224
2013	0.152	0.113	0.123	0.132	0.147	0.126	0.151	0.092	0.155
2014	0.152	0.157	0.120	0.153	0.152	0.124	0.125	0.072	0.160
2015	0.152	0.153	0.115	0.098	0.140	0.129	0.134	0.125	0.164
2016	0.151	0.154	0.119	0.153	0.152	0.124	0.125	0.072	0.157

图5-9直观刻画了我国八大城市群建设用地利用效率区域内差距的演变趋势。具体来看,京津冀城市群建设用地利用效率区域内差距呈现频繁波动的演变趋势,2007年达到最低值0.085,2012年达到最高值0.177,2003～2016年均上升3.62%;长三角城市群建设用地利用效率区域内差距呈现"下降—上升—下降—上升—下降"的演变趋势,2004年达到最低值0.115,2008年达到最高值0.174,2003～2016年均下降1.08%;珠三角城市群建设用地利用效率区域内差距呈现"下降—上升—下降—上升—下降—上升—下降—上升"的演变趋势,2006年达到最低值0.093,2011年达到最高值0.208,2003～2016年均上升1.50%;长江中游城市群建设用地利用效率区域内差距呈现"下降—上升—下降"的演变趋势,2005年和2015年均达到最低值0.140,2011年达到最高值0.188,2003～2016年均下降0.49%;成渝城市群建设用地利用效率区域内差距呈现"下降—上升—下降—上升—下降"的演变趋势,2004年达到最低值0.117,2010年达到最高值0.217,2003～2016年均下降2.26%;哈长城市群建设用地利用效率区域内差距呈现"下降—上升—下降—上升—下降"的演变趋势,2016年达到最低值0.125,2006年达到最高值0.244,2003～2016年均下降3.27%;中原城市群建设用地利用效率区域内差距呈现"上升—下降—上升—下降"的演变趋势,2016年达到最低值0.072,2010年达到最高值0.210,2003～2016年均下降3.85%;北部湾城市群建设用地利用效率区域内差距呈现"上升—下降—上升—下降"的演变趋势,2013年达到最低值0.155,2010年达到

最高值 0.236，2003~2016 年均下降 1.25%。

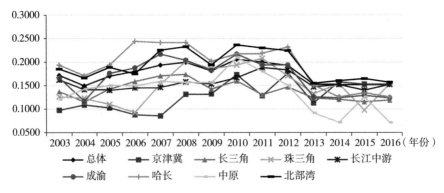

图 5-9　建设用地利用效率区域差距的动态演变

二、城市群建设用地利用效率区域间差异

从城市群区域间差距来看，城市群区域间差距均呈现总体下降趋势。从整体来看，八大城市群建设用地利用效率区域间差距的均值为 0.114。具体来看，京津冀与中原城市群区域间差距的均值，长三角与长江中游、成渝、哈长、中原城市群区域间差距的均值，珠三角与长江中游、成渝、哈长、中原、北部湾城市群区域间差距的均值，哈长与中原城市群区域间差距的均值，均高于八大城市群总体区域差距的平均水平；而其他城市群区域间差距的均值都低于八大城市群总体区域差距的平均水平。其中，珠三角城市群与中原城市群区域间差距的均值最高，为 0.172；长三角城市群与珠三角城市群区域间差距的均值最低，仅为0.085；其他城市群区域间差距处于中间水平。从差异大小来看，珠三角和中原城市群区域间差距最大，介于 0.080~0.270（见表 5-13）。

表 5-13　城市群设用地利用效率区域间差异

年份 区域	2003	2005	2007	2009	2010	2011	2012	2013	2014	2015	2016
1 与 2	0.136	0.126	0.142	0.143	0.172	0.139	0.164	0.148	0.147	0.144	0.146
1 与 3	0.222	0.213	0.213	0.263	0.263	0.271	0.218	0.186	0.192	0.194	0.193
1 与 4	0.146	0.129	0.128	0.149	0.174	0.174	0.182	0.139	0.159	0.149	0.158
1 与 5	0.152	0.165	0.206	0.173	0.221	0.202	0.202	0.130	0.144	0.144	0.142
1 与 6	0.175	0.197	0.215	0.176	0.200	0.204	0.211	0.161	0.157	0.154	0.157
1 与 7	0.116	0.134	0.137	0.152	0.200	0.165	0.168	0.128	0.156	0.169	0.153

续表

年份 区域	2003	2005	2007	2009	2010	2011	2012	2013	2014	2015	2016
1与8	0.226	0.180	0.227	0.209	0.232	0.258	0.231	0.171	0.175	0.174	0.177
2与3	0.177	0.212	0.201	0.239	0.243	0.236	0.213	0.142	0.159	0.148	0.158
2与4	0.152	0.144	0.160	0.151	0.165	0.164	0.169	0.142	0.139	0.131	0.148
2与5	0.154	0.175	0.209	0.171	0.208	0.181	0.194	0.132	0.125	0.126	0.135
2与6	0.173	0.198	0.223	0.181	0.195	0.189	0.201	0.140	0.127	0.128	0.127
2与7	0.161	0.156	0.188	0.158	0.192	0.172	0.154	0.202	0.169	0.188	0.169
2与8	0.196	0.187	0.224	0.194	0.219	0.227	0.226	0.144	0.148	0.150	0.147
3与4	0.191	0.190	0.299	0.241	0.251	0.242	0.213	0.167	0.175	0.170	0.174
3与5	0.188	0.176	0.196	0.231	0.222	0.280	0.191	0.160	0.171	0.172	0.171
3与6	0.194	0.179	0.217	0.262	0.265	0.240	0.229	0.152	0.153	0.149	0.152
3与7	0.258	0.242	0.250	0.253	0.255	0.269	0.197	0.249	0.236	0.274	0.235
3与8	0.166	0.177	0.204	0.206	0.233	0.223	0.204	0.155	0.164	0.157	0.162
4与5	0.166	0.166	0.200	0.174	0.214	0.199	0.201	0.138	0.141	0.137	0.141
4与6	0.183	0.190	0.213	0.183	0.197	0.208	0.212	0.157	0.148	0.141	0.148
4与7	0.169	0.159	0.175	0.158	0.193	0.195	0.170	0.173	0.165	0.178	0.165
4与8	0.207	0.178	0.217	0.198	0.224	0.238	0.228	0.164	0.164	0.161	0.165
5与6	0.185	0.194	0.236	0.200	0.234	0.200	0.221	0.148	0.134	0.140	0.135
5与7	0.175	0.192	0.244	0.178	0.227	0.212	0.184	0.170	0.152	0.170	0.150
5与8	0.205	0.185	0.228	0.202	0.230	0.226	0.215	0.157	0.156	0.157	0.157
6与7	0.200	0.225	0.240	0.210	0.217	0.218	0.199	0.213	0.196	0.197	0.196
6与8	0.206	0.196	0.240	0.224	0.243	0.241	0.244	0.156	0.149	0.156	0.147
7与8	0.258	0.207	0.258	0.185	0.238	0.263	0.215	0.220	0.205	0.210	0.211

注：1代表京津冀城市群，2代表长三角城市群，3代表珠三角城市群，4代表长江中游城市群，5代表成渝城市群，6代表哈长城市群，7代表中原城市群，8代表北部湾城市群。

三、城市群建设用地利用效率区域差异来源

表5-14描述了中国城市群建设用地利用效率区域差距来源及贡献率大小。从区域差距来源的大小来看，超变密度差距来源最大，介于0.097～0.146；区域间差距来源居中，介于0.026～0.041；而区域内差距来源最小，介于0.019～0.026。从差距贡献率的大小来看，超变密度差距贡献率均值为68.12%，始终高于区域间差距贡献率的均值18.99%和区域内差距贡献率的均值12.89%。这表明

超变密度差距是八大城市建设用地利用效率总体区域差距产生的主要来源，因此缩小超变密度差距是解决城市群建设用地利用效率不均衡问题的关键。

表5-14　城市群建设用地利用效率区域差异来源及其贡献率

年份	区域内		区域间		超变密度	
	来源	贡献率%	来源	贡献率%	来源	贡献率%
2003	0.022	12.91	0.037	21.45	0.113	65.64
2004	0.019	12.96	0.029	19.06	0.102	67.98
2005	0.021	12.62	0.031	18.33	0.117	69.05
2006	0.023	12.52	0.037	20.77	0.120	66.70
2007	0.025	12.75	0.035	18.20	0.134	69.05
2008	0.026	12.91	0.033	16.71	0.140	70.39
2009	0.023	12.74	0.029	15.79	0.130	71.47
2010	0.026	12.83	0.034	16.45	0.146	70.72
2011	0.025	12.70	0.041	20.41	0.133	66.88
2012	0.026	13.25	0.026	13.30	0.142	73.45
2013	0.020	12.99	0.035	23.30	0.097	63.71
2014	0.020	13.25	0.033	21.74	0.099	65.02
2015	0.019	12.82	0.028	18.56	0.104	68.62
2016	0.020	13.22	0.033	21.82	0.098	64.96

第三节　城市群建设用地利用效率的动态演进

一、城市群总体土地利用效率的演进特征

城市群总体土地利用效率的分布演进特征如图5-10所示。从总体来看，核密度曲线中心位置向右移动，波峰数量维持在两个且主峰值呈现下降，波峰宽度缩小，说明在样本考察期内城市群间土地利用效率差距变小，土地利用效率水平存在一定的梯度。就演变进程来看，相比于2003年，2010年的核密度曲线中心位置向左移动，峰值下降，波峰宽度小幅上升，说明我国八大城市群地区差异并没有缩小；2016年与2010年相比，核密度曲线中心位置向右大幅度偏移，峰值增加，波峰宽度缩小，说明该阶段城市群间土地利用效率差距在变小，存在两极分化现象。

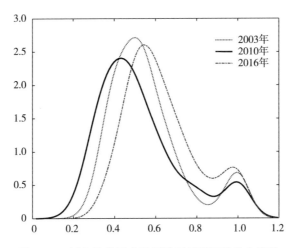

图 5-10　城市总体群建设用地利用效率的分布演进

二、各城市群城镇化质量的演进特征

1. 京津冀城市群建设用地利用效率的演进特征

京津冀城市群土地利用效率的分布演进特征如图 5-11 所示。从总体来看，核密度曲线中心位置向右移动，大体呈单峰分布，峰值下降幅度较大，波峰宽度增加，核密度曲线由微弱的双峰态势逐渐演变成单峰形态，说明在样本考察期内京津冀城市群土地利用效率的地区差距保持增大态势但多极分化现象有所改善。就演变进程来看，相比于 2003 年，2010 年的核密度曲线中心位置基本保持不变，但峰值下降明显，波峰宽度明显增加，清晰的单峰形态说明该阶段城市群土地利用效率地区差异呈增大态势但极化程度较低；2016 年与 2010 年相比，核密度曲线中心位置向右偏移，峰值高度小幅上升，波峰宽度略微缩小，说明该阶段城市群间土地利用效率差距在变小。

2. 长三角城市群建设用地利用效率的演进特征

长三角城市群土地利用效率的分布演进特征如图 5-12 所示。从总体来看，核密度曲线中心位置向右移动，大体呈单峰分布，峰值下降幅度较大，波峰宽度略有增加，核密度曲线由双峰态势逐渐演变成单峰形态，说明在样本考察期内长三角城市群土地利用效率的地区差距保持增大态势但多极分化现象有所改善。就演变进程来看，相比于 2003 年，2010 年的核密度曲线中心位置向左移动，峰值下降且波峰宽度略微缩小，双峰态势减弱，说明该阶段城市群土地利用效率地区差异呈缩小态势且极化程度下降；2016 年与 2010 年相比，核密度曲线中心位置

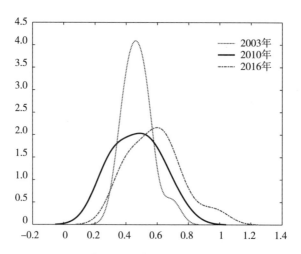

图 5-11　京津冀城市群建设用地利用效率的分布演进

向右大幅偏移，峰值高度降低，波峰宽度略微增大，由双峰态势逐渐演变成单峰形态，说明该阶段城市群间土地利用效率差距在增大。

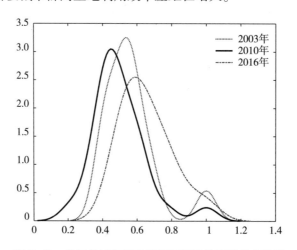

图 5-12　长三角城市群建设用地利用效率的分布演进

　　3. 珠三角城市群建设用地利用效率的演进特征

　　珠三角城市群土地利用效率的分布演进特征如图 5-13 所示。从总体来看，核密度曲线中心位置基本稳定不动，呈单峰分布，峰值下降幅度较大，波峰宽度增加，说明在样本考察期内珠三角城市群土地利用效率的地区差距保持增大态势但极化现象有所改善。就演变进程来看，相比于 2003 年，2010 年的核密度曲线中心位置基本保持不变，但峰值下降明显，波峰宽度明显增加，清晰的单峰形态说明该阶段城市群土地利用效率地区差异呈增大态势但极化程度较低；2016 年与 2010 年相比，核密度曲线中心位置保持不变，峰值高度小幅下降，波峰宽度略微增加，说明该阶段城市群间土地利用效率差距仍在扩大。

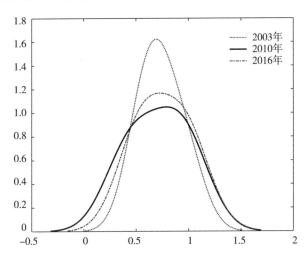

图 5-13　珠三角城市群建设用地利用效率的分布演进

4. 长江中游城市群建设用地利用效率的演进特征

长江中游城市群土地利用效率的分布演进特征如图 5-14 所示。从总体来看，核密度曲线中心位置向右移动，大体呈单峰分布，峰值下降，波峰宽度略微缩小，说明在样本考察期内长江中游城市群土地利用效率的地区差距呈缩小态势。就演变进程来看，相比于 2003 年，2010 年的核密度曲线中心位置向左移动，峰值下降且波峰宽度增加，呈现一个主峰和一个侧峰，主峰峰值加高而侧峰峰值降低，说明该阶段城市群土地利用效率地区差异呈缩小态势，且存在梯度效应，呈现微弱的多极化现象；2016 年与 2010 年相比，核密度曲线中心位置向右偏移，峰值高度降低，波峰宽度缩小，说明该阶段城市群间土地利用效率差距在缩小。

5. 成渝城市群建设用地利用效率的演进特征

成渝城市群土地利用效率的分布演进特征如图 5-15 所示。从总体来看，核密度曲线中心位置向右移动，峰值上升，波峰宽度略微缩小，说明在样本考察期内成渝城市群土地利用效率的地区差距呈缩小态势且极化现象明显。就演变进程来看，相比于 2003 年，2010 年的核密度曲线中心位置向左移动，峰值大幅度下降，波峰宽度增加，由双峰向单峰演变，说明该阶段城市群土地利用效率地区差

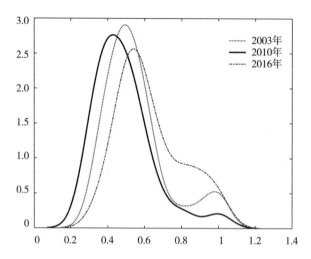

图5-14　长江中游城市群建设用地利用效率的分布演进

异呈扩大态势，两极分化现象逐渐消失，呈现单极化现象；2016年与2010年相比，核密度曲线中心位置向右偏移，峰值高度大幅增加，波峰宽度缩小，说明该阶段城市群间土地利用效率差距在缩小且极化现象显著。

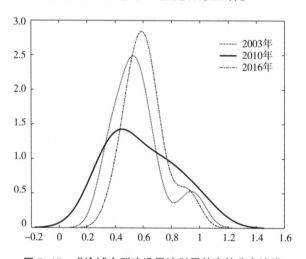

图5-15　成渝城市群建设用地利用效率的分布演进

6. 哈长城市群建设用地利用效率的演进特征

哈长城市群土地利用效率的分布演进特征如图5-16所示。从总体来看，核密度曲线中心位置向右大幅移动，峰值显著上升，呈现一个主峰和一个侧峰形态，波峰宽度缩小，说明在样本考察期内哈长城市群土地利用效率的地区差距呈缩小态势，存在一定的梯度效应且两极分化现象明显。就演变进程来看，相比于2003年，2010年的核密度曲线中心位置向左移动，双峰峰值下降，波峰宽度增加，说明该阶段城市群土地利用效率地区差异呈扩大态势，两极分化现象得到缓解；2016年与2010年相比，核密度曲线中心位置向右大幅偏移，双峰峰值高度显著上升，波峰宽度缩小，说明该阶段城市群间土地利用效率差距在缩小，两极分化现象显著。

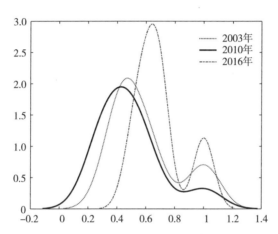

图 5-16　哈长城市群建设用地利用效率的分布演进

7. 中原城市群建设用地利用效率的演进特征

中原城市群土地利用效率的分布演进特征如图5-17所示。从总体来看，核密度曲线中心位置略微向右移动，峰值显著上升，呈现单峰态势，波峰宽度缩小，说明在样本考察期内中原城市群土地利用效率的地区差距呈缩小态势，且极化现象明显。就演变进程来看，相比于2003年，2010年的核密度曲线中心位置向左移动，峰值下降，波峰宽度缩小，由单峰向双峰演进，说明该阶段城市群土地利用效率地区差异呈缩小态势，存在多极分化现象；2016年与2010年相比，核密度曲线中心位置向右移动，峰值高度显著上升，波峰宽度缩小，由双峰向单峰演进，说明该阶段城市群间土地利用效率差距在缩小，极化现象显著。

8. 北部湾城市群建设用地利用效率的演进特征

北部湾城市群土地利用效率的分布演进特征如图5-18所示。从总体来看，核密度曲线中心位置基本不变，峰值显著上升，呈现单峰态势，波峰宽度缩小，说明在样本考察期内北部湾城市群土地利用效率的地区差距呈缩小态势。就演变

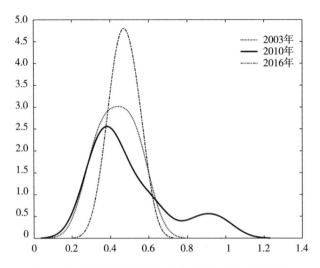

图 5-17　中原城市群建设用地利用效率的分布演进

进程来看，相比于 2003 年，2010 年的核密度曲线中心位置向左移动，峰值上升，波峰宽度缩小，说明该阶段城市群土地利用效率地区差异呈缩小态势；2016 年与 2010 年相比，核密度曲线中心位置向右移动，峰值高度上升，波峰宽度略微缩小，清晰的单峰形态说明该阶段城市群间土地利用效率差距逐渐缩小。

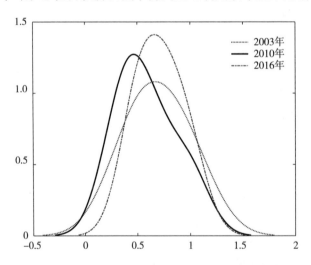

图 5-18　北部湾城市群建设用地利用效率的分布演进

第四节 剔除制度环境要素的建设用地利用效率再测度

一、研究方法

传统的 DEA 方法在测算决策单元技术效率时，只考虑了决策单元的投入与产出指标，并未涉及环境因素，而事实上，由于各地区环境条件的不同，亦会影响到其效率水平。为了能够对环境因素进行控制，选择三阶段 DEA 方法。Fried（2002）认为 DEA 分析得到的投入/产出松弛变量受三部分因素影响：环境因素、随机因素和管理效率。然而第一阶段的 DEA 模型忽视了决策单元所处的环境对效率的影响，将所有对效率前沿面的偏离都视为无效率，并不能区分外部环境因素、随机误差因素和内部管理因素对建设用地利用效率的影响效果。因此，必须将环境因素纳入建设用地利用效率评价模型中，在经环境因素调整后的效率评价结果才更具有科学性与可比性，因此进入第二阶段的分析。

1. 制度环境下的投入要素调整

第一阶段 DEA 模型得到不考虑制度环境下的建设用地利用效率，但是各地区所处的制度环境也会影响其投入转化为产出的能力，进而影响各地区的建设用地利用效率，不考虑制度环境因素的各地区效率评价会高估具有制度优势地区的效率而低估处于制度劣势地区的效率。因此，在各地区建设用地利用效率模型中必须先控制制度环境因素对各地区效率估计的影响，这样效率评价结果才能真实反映各地区的建设用地利用效率。

由第一阶段的 DEA 模型可计算各投入变量的松弛变量，运用随机前沿分析方法将不可控制的环境影响因素纳入分析，回归模型的因变量为第一阶段的投入松弛值，表示如下：

$$s_{n,k} = x_{n,k} - \lambda x_{n,k} \geq 0 \qquad n = 1, 2, \cdots, N; \; k = 1, 2, \cdots, K \qquad (5\text{-}2)$$

式（5-2）中，$s_{n,k}$ 为在第一阶段 DEA 分析中第 k 个决策单元的第 n 种投入的松弛量，$x_{n,k}$ 为第 k 个决策单元的第 n 种投入变量的实际投入值，$\lambda x_{n,k}$ 为第 k 个决策单元的第 n 种投入变量的目标投入值。

假设有 P 个可观测的外部环境变量，分别对每个决策单元的投入松弛变量进行 SFA 分析，构建松弛变量与环境变量的 SFA 模型如下：

$$s_{n,k} = f^n(z_k; \beta^n) + v_{n,k} + u_{n,k}, \; n = 1, 2, \cdots, N; \; k = 1, 2, \cdots, K \qquad (5\text{-}3)$$

式（5-3）中，$s_{n,k}$ 为第 k 个决策单元第 n 项投入的松弛变量；$z_k = [z_{1,k}, z_{2,k}, \cdots, z_{p,k}]$ 为 p 个可观测的环境变量；β^n 为环境变量的待估参数；$f^n(z_k; \beta^n)$ 表示环

境变量对投入松弛变量的影响，一般用 $f^n(z_k; \beta^n) = z_k\beta^n$ 表达。$v_{n,k} + u_{n,k}$ 为混合误差项，$v_{n,k}$ 为随机干扰项，假设 $v_{n,k} \sim N(0, \sigma_{v,n}^2)$；$u_{n,k}$ 为管理无效项，假设 $u_{n,k} \sim N^+(\mu^n, \sigma_{u,n}^2)$；$v_{n,k}$ 与 $u_{n,k}$ 独立不相关。此外，令 $\gamma = \sigma_{u,k}^2 / (\sigma_{u,k}^2 + \sigma_{v,k}^2)$，当 γ 趋于 1 时，表明管理因素的影响占主导地位；当 γ 趋于 0 时，表明随机误差的影响占主导地位。

利用 SFA 模型的回归结果调整各决策单元的投入项，同时考虑随机干扰项的影响，将所有决策单元调整到相同的环境条件下，从而可以测算出纯粹反映建设用地利用决策单元管理水平的效率值。选择以处在最差外部环境的决策单元为标准，对其他所有处于相对较好外部环境的决策单元，选择增加其投入的调整方法进行调整。调整方式如下：

$$x_{n,k}^A = x_{n,k} + [Max\{z_k\hat{\beta}^n\} - z_k\hat{\beta}^n] + [Max\{\hat{v}_{n,k}\} - \hat{v}_{n,k}] \tag{5-4}$$

式（5-4）中，$n = 1, 2, \cdots, N$；$k = 1, 2, \cdots, K$；$x_{n,k}$ 表示第 k 个决策单元的第 n 个投入变量的初始投入值；$x_{n,k}^A$ 表示第 k 个决策单元的第 n 个投入变量经过调整后的数值；z_k 表示可观测的环境变量；$\hat{\beta}^n$ 为环境变量的参数估计值，$\hat{v}_{n,k}$ 为随机误差项的估计值。$Max\{z_k\hat{\beta}^n\} - z_k\hat{\beta}^n$ 表示把所有决策单元的环境调整为同一状态，即样本中所显示的最差环境。$Max\{\hat{v}_{n,k}\} - \hat{v}_{n,k}$ 表示把所有决策单元的运气调整为共同的自然状态，即样本中所显示的最差运气。

利用 SFA 模型的估计结果 $(\hat{\beta}^n, \hat{u}^n, \hat{\sigma}_{v,k}^2, \hat{\sigma}_{u,k}^2)$ 和管理无效的条件估计 $\hat{E}[u_{n,k}/v_{n,k} + u_{n,k}]$，本书借鉴 Jondrow（1982）提出的方法计算随机误差，计算方法如下：

$$\hat{E}[v_{n,k}/v_{n,k} + u_{n,k}] = s_{n,k} - z_k\hat{\beta}^n - \hat{E}[u_{n,k}/v_{n,k} + u_{n,k}] \tag{5-5}$$

式（5-5）中，$\sigma^2 = \sigma_u^2 + \sigma_v^2$。

2. 投入要素调整后的农地城市流转效率再估算

用调整后的投入 $x_{n,k}^A$ 代替原始投入 $x_{n,k}$，并运用 BCC 模型计算效率值。经过第三阶段分析后，各决策单元的效率值剔除了环境因素和随机因素的影响，能够获得相同外部环境下的相对可比建设用地利用效率。

3. 环境变量的选取

环境变量是指除投入、产出变量外，对建设用地利用效率产生影响，但不可控的因素。其主要包括地区经济发展水平，用各地区人均 GDP 来衡量，地区经济发展水平越高，其环境基础条件越好，也越有利于建设用地利用效率的提升；

地区经济发展水平越高，其投入也越多，冗余和浪费也可能越严重，从而降低了建设用地利用效率水平。人口集聚水平用建成区人口密度来衡量，意味着人口聚集程度高、生活水平较高、经济发展好，人们的教育程度和集约利用意识也可能较高，这些对建设用地利用效率的提升是有利的；人口密度大会增加生态环境的压力，对地区城市功能、空间布局提出更高要求，同时会消耗更多能源和土地，从这个角度来讲，人口密度对建设用地利用效率的影响可能是负的。产业结构升级，用第二产业产值和第三产业产值来衡量。产业结构升级意味着产业结构中心从第二产业逐次向第三产业转移的过程中，产业结构升级越是加快越有利于城市建设用地利用效率的提高。

二、城市群总体建设用地利用效率测度

由调整后的三种投入变量和原始的产出变量，得到2003～2016年中国八大城市群建设用地利用效率，如表5-15所示。此阶段得出生产单元建设用地利用效率值已去除环境变量与随机误差的影响。对比第一阶段的结果，在样本期间城市群建设用地平均综合技术效率值从第一阶段的0.573上升到第三阶段的0.724，升幅为15.1%；平均纯技术效率值从第一阶段的0.637上升到第三阶段的0.960，升幅为32.3%；平均规模效率值从第一阶段的0.915下降到第三阶段的0.755，降幅为16.0%。

表5-15　调整后的八大城市群建设用地利用效率（技术效率综合效率）

年份	京津冀	长三角	珠三角	长江中游	成渝	哈长	中原	北部湾	总均值
2003	0.746	0.854	0.917	0.717	0.633	0.706	0.644	0.777	0.749
2004	0.773	0.878	0.929	0.727	0.635	0.716	0.676	0.760	0.762
2005	0.609	0.736	0.817	0.496	0.518	0.552	0.480	0.602	0.595
2006	0.778	0.890	0.928	0.741	0.693	0.705	0.692	0.793	0.779
2007	0.725	0.839	0.868	0.644	0.627	0.692	0.608	0.761	0.717
2008	0.744	0.815	0.825	0.585	0.620	0.680	0.583	0.723	0.690
2009	0.756	0.814	0.849	0.574	0.639	0.676	0.604	0.691	0.692
2010	0.743	0.799	0.854	0.576	0.633	0.641	0.601	0.631	0.679
2011	0.700	0.784	0.824	0.572	0.626	0.642	0.571	0.633	0.665
2012	0.726	0.785	0.840	0.598	0.658	0.638	0.621	0.649	0.685
2013	0.779	0.842	0.889	0.697	0.754	0.726	0.684	0.728	0.760
2014	0.815	0.880	0.878	0.750	0.795	0.772	0.714	0.773	0.799

续表

年份	京津冀	长三角	珠三角	长江中游	成渝	哈长	中原	北部湾	总均值
2015	0.860	0.889	0.903	0.832	0.786	0.772	0.802	0.840	0.839
2016	0.756	0.881	0.881	0.759	0.805	0.782	0.726	0.785	0.799

　　可见，调整环境因素和随机因素影响后，建设用地利用效率提高的主要因素来源于纯技术效率水平的提高。从地区角度看，大部分地区的纯技术效率在第三阶段有了很大的提高，均接近最大值1，表明之前较低的纯技术效率确实有部分是由较差的外部环境或机遇造成，而非技术管理水平的绝对低下。长江中游、成渝和中原等城市群的规模效率在第三阶段出现较大幅度下降，表明原先较高的规模效率与它们所处的有利环境或相对较好的机遇密切相关，其实际规模效率并非那么高（见表5-16）。

表5-16　调整后的八大城市群建设用地利用纯技术效率

年份	京津冀	长三角	珠三角	长江中游	成渝	哈长	中原	北部湾	总均值
2003	0.962	0.981	0.995	0.984	0.979	0.979	0.972	0.994	0.980
2004	0.963	0.986	0.994	0.981	0.978	0.982	0.972	0.992	0.981
2005	0.963	0.971	0.991	0.977	0.970	0.973	0.967	0.989	0.974
2006	0.963	0.978	0.995	0.978	0.964	0.963	0.965	0.989	0.974
2007	0.953	0.968	0.979	0.970	0.952	0.965	0.960	0.985	0.966
2008	0.950	0.958	0.976	0.965	0.945	0.963	0.959	0.983	0.961
2009	0.942	0.953	0.984	0.959	0.941	0.949	0.958	0.987	0.957
2010	0.939	0.947	0.986	0.952	0.937	0.933	0.954	0.976	0.951
2011	0.941	0.940	0.974	0.947	0.934	0.940	0.948	0.971	0.947
2012	0.945	0.938	0.971	0.945	0.934	0.925	0.946	0.961	0.944
2013	0.954	0.947	0.981	0.960	0.944	0.944	0.935	0.962	0.952
2014	0.954	0.945	0.967	0.958	0.939	0.948	0.929	0.957	0.949
2015	0.950	0.941	0.974	0.962	0.938	0.948	0.928	0.955	0.949
2016	0.945	0.942	0.967	0.956	0.937	0.947	0.928	0.958	0.947

　　经过环境因素和随机误差因素调整后的第三阶段，中国八大城市群建设用地利用效率值呈现先递减后逐渐递增的趋势，各城市群的趋势基本一致（见表5-17）。城市群建设用地利用综合技术效率值在研究期间基本保持不变，与生产前沿面相差大约二十五个百分点，建设用地效率提升存在较大空间。在样本期内，历年城市群

整体的建设用地利用平均纯技术效率较高，接近最优前沿面，并高于规模效率，表明造成城市群建设用地利用效率低下的原因主要体现在综合技术效率和规模效率方面。相比之下，规模效率值上升将近十二个百分点，表明仍有较大提升空间，因此继续扩大生产规模、增加要素投入是提升建设用地利用效率的主要途径。

表 5-17　调整后的八大城市群建设用地利用规模效率

年份	京津冀	长三角	珠三角	长江中游	成渝	哈长	中原	北部湾	总均值
2003	0.777	0.871	0.921	0.729	0.646	0.722	0.663	0.781	0.764
2004	0.805	0.889	0.933	0.741	0.650	0.730	0.696	0.766	0.777
2005	0.632	0.759	0.823	0.509	0.536	0.569	0.496	0.609	0.611
2006	0.808	0.911	0.932	0.758	0.720	0.736	0.717	0.802	0.800
2007	0.762	0.868	0.885	0.666	0.662	0.720	0.633	0.772	0.743
2008	0.784	0.852	0.843	0.609	0.660	0.709	0.608	0.737	0.719
2009	0.804	0.856	0.861	0.602	0.684	0.715	0.630	0.700	0.725
2010	0.790	0.846	0.864	0.610	0.682	0.692	0.630	0.648	0.717
2011	0.744	0.838	0.842	0.609	0.679	0.687	0.602	0.655	0.706
2012	0.767	0.840	0.862	0.638	0.714	0.696	0.656	0.677	0.729
2013	0.815	0.890	0.904	0.726	0.802	0.771	0.730	0.759	0.799
2014	0.852	0.932	0.906	0.783	0.849	0.817	0.768	0.809	0.842
2015	0.905	0.945	0.926	0.864	0.840	0.817	0.863	0.881	0.884
2016	0.798	0.935	0.908	0.793	0.863	0.826	0.782	0.821	0.844

三、各城市群总体建设用地利用效率测度

1. 京津冀城市群建设用地利用效率的时空演变

经过环境因素和随机误差因素调整后的第三阶段，京津冀城市群建设用地利用效率值呈现先递减后逐渐递增的趋势，整体建设用地平均利用率高于第一阶段，表现为从第一阶段的 0.511 上升到第三阶段的 0.751，升幅为 46.86%。从城市来看，各城市建设用地利用效率平均值均提高，其中邯郸建设用地利用效率平均值增长幅度最大，为 82.97%，增幅较小的是衡水，为 11.74%。经过调整，北京、天津、秦皇岛和廊坊均出现了建设用地利用效率为 1 的情况，而城市群内其余城市建设用地利用效率在 0.476~1 波动。建设用地利用效率年平均增长率最高为沧州，年平均增长率最低的依然为邯郸（见表 5-18）。

表 5-18　调整后的京津冀城市群建设用地利用效率

年份 城市	2003	2005	2007	2009	2010	2011	2012	2013	2014	2015	2016
北京	0.831	1.000	0.955	1.000	0.982	0.946	0.929	0.889	0.881	0.870	0.880
天津	0.758	0.790	0.829	0.871	0.923	0.955	0.968	1.000	1.000	0.998	1.000
石家庄	0.702	0.561	0.648	0.645	0.592	0.605	0.598	0.703	0.750	0.838	0.747
唐山	0.824	0.614	0.725	0.744	0.728	0.776	0.719	0.714	0.664	0.934	0.664
秦皇岛	0.869	0.669	0.799	0.837	0.799	0.545	0.778	0.888	1.000	0.815	1.000
邯郸	0.720	0.503	0.647	0.714	0.696	0.661	0.653	0.712	0.698	0.862	0.696
邢台	0.707	0.570	0.671	0.738	0.743	0.686	0.699	0.758	0.758	0.738	0.761
保定	0.731	0.528	0.619	0.636	0.600	0.570	0.577	0.665	0.690	0.707	0.698
张家口	0.650	0.538	0.942	0.723	0.718	0.658	0.631	0.668	0.733	0.883	0.735
承德	0.732	0.567	0.654	0.722	0.702	0.681	0.701	0.748	0.810	0.888	0.813
沧州	0.685	0.476	0.549	0.643	0.693	0.632	0.687	0.728	0.798	0.790	0.804
廊坊	0.868	0.615	0.811	0.926	0.854	0.789	0.835	0.919	1.000	1.000	0.525
衡水	0.626	0.480	0.576	0.631	0.623	0.601	0.657	0.738	0.812	0.853	0.504

2. 长三角城市群建设用地利用效率的时空演变

经过环境因素和随机误差因素调整后的第三阶段，长三角城市群建设用地利用效率值呈现先递减后逐渐递增的趋势，整体建设用地平均利用率高于第一阶段，表现为从第一阶段的 0.570 上升到第三阶段的 0.835，升幅为 46.34%。从城市来看，合肥建设用地利用效率平均值增长幅度最大，达到了 107%，增长幅度较低的是滁州市，为 19%，而池州市和宣城市的建设用地利用效率存在高估情况，经过调整后，建设用地利用效率平均值低于第一阶段，下降幅度分别为 12.24% 和 19.28%，其余城市建设用地利用效率平均值均提高，上海市经过调整建设用地平均利用效率达到 1，而常州、宁波、绍兴、金华、舟山和台州均出现了建设用地利用效率为 1 的情况，其余城市利用效率则在 0.448~1 波动（见表 5-19）。

表 5-19　调整后的长三角城市群建设用地利用效率

年份 城市	2003	2005	2007	2009	2010	2011	2012	2013	2014	2015	2016
上海	1.000	1.000	1.000	1.000	1.000	1.000	1.000	1.000	1.000	1.000	1.000
南京	0.874	0.854	0.887	0.828	0.799	0.846	0.934	0.827	0.799	0.885	0.797
无锡	0.894	0.850	0.956	0.927	0.973	0.829	0.790	0.903	0.934	0.975	0.931
常州	0.867	0.778	0.893	0.947	0.940	0.874	0.878	1.000	1.000	1.000	1.000

续表

年份\城市	2003	2005	2007	2009	2010	2011	2012	2013	2014	2015	2016
苏州	0.962	0.872	0.907	0.949	0.926	0.962	0.925	0.887	0.887	0.894	0.887
南通	0.854	0.754	0.931	0.854	0.855	0.788	0.762	0.808	0.884	0.811	0.884
盐城	0.714	0.561	0.679	0.726	0.721	0.724	0.718	0.766	0.807	0.840	0.805
扬州	0.862	0.731	0.878	0.822	0.821	0.760	0.776	0.798	0.864	0.881	0.863
镇江	0.870	0.725	0.894	0.877	0.826	0.780	0.762	0.887	0.955	0.960	0.957
泰州	0.759	0.588	0.735	0.786	0.806	0.759	0.752	0.737	0.785	0.797	0.786
杭州	0.934	0.935	0.976	0.882	0.868	0.891	0.778	0.862	0.886	0.818	0.888
宁波	1.000	1.000	0.924	0.865	0.861	0.867	0.873	0.874	0.948	0.920	0.947
嘉兴	0.908	0.669	0.819	0.785	0.764	0.785	0.807	0.905	0.957	0.930	0.963
湖州	0.936	0.751	0.860	0.789	0.763	0.710	0.724	0.833	0.864	0.935	0.874
绍兴	1.000	0.777	0.837	0.735	0.679	0.690	0.744	0.754	0.781	0.780	0.741
金华	1.000	0.867	0.930	0.887	0.855	0.779	0.761	0.927	0.964	0.912	0.973
舟山	0.933	0.842	1.000	0.975	0.907	0.953	0.912	0.982	1.000	0.901	1.000
台州	0.931	1.000	0.984	0.832	0.791	0.712	0.740	0.801	0.785	0.813	0.761
合肥	0.782	0.631	0.702	0.692	0.685	0.684	0.640	0.705	0.754	0.789	0.753
芜湖	0.700	0.542	0.687	0.719	0.663	0.705	0.707	0.708	0.836	0.808	0.841
马鞍山	0.948	0.840	0.976	0.914	0.879	0.836	0.804	0.958	0.969	0.916	0.976
铜陵	0.782	0.573	0.746	0.733	0.745	0.747	0.783	0.820	0.887	0.957	0.895
安庆	0.626	0.448	0.623	0.571	0.580	0.593	0.630	0.641	0.761	0.889	0.769
滁州	0.658	0.503	0.636	0.661	0.650	0.679	0.750	0.794	0.843	0.889	0.857
池州	0.678	0.527	0.639	0.720	0.699	0.703	0.669	0.726	0.803	0.891	0.817
宣城	0.741	0.511	0.727	0.689	0.710	0.728	0.792	1.000	0.935	0.932	0.952

3. 珠三角城市群建设用地利用效率的时空演变

经过环境因素和随机误差因素调整后的第三阶段，珠三角城市群建设用地利用效率值呈现先递减后逐渐递增的趋势，整体建设用地平均利用率高于第一阶段，由第一阶段的 0.740 上升到第三阶段的 0.872，升幅为 17.75%。从城市来看，各城市建设用地利用效率平均值均提高，其中珠海建设用地利用效率平均值增长幅度最高，为 60.04%，增幅较低的是东莞，为 0.11%。深圳经过调整建设用地平均利用效率达到 1，其余城市建设用地利用效率在 0.542~1 波动（见表 5-20）。

表5-20 调整后的珠三角城市群建设用地利用效率

城市\年份	2003	2005	2007	2009	2010	2011	2012	2013	2014	2015	2016
广州	0.980	1.000	1.000	1.000	1.000	1.000	1.000	1.000	1.000	1.000	1.000
深圳	1.000	1.000	1.000	1.000	1.000	1.000	1.000	1.000	1.000	1.000	1.000
珠海	0.912	0.719	0.801	0.742	0.702	0.701	0.744	0.956	0.966	1.000	0.964
佛山	0.751	0.944	0.857	0.993	1.000	1.000	1.000	1.000	1.000	1.000	1.000
江门	0.860	0.616	0.726	0.798	0.851	0.619	0.653	0.754	0.794	0.907	0.801
肇庆	0.863	0.755	1.000	0.660	0.648	0.611	0.642	0.728	0.835	0.791	0.855
惠州	0.883	0.542	0.622	0.600	0.603	0.622	0.647	0.708	0.739	0.802	0.739
东莞	1.000	1.000	1.000	1.000	1.000	1.000	1.000	1.000	0.712	0.865	0.712
中山	1.000	0.776	0.810	0.849	0.884	0.861	0.872	0.855	0.857	0.759	0.858

4. 长江中游城市群建设用地利用效率的时空演变

经过环境因素和随机误差因素调整后的第三阶段，长江中游城市群建设用地利用效率值呈现先递减后逐渐递增的趋势，第三阶段建设用地平均利用率为0.662，高于第一阶段的0.561，升幅为17.95%。从城市来看，长沙建设用地平均利用率增长幅度最高，为52.93%，增幅较低的是鄂州，为0.44%。然而岳阳、常德、鹰潭和吉安的建设用地利用效率存在高估情况，经过调整后，利用效率为0.661、0.740、0.696、0.659，分别低于其第一阶段建设用地平均利用效率值。其余城市建设用地利用效率平均值均提高，且在0.342~1范围内波动（见表5-21）。

表5-21 调整后的长江中游城市群建设用地利用效率

城市\年份	2003	2005	2007	2009	2010	2011	2012	2013	2014	2015	2016
武汉	0.858	0.707	0.685	0.648	0.655	0.681	0.716	0.882	0.847	0.963	0.850
黄石	0.727	0.470	0.556	0.405	0.575	0.560	0.507	0.576	0.623	0.666	0.631
宜昌	0.747	0.442	0.628	0.513	0.510	0.504	0.492	0.622	0.659	0.788	0.661
襄阳	0.695	0.428	0.593	0.557	0.590	0.505	0.498	0.623	0.678	0.710	0.678
鄂州	0.558	0.355	0.599	0.304	0.284	0.449	0.437	0.516	0.551	0.674	0.553
荆门	0.874	0.439	0.694	0.611	0.635	0.574	0.642	0.707	0.749	0.834	0.760
孝感	0.751	0.403	0.568	0.455	0.511	0.527	0.574	0.551	0.589	0.548	0.590

续表

年份\城市	2003	2005	2007	2009	2010	2011	2012	2013	2014	2015	2016
荆州	0.599	0.374	0.517	0.500	0.534	0.413	0.544	0.665	0.715	0.734	0.726
黄冈	0.639	0.463	0.619	0.439	0.507	0.430	0.464	0.520	0.702	0.543	0.707
咸宁	0.615	0.422	0.491	0.512	0.488	0.459	0.455	0.561	0.672	0.788	0.683
长沙	0.819	0.695	0.775	0.751	0.703	0.706	0.712	0.861	0.927	0.900	0.929
株洲	0.772	0.609	0.778	0.744	0.729	0.692	0.699	0.779	0.865	0.830	0.874
湘潭	0.819	0.529	0.672	0.626	0.568	0.604	0.609	0.728	0.730	0.843	0.734
衡阳	0.618	0.564	0.630	0.751	0.700	0.614	0.554	0.657	0.622	0.650	0.629
岳阳	0.673	0.502	0.704	0.597	0.618	0.628	0.596	0.653	0.765	0.862	0.767
常德	0.834	0.574	0.725	0.701	0.662	0.609	0.618	0.740	0.789	0.964	0.793
益阳	0.713	0.489	0.637	0.559	0.546	0.531	0.553	0.648	0.766	0.809	0.777
娄底	0.777	0.573	0.987	0.571	0.474	0.609	0.610	0.702	0.758	0.827	0.768
南昌	1.000	0.618	0.753	0.703	0.682	0.660	0.638	0.694	0.716	0.745	0.718
景德镇	0.792	0.456	0.622	0.535	0.510	0.540	0.670	0.718	0.739	1.000	0.750
萍乡	0.615	0.516	0.618	0.552	0.551	0.579	0.608	0.695	0.743	0.828	0.759
九江	0.696	0.491	0.641	0.661	0.632	0.650	0.718	0.861	0.874	1.000	0.891
新余	0.786	0.521	0.731	0.661	0.671	0.668	0.715	0.795	0.827	1.000	0.838
鹰潭	0.691	0.545	0.688	0.619	0.608	0.571	0.619	0.716	0.796	0.997	0.815
吉安	0.581	0.455	0.569	0.562	0.634	0.590	0.640	0.770	0.844	0.961	0.858
宜春	0.713	0.425	0.554	0.504	0.504	0.559	0.613	0.772	0.867	0.946	0.888
抚州	0.402	0.342	0.426	0.491	0.475	0.538	0.581	0.725	0.787	0.940	0.804
上饶	0.719	0.487	0.576	0.553	0.583	0.553	0.668	0.783	0.803	0.946	0.817

5. 成渝城市群建设用地利用效率的时空演变

经过环境因素和随机误差因素调整后的第三阶段，成渝城市群建设用地利用效率值呈现先递减后逐渐递增的趋势，整体建设用地平均利用率高于第一阶段，从第一阶段的 0.598 上升到第三阶段的 0.673，升幅为 12.54%。从城市来看，成都建设用地平均利用效率增长幅度最大，为 63.72%，增长幅度较小的是眉山，为 0.03%。而广安、达州、雅安和资阳的建设用地利用效率存在高估情况，经过调整后，建设用地平均利用效率低于第一阶段利用效率值，其余城市建设用地利用效率平均值均提高，且在 0.43~1 范围内波动（见表 5-22）。

表 5-22　调整后的成渝城市群建设用地利用效率

年份\城市	2003	2005	2007	2009	2010	2011	2012	2013	2014	2015	2016
重庆	0.476	0.524	0.532	0.581	0.590	0.642	0.705	0.801	0.750	0.811	0.723
成都	0.625	0.637	0.672	0.664	0.665	0.660	0.647	0.738	0.730	0.719	0.739
自贡	0.673	0.478	0.632	0.604	0.601	0.534	0.647	0.759	0.805	0.749	0.816
泸州	0.678	0.490	0.624	0.571	0.547	0.554	0.589	0.720	0.783	0.792	0.793
德阳	0.656	0.758	0.935	0.912	0.969	0.796	0.815	0.878	0.925	0.884	0.940
绵阳	0.730	0.539	0.675	0.659	0.713	0.679	0.710	0.808	0.855	0.805	0.868
遂宁	0.465	0.432	0.596	0.581	0.577	0.606	0.701	0.735	0.821	0.758	0.834
内江	0.505	0.465	0.550	0.593	0.578	0.624	0.643	0.768	0.783	0.770	0.796
乐山	0.620	0.430	0.503	0.559	0.573	0.559	0.583	0.706	0.748	0.723	0.759
南充	1.000	0.445	0.554	0.536	0.549	0.554	0.599	0.707	0.771	0.839	0.783
眉山	0.582	0.466	0.557	0.651	0.686	0.543	0.579	0.682	0.767	0.822	0.786
宜宾	0.651	0.564	0.666	0.699	0.529	0.681	0.700	0.741	0.827	0.806	0.845
广安	0.659	0.473	0.637	0.612	0.610	0.614	0.651	0.795	0.855	0.858	0.870
达州	0.560	0.583	0.702	0.726	0.696	0.692	0.703	0.764	0.723	0.515	0.730
雅安	0.635	0.472	0.593	0.627	0.602	0.636	0.625	0.757	0.844	0.899	0.856
资阳	0.612	0.534	0.606	0.653	0.635	0.647	0.638	0.697	0.732	0.833	0.749

6. 哈长城市群建设用地利用效率的时空演变

经过环境因素和随机误差因素调整后的第三阶段，哈长城市群建设用地利用效率值呈现先递减后逐渐递增的趋势，整体建设用地平均利用率高于第一阶段，表现为由第一阶段的 0.606 上升到第三阶段的 0.8693，升幅为 14.28%。从城市来看，吉林建设用地平均利用率增长幅度最大，为 63.72%，增长幅度较小的是辽源，为 7.42%。而绥化的建设用地利用效率存在高估情况，其余城市建设用地利用效率平均值在第三阶段均提高（见表 5-23）。

表 5-23　调整后的哈长城市群建设用地利用效率

年份\城市	2003	2005	2007	2009	2010	2011	2012	2013	2014	2015	2016
哈尔滨	0.619	0.567	0.655	0.636	0.599	0.591	0.544	0.645	0.661	0.726	0.661
齐齐哈尔	0.628	0.514	0.635	0.635	0.641	0.616	0.608	0.666	0.741	0.800	0.753

续表

年份 城市	2003	2005	2007	2009	2010	2011	2012	2013	2014	2015	2016
大庆	0.894	0.839	0.880	0.983	0.966	0.988	0.973	1.000	1.000	1.000	1.000
牡丹江	0.870	0.501	0.693	0.685	0.677	0.663	0.666	0.806	0.832	0.560	0.852
绥化	0.585	0.357	0.450	0.442	0.392	0.468	0.494	0.553	0.674	0.706	0.687
长春	0.828	0.472	0.850	0.654	0.646	0.708	0.648	0.680	0.718	0.765	0.719
吉林	0.772	0.585	0.771	0.784	0.715	0.664	0.668	0.744	0.756	0.715	0.761
四平	0.506	0.424	0.550	0.542	0.502	0.524	0.558	0.651	0.775	0.704	0.793
辽源	0.545	0.462	0.580	0.549	0.524	0.508	0.545	0.661	0.691	0.829	0.703
松原	0.815	0.796	0.856	0.847	0.743	0.687	0.675	0.849	0.876	0.918	0.890

7. 中原城市群建设用地利用效率的时空演变

经过环境因素和随机误差因素调整后的第三阶段，中原城市群建设用地利用效率值呈现先递减后逐渐递增的趋势，第一阶段的建设用地平均利用率为0.474，第三阶段则上升为0.673，升幅为35.83%。从城市来看，中原城市群建设用地利用效率平均值均提高，其中焦作增长幅度最高，为79.53%，增长幅度较低的是平顶山，为7.41%。而绥化的建设用地利用效率存在高估情况，其余城市建设用地利用效率平均值均提高，且在0.390~1范围内波动（见表5-24）。

表5-24　调整后的中原城市群建设用地利用效率

年份 城市	2003	2005	2007	2009	2010	2011	2012	2013	2014	2015	2016
郑州	0.694	0.565	0.688	0.699	0.649	0.603	0.597	0.605	0.656	0.686	0.658
开封	0.526	0.390	0.480	0.525	0.510	0.472	0.456	0.582	0.621	0.628	0.633
洛阳	0.732	0.556	0.649	0.594	0.629	0.631	0.651	0.683	0.736	0.761	0.740
平顶山	0.629	0.551	0.665	0.728	0.716	0.681	0.680	0.733	0.712	0.798	0.720
鹤壁	0.636	0.458	0.583	0.532	0.562	0.555	0.568	0.622	0.641	0.780	0.655
新乡	0.723	0.418	0.549	0.528	0.494	0.478	0.525	0.638	0.697	0.766	0.710
焦作	0.776	0.464	0.620	0.622	0.601	0.622	0.626	0.677	0.660	0.754	0.670
许昌	0.733	0.465	0.601	0.577	0.589	0.458	0.618	0.683	0.733	0.777	0.750
漯河	0.712	0.475	0.551	0.477	0.451	0.458	0.540	0.598	0.621	0.868	0.633
商丘	0.466	0.321	0.466	0.407	0.430	0.412	0.473	0.600	0.664	0.806	0.674
周口	0.514	0.309	0.482	0.569	0.551	0.459	0.646	0.775	0.807	0.878	0.831
晋城	0.732	0.824	1.000	1.000	1.000	1.000	1.000	1.000	0.969	0.923	0.988
亳州	0.498	0.442	0.567	0.593	0.633	0.600	0.691	0.697	0.763	1.000	0.777

8. 北部湾城市群建设用地利用效率的时空演变

经过环境因素和随机误差因素调整后的第三阶段，北部湾城市群建设用地利用效率值呈现先递减后逐渐递增的趋势，整体建设用地平均利用率高于第一阶段，从第一阶段的 0.655 上升到第三阶段的 0.725，升幅为 26.26%。从城市来看，与第一阶段相比，北部湾城市群中南宁增长幅度最高，为 90.72%，增长幅度较低的是阳江，为 2.49%。而防城港、崇左和茂名的建设用地利用效率存在高估情况，经过调整后，利用效率低于第一阶段利用效率值。其余城市建设用地利用效率平均值均提高（见表 5-25）。

表 5-25　调整后的北部湾城市群建设用地利用效率

年份 城市	2003	2005	2007	2009	2010	2011	2012	2013	2014	2015	2016
南宁	0.833	0.631	0.813	0.696	0.721	0.656	0.630	0.689	0.746	0.800	0.749
北海	1.000	0.535	0.850	0.655	0.545	0.574	0.615	0.729	0.750	0.844	0.765
防城港	0.586	0.515	0.734	0.678	0.664	0.615	0.623	0.704	0.747	1.000	0.765
钦州	0.509	0.441	0.604	0.631	0.314	0.590	0.661	0.703	0.716	0.750	0.732
玉林	0.687	0.661	0.756	0.709	0.693	0.685	0.616	0.729	0.834	0.799	0.849
崇左	1.000	0.494	0.702	0.636	0.556	0.564	0.605	0.679	0.793	0.926	0.813
湛江	0.800	0.682	0.865	0.800	0.804	0.744	0.745	0.807	0.870	0.884	0.879
茂名	0.988	0.847	0.881	0.845	0.795	0.725	0.753	0.790	0.756	0.748	0.766
阳江	0.658	0.541	0.603	0.547	0.525	0.528	0.612	0.735	0.772	0.823	0.791
海口	0.709	0.670	0.797	0.717	0.690	0.650	0.629	0.715	0.742	0.828	0.743

第六章　城镇化质量与建设用地利用效率的耦合协调关系

第一节　研究方法

一、耦合度评价模型

耦合作为物理学概念，是指两个或两个以上的体系或运动形式通过各种相互作用而彼此影响的现象。引入该耦合模型，把城镇化质量与建设用地利用效率两个系统通过各自的耦合元素相互作用、彼此影响的现象定义为城镇化质量与建设用地利用效率的耦合。耦合度则是指要素双方相互作用程度的强弱，是对促进系统走向有序机理协同作用的一种度量，不分利弊，耦合度越大，意味着要素之间的发展方向越有序，关系也就越趋于稳定；耦合度越小，要素之间的发展方向越缺乏有序性，关系也就越缺乏稳定性。具体公式如下：

$$C = \left[\frac{u_1 \times u_2}{(u_1 + u_2)^2}\right]^{1/2} \tag{6-1}$$

式（6-1）中：C 为城镇质量与建设用地利用效率的耦合度，取值在 0~1，C 值越大表明城镇化质量与建设用地利用效率之间的良性共振耦合性越好；u_1 为城镇化质量；u_2 为建设用地利用效率。耦合度的四个等级划分标准如表 6-1 所示。

表 6-1 城镇化质量与建设用地利用效率耦合度等级

耦合等级	C 值范围	含义
4	0.801 ≤ C ≤ 1.000	高水平阶段
3	0.501 ≤ C ≤ 0.800	磨合阶段
2	0.301 ≤ C ≤ 0.500	拮抗阶段
1	0.000 < C ≤ 0.300	低水平阶段

二、协调度评价模型

协调是指两个或两个以上系统或系统要素之间一种良性的相互关联，是系统之间或系统内部要素之间配合得当、协调一致的关系。协调度是度量系统或要素之间协调状况好坏程度的定量指标。借鉴协调度模型，构建城镇化质量与建设用地利用效率协调度计公式如下：

$$D = \sqrt{C \times T}, \quad T = \alpha \times u_1 + \beta \times u_2 \qquad (6-2)$$

式（6-2）中：D 为城镇质量与建设用地利用效率的协调度；T 为两者之间的综合协调度指数，可反映出各指标系统耦合协调的贡献程度；α 和 β 为待定系数，且 $\alpha+\beta=1$。在城镇化质量与建设用地利用效率耦合协调程度的研究中，并没有采取孰轻孰重的倾斜思想，而是认为两者同等重要，即 $\alpha=\beta=0.5$。根据协调度的大小，确定协调度的 10 个等级划分标准，如表 6-2 所示。

表 6-2　城镇化质量与建设用地利用效率协调度等级

协调等级	D 值范围	含义
10	$0.901 \leqslant D \leqslant 1.000$	优质协调发展
9	$0.801 \leqslant D \leqslant 0.900$	良好协调发展
8	$0.701 \leqslant D \leqslant 0.800$	中级协调发展
7	$0.601 \leqslant D \leqslant 0.700$	初级协调发展
6	$0.501 \leqslant D \leqslant 0.600$	勉强协调发展
5	$0.401 \leqslant D \leqslant 0.500$	濒临失调衰退
4	$0.301 \leqslant D \leqslant 0.400$	轻度失调衰退
3	$0.201 \leqslant D \leqslant 0.300$	中度失调衰退
2	$0.101 \leqslant D \leqslant 0.200$	严重失调衰退
1	$0.000 < D \leqslant 0.100$	极度失调衰退

第二节　耦合度实证分析

一、城市群总体耦合度分析

八大城市群城镇化质量与建设用地利用效率的耦合度如表 6-3 所示。在研究期间，城市群城镇化质量与建设用地利用效率的耦合度呈现波动下降趋势，除珠三角城市群外，其余城市群 2016 年的耦合度值均低于 2003 年，耦合度值处在 0.380~0.483，城镇化质量与建设用地利用效率的耦合程度处于拮抗阶段，城镇发展和建设用地利用均属于粗放型。城市群建设用地利用效率值一直高于城镇化质量，建设用地利用效率的提高并没有带动城镇化质量的提升。

表 6-3　八大城市群城镇化质量与建设用地利用效率的耦合度

时间	京津冀	长三角	珠三角	长江中游	成渝	哈长	中原	北部湾	总均值
2003	0.472	0.465	0.459	0.423	0.402	0.424	0.460	0.385	0.442
2004	0.481	0.470	0.472	0.439	0.424	0.436	0.469	0.408	0.455
2005	0.483	0.479	0.468	0.444	0.420	0.431	0.466	0.416	0.457
2006	0.481	0.474	0.459	0.437	0.402	0.439	0.462	0.408	0.451
2007	0.481	0.474	0.476	0.442	0.402	0.436	0.464	0.398	0.453
2008	0.484	0.480	0.479	0.460	0.423	0.447	0.471	0.417	0.464
2009	0.484	0.478	0.471	0.451	0.420	0.451	0.456	0.407	0.459
2010	0.477	0.473	0.469	0.450	0.405	0.447	0.443	0.411	0.453
2011	0.483	0.479	0.473	0.446	0.411	0.438	0.453	0.401	0.456
2012	0.467	0.476	0.470	0.439	0.397	0.435	0.430	0.399	0.447
2013	0.453	0.442	0.463	0.420	0.389	0.407	0.443	0.387	0.430
2014	0.457	0.462	0.471	0.435	0.411	0.413	0.458	0.402	0.444
2015	0.438	0.446	0.456	0.423	0.397	0.395	0.451	0.390	0.430
2016	0.428	0.445	0.468	0.414	0.389	0.385	0.431	0.380	0.424

二、各城市群耦合度分析

1. 京津冀城市群耦合度分析

京津冀城市群城镇化质量与建设用地利用效率的耦合度如表 6-4 所示。在研究期间，城市群 13 个城市城镇化质量与建设用地利用效率之间的耦合度值均处于下降趋势，耦合度值处在 0.364~0.500，说明各城市城镇化质量与建设用地利用效率的耦合度均处于拮抗阶段，且城市间差距明显，依据区域地理位置呈现出明显的"中心—外围"分布趋势，由北京和天津这 2 个中心城市逐渐蔓延开来，按照距离这 2 个城市的远近呈现出靠近耦合程度越高、远离耦合程度越低的发展格局。

表 6-4　京津冀城市群城镇化质量与建设用地利用效率的耦合度

年份 城市	2003	2005	2007	2009	2010	2011	2012	2013	2014	2015	2016
北京	0.494	0.500	0.500	0.491	0.493	0.495	0.496	0.487	0.496	0.484	0.484
天津	0.500	0.488	0.492	0.497	0.498	0.500	0.500	0.439	0.434	0.446	0.432
石家庄	0.460	0.497	0.497	0.500	0.499	0.498	0.497	0.482	0.455	0.436	0.425
唐山	0.422	0.447	0.477	0.491	0.492	0.473	0.479	0.409	0.404	0.364	0.387
秦皇岛	0.450	0.477	0.474	0.474	0.473	0.486	0.475	0.451	0.441	0.430	0.393
邯郸	0.468	0.488	0.491	0.498	0.497	0.496	0.492	0.467	0.482	0.452	0.435
邢台	0.463	0.481	0.466	0.469	0.459	0.466	0.457	0.436	0.466	0.456	0.428
保定	0.480	0.491	0.486	0.495	0.497	0.493	0.470	0.466	0.488	0.451	0.443
张家口	0.456	0.432	0.448	0.469	0.451	0.451	0.428	0.445	0.445	0.423	0.385
承德	0.448	0.454	0.459	0.450	0.443	0.443	0.416	0.434	0.444	0.408	0.412
沧州	0.451	0.493	0.488	0.491	0.474	0.487	0.416	0.464	0.483	0.474	0.465
廊坊	0.461	0.485	0.477	0.457	0.430	0.454	0.427	0.428	0.421	0.410	0.414
衡水	0.409	0.479	0.434	0.455	0.403	0.429	0.388	0.434	0.419	0.400	0.378

2. 长三角城市群耦合度分析

长三角城市群城镇化质量与建设用地利用效率的耦合度如表 6-5 所示。在研究期间，城市群各城市城镇化质量与建设用地利用效率的耦合度值呈现先上升后下降的趋势，其中有 18 个城市在 2016 年的耦合度值低于 2003 年，耦合度值处在 0.297~0.500，除宣城在 2003 年和 2016 年处于低水平阶段，其他各城市的耦合度均处于拮抗阶段。城市之间差距明显，依据区域地理位置呈现出明显的"中心—外围"分布趋势，由上海、南京、苏州、杭州和合肥这 5 个中心城市逐渐蔓延开来，按照距离这 5 个城市的远近呈现出靠近耦合程度越高、远离耦合程度越低的发展格局。

表 6-5　长三角城市群城镇化质量与建设用地利用效率的耦合度

年份 城市	2003	2005	2007	2009	2010	2011	2012	2013	2014	2015	2016
上海	0.496	0.500	0.499	0.496	0.492	0.493	0.489	0.480	0.490	0.480	0.487
南京	0.498	0.498	0.494	0.494	0.495	0.498	0.498	0.460	0.467	0.457	0.472
无锡	0.467	0.496	0.495	0.497	0.500	0.500	0.500	0.457	0.470	0.455	0.443
常州	0.465	0.496	0.495	0.483	0.482	0.494	0.492	0.428	0.437	0.411	0.413
苏州	0.496	0.491	0.493	0.488	0.483	0.492	0.493	0.457	0.471	0.460	0.460

续表

年份 城市	2003	2005	2007	2009	2010	2011	2012	2013	2014	2015	2016
南通	0.489	0.488	0.433	0.479	0.476	0.486	0.489	0.461	0.482	0.476	0.466
盐城	0.454	0.477	0.477	0.480	0.467	0.464	0.465	0.432	0.456	0.429	0.434
扬州	0.458	0.478	0.473	0.473	0.470	0.470	0.474	0.431	0.447	0.437	0.436
镇江	0.472	0.491	0.489	0.495	0.490	0.492	0.497	0.441	0.445	0.429	0.427
泰州	0.429	0.476	0.484	0.478	0.475	0.477	0.475	0.439	0.464	0.458	0.454
杭州	0.488	0.493	0.488	0.492	0.488	0.493	0.496	0.481	0.486	0.480	0.476
宁波	0.496	0.500	0.499	0.499	0.491	0.493	0.492	0.466	0.477	0.463	0.460
嘉兴	0.455	0.500	0.494	0.490	0.482	0.485	0.471	0.455	0.464	0.454	0.447
湖州	0.428	0.486	0.475	0.473	0.473	0.471	0.458	0.437	0.453	0.433	0.430
绍兴	0.479	0.497	0.491	0.491	0.487	0.492	0.476	0.450	0.468	0.458	0.451
金华	0.435	0.486	0.460	0.454	0.428	0.436	0.420	0.422	0.439	0.417	0.416
舟山	0.426	0.465	0.452	0.455	0.444	0.459	0.461	0.431	0.465	0.462	0.458
台州	0.419	0.464	0.455	0.457	0.446	0.441	0.435	0.445	0.460	0.446	0.449
合肥	0.500	0.499	0.496	0.495	0.487	0.486	0.489	0.491	0.496	0.493	0.492
芜湖	0.482	0.489	0.491	0.498	0.499	0.499	0.500	0.468	0.487	0.470	0.464
马鞍山	0.463	0.472	0.474	0.474	0.479	0.480	0.476	0.401	0.440	0.429	0.415
铜陵	0.417	0.443	0.413	0.448	0.439	0.453	0.474	0.447	0.475	0.458	0.428
安庆	0.445	0.409	0.448	0.463	0.455	0.441	0.429	0.441	0.466	0.424	0.444
滁州	0.404	0.417	0.421	0.434	0.439	0.443	0.418	0.362	0.447	0.412	0.431
池州	0.309	0.351	0.393	0.392	0.371	0.360	0.351	0.368	0.385	0.365	0.366
宣城	0.297	0.335	0.322	0.330	0.326	0.401	0.361	0.321	0.334	0.310	0.299

3. 珠三角城市群耦合度分析

珠三角城市群城镇化质量与建设用地利用效率的耦合度如表 6-6 所示。在研究期间，城市群各城市城镇化质量与建设用地利用效率的耦合度值呈现差异性变动，广州和佛山的耦合度值呈现逐年下降趋势，深圳的耦合度值波动幅度最小，其他城市的耦合度值呈现先上升后下降的趋势，但研究期末值高于期初，耦合度值处在 0.360~0.500，各城市的耦合度均处于拮抗阶段。深圳市的城镇化质量与建设用地利用效率的交互耦合的紧密性最好，其余城市城镇化质量与建设用地利用效率在不同时间的耦合强度均存在一点差别。

表6-6　珠三角城市群城镇化质量与建设用地利用效率的耦合度

年份 城市	2003	2005	2007	2009	2010	2011	2012	2013	2014	2015	2016
广州	0.480	0.481	0.476	0.457	0.461	0.441	0.457	0.443	0.449	0.433	0.440
深圳	0.500	0.496	0.500	0.497	0.498	0.497	0.496	0.497	0.497	0.497	0.499
珠海	0.438	0.487	0.495	0.493	0.495	0.498	0.496	0.483	0.493	0.473	0.491
佛山	0.483	0.463	0.435	0.435	0.438	0.434	0.431	0.426	0.428	0.431	0.434
江门	0.431	0.429	0.434	0.422	0.439	0.432	0.427	0.427	0.441	0.379	0.438
肇庆	0.418	0.417	0.447	0.464	0.459	0.472	0.452	0.438	0.457	0.423	0.440
惠州	0.445	0.482	0.473	0.485	0.480	0.484	0.474	0.463	0.488	0.470	0.462
东莞	0.429	0.426	0.473	0.462	0.454	0.464	0.462	0.464	0.481	0.472	0.479
中山	0.360	0.464	0.440	0.460	0.429	0.467	0.463	0.442	0.437	0.425	0.432

4. 长江中游城市群耦合度分析

长江中游城市群城镇化质量与建设用地利用效率的耦合度如表6-7所示。在研究期间，城市群中有13个城市在2016年的耦合度值高于2003年，耦合度值处在0.330~0.500，各城市的耦合度均处于拮抗阶段。城市差距明显，依据区域地理位置呈现出明显的"中心—外围"分布趋势，由武汉、长沙和南昌这3个中心城市逐渐蔓延开来，按照距离这3个城市的远近呈现出靠近耦合程度越高、远离耦合程度越低的发展格局。

表6-7　长江中游城市群城镇化质量与建设用地利用效率的耦合度

年份 城市	2003	2005	2007	2009	2010	2011	2012	2013	2014	2015	2016
武汉	0.438	0.470	0.487	0.494	0.498	0.498	0.497	0.466	0.481	0.459	0.467
黄石	0.428	0.431	0.458	0.470	0.466	0.472	0.464	0.461	0.470	0.468	0.439
宜昌	0.478	0.487	0.472	0.477	0.474	0.466	0.462	0.437	0.451	0.452	0.444
襄阳	0.424	0.391	0.432	0.442	0.447	0.452	0.455	0.399	0.448	0.432	0.423
鄂州	0.387	0.415	0.413	0.460	0.471	0.464	0.466	0.418	0.440	0.382	0.446
荆门	0.369	0.429	0.408	0.414	0.423	0.451	0.440	0.431	0.450	0.438	0.433
孝感	0.393	0.409	0.379	0.369	0.375	0.385	0.406	0.455	0.458	0.438	0.438
荆州	0.471	0.435	0.445	0.456	0.461	0.484	0.469	0.434	0.457	0.438	0.444
黄冈	0.357	0.469	0.420	0.417	0.443	0.437	0.409	0.424	0.445	0.464	0.420
咸宁	0.337	0.377	0.403	0.415	0.415	0.374	0.420	0.409	0.432	0.410	0.410
长沙	0.493	0.500	0.499	0.499	0.500	0.500	0.499	0.446	0.449	0.447	0.433

续表

年份 城市	2003	2005	2007	2009	2010	2011	2012	2013	2014	2015	2016
株洲	0.455	0.453	0.474	0.476	0.480	0.482	0.474	0.448	0.448	0.457	0.447
湘潭	0.422	0.475	0.481	0.483	0.488	0.482	0.485	0.445	0.470	0.441	0.455
衡阳	0.430	0.424	0.460	0.463	0.470	0.477	0.470	0.462	0.478	0.455	0.461
岳阳	0.396	0.402	0.439	0.471	0.460	0.452	0.384	0.425	0.411	0.411	0.398
常德	0.348	0.373	0.402	0.423	0.413	0.403	0.401	0.366	0.373	0.365	0.352
益阳	0.441	0.439	0.444	0.457	0.451	0.448	0.435	0.420	0.420	0.401	0.401
娄底	0.412	0.447	0.390	0.448	0.427	0.347	0.429	0.410	0.399	0.372	0.364
南昌	0.485	0.496	0.487	0.497	0.500	0.499	0.500	0.473	0.487	0.464	0.460
景德镇	0.432	0.482	0.456	0.476	0.475	0.461	0.417	0.421	0.440	0.428	0.416
萍乡	0.446	0.460	0.448	0.474	0.461	0.451	0.443	0.413	0.430	0.418	0.413
九江	0.455	0.457	0.457	0.452	0.460	0.468	0.448	0.423	0.430	0.426	0.413
新余	0.485	0.445	0.419	0.454	0.434	0.436	0.426	0.369	0.385	0.373	0.366
鹰潭	0.330	0.383	0.371	0.378	0.368	0.369	0.376	0.377	0.396	0.386	0.362
吉安	0.382	0.406	0.394	0.372	0.360	0.375	0.343	0.346	0.406	0.391	0.386
宜春	0.400	0.419	0.387	0.393	0.385	0.418	0.366	0.361	0.378	0.369	0.338
抚州	0.452	0.444	0.446	0.427	0.415	0.395	0.383	0.395	0.411	0.379	0.377
上饶	0.370	0.459	0.460	0.436	0.436	0.413	0.389	0.362	0.383	0.419	0.337

5. 成渝城市群耦合度分析

成渝城市群城镇化质量与建设用地利用效率的耦合度如表6-8所示。在研究期间，城市群中只有自贡、绵阳、南充、眉山和资阳这5个城市在2016年的耦合度值高于2003年，其余城市均呈下降趋势，其中重庆下降幅度最大，耦合度值处在0.301~0.500，各城市的耦合度均处于拮抗阶段。耦合程度在空间格局上表现出从"中心"逐渐向"外围"扩散的趋势，由重庆和成都这两个中心城市逐渐蔓延开来，说明城市除了受自身资源禀赋和条件的影响外，中心城市的辐射带动作用也起到了很重要的作用。

表6-8 成渝城市群城镇化质量与建设用地利用效率的耦合度

年份 城市	2003	2005	2007	2009	2010	2011	2012	2013	2014	2015	2016
重庆	0.474	0.492	0.493	0.481	0.486	0.478	0.482	0.414	0.424	0.411	0.411
成都	0.485	0.498	0.500	0.497	0.496	0.497	0.496	0.457	0.477	0.467	0.454

续表

年份\城市	2003	2005	2007	2009	2010	2011	2012	2013	2014	2015	2016
自贡	0.398	0.380	0.388	0.422	0.427	0.418	0.396	0.394	0.416	0.388	0.407
泸州	0.459	0.446	0.403	0.434	0.440	0.440	0.424	0.425	0.442	0.435	0.427
德阳	0.399	0.407	0.394	0.425	0.379	0.380	0.388	0.404	0.432	0.407	0.385
绵阳	0.412	0.439	0.460	0.470	0.465	0.473	0.459	0.446	0.464	0.445	0.418
遂宁	0.431	0.441	0.422	0.463	0.418	0.421	0.396	0.397	0.422	0.428	0.411
内江	0.375	0.394	0.386	0.403	0.391	0.391	0.370	0.363	0.375	0.384	0.358
乐山	0.382	0.430	0.429	0.431	0.428	0.432	0.421	0.382	0.398	0.381	0.372
南充	0.429	0.426	0.422	0.446	0.449	0.448	0.437	0.432	0.449	0.433	0.428
眉山	0.363	0.399	0.377	0.380	0.378	0.385	0.357	0.343	0.377	0.351	0.396
宜宾	0.406	0.425	0.404	0.377	0.360	0.385	0.367	0.392	0.410	0.392	0.387
广安	0.377	0.405	0.355	0.385	0.361	0.351	0.350	0.322	0.352	0.358	0.339
达州	0.393	0.388	0.342	0.345	0.324	0.372	0.315	0.349	0.379	0.384	0.355
雅安	0.314	0.358	0.323	0.360	0.327	0.330	0.319	0.310	0.328	0.315	0.301
资阳	0.315	0.358	0.324	0.376	0.369	0.372	0.377	0.381	0.391	0.357	0.367

6. 哈长城市群耦合度分析

哈长城市群城镇化质量与建设用地利用效率的耦合度如表 6-9 所示。在研究期间，城市群 10 个城市城镇化质量与建设用地利用效率之间的耦合度值均处于下降趋势，耦合度值处在 0.262~0.500，绥化在 2011~2013 年及 2015~2016 年处于低水平阶段，其余城市城镇化质量与建设用地利用效率的耦合度均处于拮抗阶段。

表 6-9 哈长城市群城镇化质量与建设用地利用效率的耦合度

年份\城市	2003	2005	2007	2009	2010	2011	2012	2013	2014	2015	2016
哈尔滨	0.473	0.483	0.481	0.485	0.494	0.498	0.500	0.463	0.468	0.448	0.448
齐齐哈尔	0.424	0.410	0.470	0.464	0.457	0.458	0.426	0.464	0.410	0.401	0.371
大庆	0.414	0.427	0.465	0.463	0.461	0.448	0.453	0.414	0.409	0.387	0.374
牡丹江	0.400	0.363	0.408	0.403	0.406	0.412	0.407	0.375	0.371	0.380	0.364
绥化	0.308	0.325	0.302	0.314	0.308	0.299	0.296	0.294	0.313	0.279	0.262

续表

年份 城市	2003	2005	2007	2009	2010	2011	2012	2013	2014	2015	2016
长春	0.460	0.477	0.394	0.496	0.500	0.492	0.498	0.464	0.471	0.457	0.448
吉林	0.454	0.472	0.491	0.488	0.481	0.478	0.480	0.411	0.428	0.399	0.400
四平	0.438	0.438	0.443	0.443	0.428	0.424	0.371	0.394	0.416	0.406	0.389
辽源	0.457	0.463	0.478	0.471	0.453	0.406	0.413	0.382	0.410	0.397	0.392
松原	0.411	0.441	0.429	0.448	0.431	0.427	0.437	0.382	0.406	0.382	0.379

7. 中原城市群耦合度分析

中原城市群城镇化质量与建设用地利用效率的耦合度如表 6-10 所示。在研究期间，城市群中只有鹤壁和晋城这 2 个城市在 2016 年的耦合度值高于 2003年，其余城市均呈下降趋势，其中商丘下降幅度最大；耦合度值处在 0.358 ～ 0.499，各城市的耦合度均处于拮抗阶段。

表 6-10 中原城市群城镇化质量与建设用地利用效率的耦合度

年份 城市	2003	2005	2007	2009	2010	2011	2012	2013	2014	2015	2016
郑州	0.490	0.496	0.499	0.495	0.494	0.493	0.492	0.471	0.486	0.488	0.479
开封	0.465	0.464	0.476	0.474	0.467	0.484	0.436	0.471	0.466	0.495	0.421
洛阳	0.456	0.484	0.490	0.476	0.471	0.460	0.448	0.447	0.461	0.451	0.427
平顶山	0.445	0.440	0.441	0.415	0.387	0.401	0.383	0.418	0.441	0.440	0.418
鹤壁	0.421	0.451	0.463	0.462	0.453	0.468	0.439	0.433	0.452	0.438	0.438
新乡	0.480	0.470	0.481	0.487	0.492	0.486	0.481	0.461	0.468	0.462	0.442
焦作	0.492	0.484	0.459	0.463	0.449	0.446	0.416	0.450	0.460	0.468	0.459
许昌	0.452	0.482	0.497	0.475	0.474	0.481	0.446	0.476	0.494	0.488	0.439
漯河	0.456	0.433	0.431	0.439	0.434	0.445	0.408	0.418	0.438	0.423	0.434
商丘	0.479	0.472	0.451	0.442	0.435	0.440	0.402	0.404	0.421	0.404	0.385
周口	0.470	0.486	0.471	0.440	0.415	0.457	0.394	0.423	0.430	0.399	0.391
晋城	0.417	0.440	0.400	0.430	0.394	0.425	0.425	0.453	0.467	0.468	0.435
亳州	0.405	0.422	0.416	0.399	0.385	0.380	0.375	0.386	0.407	0.358	0.385

8. 北部湾城市群耦合度分析

北部湾城市群城镇化质量与建设用地利用效率的耦合度如表 6-11 所示。在研究期间，城市群中只有防城港、崇左和茂名这 3 个城市在 2016 年的耦合度值高于 2003 年，其余城市均呈下降趋势，其中南宁下降幅度最大；耦合度值处在 0.283~0.499，除崇左的耦合度值在 2003 年、2011 年和 2016 年处于低水平阶段，其余各城市的耦合度均处于拮抗阶段。城市群各城市城镇化质量与建设用地利用效率的耦合度值呈现差异性变动，南宁和海口的城镇化质量和建设用地利用效率的交互耦合度最好。

表 6-11　北部湾城市群城镇化质量与建设用地利用效率的耦合度

年份 城市	2003	2005	2007	2009	2010	2011	2012	2013	2014	2015	2016
南宁	0.479	0.481	0.485	0.427	0.493	0.499	0.499	0.469	0.476	0.463	0.451
北海	0.392	0.432	0.417	0.466	0.457	0.379	0.454	0.412	0.404	0.386	0.379
防城港	0.302	0.368	0.321	0.378	0.389	0.365	0.367	0.350	0.360	0.340	0.330
钦州	0.392	0.442	0.410	0.422	0.446	0.406	0.385	0.377	0.403	0.418	0.375
玉林	0.403	0.428	0.419	0.439	0.424	0.433	0.447	0.402	0.423	0.407	0.399
崇左	0.283	0.325	0.313	0.309	0.307	0.296	0.307	0.301	0.315	0.303	0.300
湛江	0.399	0.420	0.413	0.418	0.399	0.420	0.381	0.376	0.396	0.397	0.390
茂名	0.351	0.377	0.350	0.350	0.340	0.342	0.339	0.361	0.379	0.352	0.363
阳江	0.383	0.429	0.403	0.433	0.426	0.430	0.374	0.372	0.414	0.387	0.367
海口	0.468	0.472	0.483	0.457	0.458	0.463	0.456	0.453	0.455	0.457	0.459

第三节　协调度实证分析

一、城市群总体协调度分析

八大城市群城镇化质量与建设用地利用效率的协调度如表 6-12 所示。在研究期间，城市群城镇化质量与建设用地利用效率的协调度值处于 0.367~0.531。

表 6-12　八大城市群城镇化质量与建设用地利用效率的协调度

年份	京津冀	长三角	珠三角	长江中游	成渝	哈长	中原	北部湾	总均值
2003	0.411	0.438	0.492	0.391	0.376	0.406	0.379	0.403	0.412
2004	0.437	0.454	0.510	0.413	0.395	0.429	0.408	0.411	0.432
2005	0.440	0.447	0.510	0.412	0.405	0.436	0.405	0.411	0.432

续表

年份	京津冀	长三角	珠三角	长江中游	成渝	哈长	中原	北部湾	总均值
2006	0.445	0.453	0.531	0.416	0.410	0.426	0.405	0.410	0.437
2007	0.412	0.432	0.490	0.392	0.387	0.408	0.381	0.395	0.412
2008	0.425	0.436	0.492	0.400	0.395	0.413	0.389	0.407	0.419
2009	0.418	0.429	0.501	0.395	0.378	0.392	0.391	0.399	0.412
2010	0.414	0.422	0.497	0.391	0.388	0.389	0.390	0.391	0.409
2011	0.397	0.419	0.488	0.389	0.378	0.393	0.372	0.395	0.404
2012	0.424	0.433	0.499	0.400	0.393	0.399	0.395	0.401	0.418
2013	0.433	0.466	0.518	0.421	0.395	0.430	0.382	0.413	0.434
2014	0.438	0.468	0.517	0.429	0.402	0.430	0.393	0.419	0.439
2015	0.427	0.461	0.528	0.426	0.400	0.416	0.397	0.412	0.435
2016	0.407	0.447	0.511	0.409	0.384	0.405	0.367	0.404	0.419

八大城市群城镇化质量和建设用地利用效率的耦合协调演变趋势如图6-1所示。在研究期内八大城市群城镇化质量和建设用地利用效率的耦合度呈现先递增后递减的趋势，2008年耦合度最高为0.464，2016年耦合度最低为0.424，耦合度值一直处在0.4~0.5，说明城市群总体城镇化质量与建设用地利用效率处于拮抗阶段，经济发展属于粗放型。协调度呈现保持平稳发展后下降趋势，处于濒临失调衰退阶段。

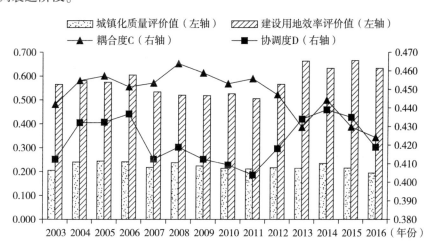

图6-1 八大城市群城镇化质量与建设用地利用效率耦合协调发展演变趋势

二、各城市群协调度分析

1. 京津冀城市群协调度分析

京津冀城市群城镇化质量与建设用地利用效率的协调度如表 6-13 所示。在研究期间，城市群各城市的城镇化质量与建设用地利用效率的协调度值处于 0.328~0.532。

表 6-13　京津冀城市群城镇化质量与建设用地利用效率的协调度

年份 城市	2003	2005	2007	2009	2010	2011	2012	2013	2014	2015	2016
北京	0.450	0.527	0.476	0.502	0.497	0.500	0.501	0.518	0.532	0.511	0.500
天津	0.491	0.469	0.431	0.431	0.415	0.420	0.431	0.524	0.528	0.519	0.527
石家庄	0.417	0.425	0.395	0.383	0.371	0.369	0.375	0.445	0.431	0.413	0.401
唐山	0.436	0.457	0.398	0.380	0.368	0.387	0.384	0.422	0.443	0.451	0.427
秦皇岛	0.411	0.456	0.421	0.418	0.416	0.379	0.406	0.420	0.449	0.386	0.404
邯郸	0.373	0.409	0.385	0.370	0.366	0.353	0.370	0.398	0.391	0.387	0.343
邢台	0.379	0.431	0.424	0.440	0.437	0.400	0.423	0.370	0.362	0.357	0.328
保定	0.378	0.409	0.371	0.382	0.371	0.365	0.399	0.403	0.380	0.339	0.330
张家口	0.416	0.437	0.405	0.403	0.384	0.360	0.387	0.392	0.390	0.400	0.342
承德	0.402	0.428	0.400	0.396	0.383	0.374	0.392	0.367	0.378	0.374	0.351
沧州	0.375	0.426	0.408	0.428	0.439	0.399	0.481	0.465	0.469	0.469	0.441
廊坊	0.393	0.407	0.398	0.419	0.430	0.405	0.439	0.427	0.448	0.462	0.423
衡水	0.331	0.392	0.405	0.437	0.430	0.382	0.416	0.422	0.409	0.398	0.376

京津冀城市群城镇化质量和建设用地利用效率的耦合协调演变趋势如图 6-2 所示。在研究期内其耦合度呈现先递增后递减的趋势，2008 年和 2009 年耦合度最高均为 0.484，2016 年耦合度最低为 0.428，耦合度值一直处在 0.4~0.5，说明城市群总体城镇化质量与建设用地利用效率处于拮抗阶段，经济发展属于粗放型。协调度呈现上升—下降—上升—下降的趋势，呈濒临失调衰退—轻度失调衰退—濒临失调衰退演变。2013 年后耦合度值和协调度值的差距在逐年缩小。

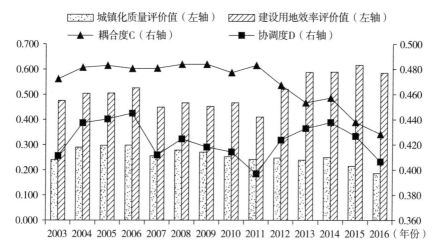

图6-2　京津冀城市群城镇化质量与建设用地利用效率耦合协调发展演变趋势

2. 长三角城市群协调度分析

长三角城市群城镇化质量与建设用地利用效率的协调度如表6-14所示，研究期间，城市群城镇化质量与建设用地利用效率的协调度值处于0.355~0.563。

表6-14　长三角城市群城镇化质量与建设用地利用效率的协调度

年份 城市	2003	2005	2007	2009	2010	2011	2012	2013	2014	2015	2016
上海	0.563	0.536	0.507	0.522	0.507	0.523	0.534	0.537	0.550	0.540	0.543
南京	0.443	0.441	0.416	0.411	0.393	0.393	0.409	0.467	0.467	0.474	0.473
无锡	0.463	0.475	0.458	0.460	0.432	0.437	0.444	0.537	0.535	0.516	0.498
常州	0.441	0.436	0.424	0.425	0.435	0.417	0.438	0.531	0.537	0.511	0.508
苏州	0.489	0.469	0.469	0.497	0.467	0.458	0.472	0.521	0.517	0.509	0.501
南通	0.406	0.466	0.537	0.392	0.406	0.383	0.388	0.427	0.424	0.415	0.403
盐城	0.357	0.384	0.355	0.357	0.360	0.374	0.374	0.407	0.420	0.423	0.398
扬州	0.427	0.456	0.427	0.452	0.437	0.399	0.405	0.453	0.451	0.449	0.437
镇江	0.424	0.422	0.405	0.413	0.393	0.404	0.428	0.488	0.512	0.502	0.490
泰州	0.399	0.437	0.417	0.407	0.405	0.409	0.411	0.416	0.410	0.405	0.400
杭州	0.475	0.468	0.462	0.489	0.454	0.449	0.448	0.483	0.483	0.477	0.463
宁波	0.510	0.456	0.433	0.469	0.453	0.460	0.464	0.511	0.523	0.518	0.496
嘉兴	0.399	0.384	0.400	0.402	0.402	0.403	0.424	0.442	0.444	0.432	0.425
湖州	0.447	0.405	0.411	0.404	0.387	0.387	0.402	0.420	0.423	0.420	0.401
绍兴	0.406	0.436	0.418	0.431	0.413	0.414	0.437	0.422	0.424	0.415	0.406

续表

年份 城市	2003	2005	2007	2009	2010	2011	2012	2013	2014	2015	2016
金华	0.442	0.435	0.423	0.437	0.424	0.408	0.426	0.428	0.430	0.434	0.409
舟山	0.381	0.425	0.438	0.434	0.436	0.431	0.437	0.474	0.463	0.446	0.453
台州	0.426	0.438	0.404	0.412	0.407	0.405	0.415	0.407	0.414	0.428	0.401
合肥	0.431	0.435	0.377	0.370	0.366	0.381	0.389	0.452	0.466	0.456	0.451
芜湖	0.392	0.424	0.370	0.395	0.380	0.392	0.398	0.468	0.494	0.466	0.455
马鞍山	0.390	0.440	0.423	0.410	0.409	0.421	0.426	0.501	0.454	0.445	0.429
铜陵	0.370	0.452	0.457	0.425	0.430	0.435	0.457	0.480	0.500	0.490	0.441
安庆	0.385	0.418	0.378	0.362	0.369	0.369	0.389	0.387	0.404	0.404	0.381
滁州	0.395	0.387	0.387	0.383	0.379	0.388	0.431	0.459	0.417	0.433	0.402
池州	0.416	0.452	0.403	0.387	0.413	0.418	0.429	0.420	0.428	0.439	0.412
宣城	0.406	0.438	0.428	0.434	0.431	0.368	0.391	0.426	0.437	0.417	0.408

长三角城市群城镇化质量和建设用地利用效率的耦合协调演变趋势如图 6-3 所示。在研究期内其耦合度呈现先递增后波动下降的趋势，2008 年耦合度最高为 0.480，2013 年耦合度最低为 0.442，耦合度值一直处在 0.4~0.5，说明城市群总体城镇化质量与建设用地利用效率处于拮抗阶段，经济发展属于粗放型。协调度呈现上升—下降—上升—下降的趋势，处于濒临失调衰退阶段。2013 年后协调度值超过耦合度值。

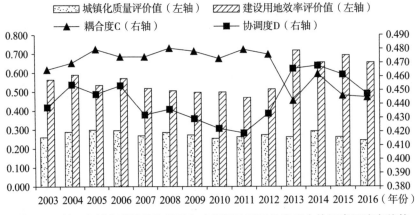

图 6-3　长三角城市群城镇化质量与建设用地利用效率耦合协调发展演变趋势

3. 珠三角城市群协调度分析

珠三角城市群城镇化质量与建设用地利用效率的协调度如表 6-15 所示，研究期间，城市群城镇化质量与建设用地利用效率的协调度值处于 0.373~0.682。

表 6-15　珠三角城市群城镇化质量与建设用地利用效率的协调度

年份\城市	2003	2005	2007	2009	2010	2011	2012	2013	2014	2015	2016
广州	0.468	0.528	0.487	0.531	0.507	0.479	0.499	0.550	0.558	0.537	0.546
深圳	0.611	0.629	0.640	0.669	0.669	0.670	0.666	0.671	0.672	0.668	0.682
珠海	0.443	0.501	0.419	0.419	0.412	0.413	0.432	0.478	0.493	0.531	0.487
佛山	0.547	0.525	0.469	0.510	0.498	0.509	0.518	0.529	0.531	0.535	0.539
江门	0.470	0.457	0.416	0.425	0.411	0.393	0.421	0.417	0.409	0.479	0.406
肇庆	0.386	0.457	0.426	0.394	0.397	0.392	0.415	0.419	0.407	0.434	0.390
惠州	0.398	0.399	0.378	0.379	0.376	0.373	0.397	0.424	0.449	0.434	0.411
东莞	0.532	0.529	0.597	0.578	0.566	0.582	0.578	0.582	0.524	0.539	0.520
中山	0.461	0.502	0.470	0.500	0.532	0.469	0.476	0.502	0.525	0.508	0.515

珠三角城市群城镇化质量和建设用地利用效率的耦合协调演变趋势如图 6-4 所示。在研究期内其耦合度呈现先波动递增后波动递减的趋势，在 2008 年耦合度最高为 0.479，在 2015 年耦合度最低为 0.456，耦合度值一直处在 0.4~0.5，说明城市群总体城镇化质量与建设用地利用效率处于拮抗阶段，经济发展属于粗放型。协调度呈现上升—下降—上升—下降的趋势，呈濒临失调衰退—勉强协调发展—濒临失调衰退—勉强协调发展演变。耦合度值和协调度值的差距呈现先缩小后增大的趋势，且协调度值始终高于耦合度值。

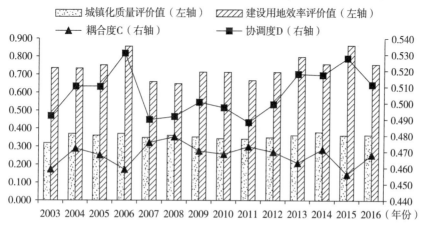

图 6-4　珠三角城市群城镇化质量与建设用地利用效率耦合协调发展演变趋势

4. 长江中游城市群协调度分析

长江中游城市群城镇化质量与建设用地利用效率的协调度如表 6-16 所示。在研究期间，城市群城镇化质量与建设用地利用效率的协调度值处于 0.322~0.531。

表 6-16 长江中游城市群城镇化质量与建设用地利用效率的协调度

年份\城市	2003	2005	2007	2009	2010	2011	2012	2013	2014	2015	2016
武汉	0.424	0.426	0.420	0.414	0.388	0.396	0.412	0.497	0.511	0.530	0.488
黄石	0.403	0.476	0.417	0.405	0.395	0.393	0.410	0.426	0.423	0.414	0.390
宜昌	0.360	0.399	0.372	0.372	0.366	0.377	0.387	0.421	0.428	0.423	0.421
襄阳	0.373	0.438	0.377	0.380	0.362	0.351	0.353	0.401	0.416	0.409	0.392
鄂州	0.389	0.374	0.350	0.360	0.336	0.341	0.343	0.392	0.384	0.426	0.389
荆门	0.416	0.404	0.382	0.390	0.386	0.356	0.379	0.403	0.404	0.406	0.388
孝感	0.344	0.386	0.387	0.404	0.394	0.376	0.378	0.327	0.345	0.361	0.328
荆州	0.366	0.370	0.349	0.343	0.347	0.322	0.331	0.362	0.365	0.373	0.353
黄冈	0.458	0.410	0.405	0.434	0.399	0.358	0.380	0.365	0.388	0.354	0.365
咸宁	0.337	0.373	0.354	0.348	0.343	0.386	0.358	0.368	0.374	0.370	0.356
长沙	0.412	0.443	0.424	0.434	0.408	0.403	0.416	0.516	0.531	0.518	0.511
株洲	0.393	0.428	0.400	0.396	0.399	0.393	0.391	0.430	0.424	0.432	0.422
湘潭	0.367	0.393	0.381	0.389	0.362	0.369	0.369	0.439	0.436	0.454	0.418
衡阳	0.365	0.389	0.355	0.375	0.376	0.366	0.375	0.396	0.392	0.410	0.372
岳阳	0.381	0.442	0.401	0.433	0.416	0.397	0.453	0.422	0.460	0.466	0.447
常德	0.427	0.436	0.413	0.405	0.408	0.411	0.421	0.454	0.471	0.466	0.450
益阳	0.351	0.385	0.322	0.336	0.335	0.328	0.346	0.356	0.382	0.382	0.367
娄底	0.349	0.410	0.422	0.370	0.383	0.449	0.375	0.391	0.417	0.420	0.388
南昌	0.473	0.418	0.410	0.374	0.370	0.374	0.384	0.429	0.434	0.412	0.397
景德镇	0.385	0.398	0.384	0.396	0.394	0.407	0.449	0.425	0.443	0.447	0.420
萍乡	0.364	0.385	0.367	0.355	0.372	0.380	0.395	0.418	0.413	0.402	0.397
九江	0.394	0.436	0.393	0.409	0.403	0.413	0.436	0.460	0.476	0.468	0.459
新余	0.383	0.390	0.416	0.392	0.417	0.410	0.423	0.470	0.462	0.445	0.444
鹰潭	0.434	0.483	0.471	0.478	0.469	0.470	0.476	0.477	0.495	0.485	0.463
吉安	0.359	0.387	0.390	0.406	0.416	0.393	0.420	0.431	0.405	0.397	0.389
宜春	0.359	0.385	0.371	0.381	0.370	0.332	0.366	0.368	0.374	0.354	0.346
抚州	0.331	0.350	0.332	0.343	0.359	0.361	0.374	0.365	0.374	0.375	0.349
上饶	0.384	0.384	0.369	0.388	0.396	0.394	0.415	0.434	0.439	0.408	0.400

长江中游城市群城镇化质量和建设用地利用效率的耦合协调演变趋势如图 6-5 所示。在研究期内其耦合度呈现先递增后递减的趋势,2008 年耦合度最高为 0.460,2016 年耦合度最低为 0.414,耦合度值一直处在 0.4~0.5,说明城市群总体城镇化质量与建设用地利用效率处于拮抗阶段,经济发展属于粗放型。协调度呈现上升—下降—上升—下降的趋势,呈轻度失调衰退—濒临失调衰退—轻度失调衰退—濒临失调衰退演变。耦合度值和协调度值的差距呈现先增加后减小的趋势,2013 年后两者几乎相等。

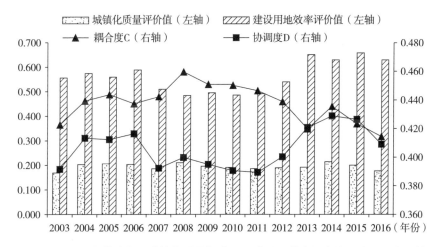

图 6-5　长江中游城市群城镇化质量与建设用地利用效率耦合协调发展演变趋势

5. 成渝城市群协调度分析

成渝城市群城镇化质量与建设用地利用效率的协调度如表 6-17 所示。在研究期间,城市群城镇化质量与建设用地利用效率的协调度值处于 0.321~0.456。

表 6-17　成渝城市群城镇化质量与建设用地利用效率的协调度

年份 城市	2003	2005	2007	2009	2010	2011	2012	2013	2014	2015	2016
重庆	0.342	0.360	0.321	0.349	0.332	0.337	0.333	0.405	0.412	0.404	0.393
成都	0.399	0.409	0.366	0.395	0.397	0.391	0.393	0.442	0.456	0.447	0.426
自贡	0.384	0.447	0.390	0.373	0.364	0.364	0.388	0.386	0.399	0.407	0.391
泸州	0.349	0.377	0.361	0.347	0.343	0.342	0.354	0.364	0.374	0.372	0.361
德阳	0.363	0.421	0.405	0.382	0.424	0.418	0.420	0.401	0.423	0.418	0.383
绵阳	0.376	0.409	0.382	0.361	0.360	0.357	0.384	0.394	0.409	0.393	0.366
遂宁	0.326	0.346	0.322	0.327	0.357	0.342	0.365	0.365	0.368	0.384	0.359

续表

年份 城市	2003	2005	2007	2009	2010	2011	2012	2013	2014	2015	2016
内江	0.337	0.377	0.359	0.350	0.369	0.366	0.384	0.381	0.399	0.385	0.385
乐山	0.331	0.362	0.357	0.353	0.352	0.345	0.358	0.394	0.396	0.384	0.375
南充	0.376	0.375	0.355	0.339	0.328	0.326	0.338	0.338	0.345	0.352	0.329
眉山	0.364	0.367	0.341	0.378	0.379	0.360	0.386	0.398	0.404	0.429	0.419
宜宾	0.375	0.424	0.410	0.425	0.422	0.400	0.416	0.392	0.392	0.398	0.375
广安	0.396	0.399	0.405	0.369	0.401	0.398	0.422	0.421	0.421	0.413	0.411
达州	0.392	0.442	0.432	0.414	0.429	0.383	0.418	0.378	0.346	0.328	0.330
雅安	0.417	0.451	0.428	0.408	0.431	0.434	0.425	0.417	0.422	0.404	0.399
资阳	0.400	0.426	0.424	0.392	0.395	0.385	0.387	0.385	0.401	0.414	0.382

成渝城市群城镇化质量和建设用地利用效率的耦合协调演变趋势如图 6-6 所示。在研究期内其耦合度呈现波动递减的趋势，2008 年耦合度最高为 0.423，2016 年耦合度最低为 0.389，说明城市群总体城镇化质量与建设用地利用效率处于拮抗阶段，经济发展属于粗放型。协调度呈现先上升后波动下降再上升的趋势，处于轻度失调衰退阶段。耦合度值和协调度值的差距在逐年缩小。

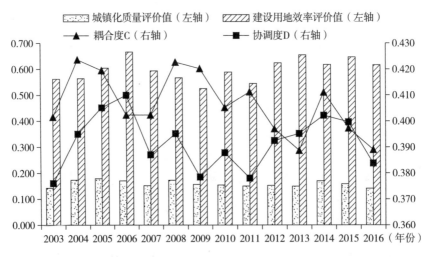

图 6-6　成渝城市群城镇化质量与建设用地利用效率耦合协调发展演变趋势

6. 哈长城市群协调度分析

哈长城市群城镇化质量与建设用地利用效率的协调度如表 6-18 所示。在研究期间，城市群城镇化质量与建设用地利用效率的协调度值处于 0.334~0.530。

表 6-18　哈长城市群城镇化质量与建设用地利用效率的协调度

年份 城市	2003	2005	2007	2009	2010	2011	2012	2013	2014	2015	2016
哈尔滨	0.400	0.417	0.371	0.378	0.355	0.350	0.336	0.409	0.411	0.405	0.390
齐齐哈尔	0.374	0.421	0.337	0.334	0.344	0.345	0.350	0.381	0.389	0.382	0.359
大庆	0.515	0.530	0.483	0.461	0.464	0.483	0.483	0.515	0.509	0.487	0.474
牡丹江	0.402	0.464	0.388	0.367	0.350	0.364	0.362	0.389	0.388	0.373	0.383
绥化	0.415	0.430	0.410	0.420	0.415	0.407	0.405	0.403	0.420	0.390	0.376
长春	0.457	0.430	0.493	0.368	0.354	0.381	0.371	0.431	0.440	0.420	0.413
吉林	0.359	0.340	0.342	0.362	0.356	0.354	0.359	0.429	0.429	0.416	0.404
四平	0.355	0.406	0.349	0.365	0.365	0.363	0.407	0.396	0.405	0.368	0.382
辽源	0.347	0.417	0.383	0.386	0.397	0.396	0.404	0.432	0.427	0.438	0.411
松原	0.369	0.431	0.426	0.403	0.400	0.396	0.393	0.451	0.430	0.430	0.407

哈长城市群城镇化质量和建设用地利用效率的耦合协调演变趋势如图 6-7 所示。在研究期内其耦合度呈现先递增后递减的趋势，2009 年耦合度最高为 0.451，2016 年耦合度最低为 0.385，说明城市群总体城镇化质量与建设用地利用效率处于拮抗阶段，经济发展属于粗放型。协调度呈现上升—下降—上升—下降的演变趋势，呈濒临失调衰退—轻度失调衰退—濒临失调衰退演变。耦合度值和协调度值的差距呈现先逐渐增加后逐年缩小变动，2013 年后协调度值超过耦合度值。

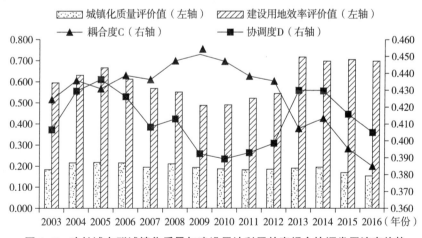

图 6-7　哈长城市群城镇化质量与建设用地利用效率耦合协调发展演变趋势

7. 中原城市群协调度分析

中原城市群城镇化质量与建设用地利用效率的协调度如表 6-19 所示。在研究期间，城市群城镇化质量与建设用地利用效率的协调度值处于 0.293~0.490。

表 6-19　中原城市群城镇化质量与建设用地利用效率的协调度

年份 城市	2003	2005	2007	2009	2010	2011	2012	2013	2014	2015	2016
郑州	0.403	0.423	0.385	0.403	0.373	0.369	0.382	0.415	0.425	0.435	0.415
开封	0.341	0.378	0.351	0.355	0.359	0.333	0.376	0.359	0.399	0.381	0.357
洛阳	0.412	0.406	0.372	0.378	0.360	0.380	0.394	0.389	0.406	0.396	0.373
平顶山	0.417	0.433	0.406	0.445	0.450	0.425	0.431	0.398	0.396	0.409	0.376
鹤壁	0.347	0.387	0.374	0.363	0.367	0.341	0.364	0.375	0.372	0.366	0.359
新乡	0.380	0.397	0.375	0.366	0.351	0.355	0.367	0.386	0.395	0.390	0.369
焦作	0.356	0.371	0.341	0.348	0.351	0.338	0.360	0.319	0.345	0.371	0.345
许昌	0.424	0.454	0.374	0.419	0.416	0.402	0.453	0.414	0.416	0.410	0.346
漯河	0.405	0.422	0.392	0.375	0.373	0.351	0.387	0.378	0.378	0.384	0.374
商丘	0.330	0.322	0.327	0.328	0.310	0.293	0.316	0.317	0.333	0.316	0.308
周口	0.358	0.369	0.383	0.403	0.399	0.354	0.398	0.373	0.388	0.401	0.356
晋城	0.366	0.490	0.459	0.462	0.487	0.453	0.468	0.430	0.439	0.417	0.403
亳州	0.343	0.357	0.355	0.382	0.385	0.378	0.385	0.372	0.382	0.414	0.365

　　中原城市群城镇化质量和建设用地利用效率的耦合协调演变趋势如图 6-8 所示。在研究期内其耦合度呈现波动递减的趋势，2008 年耦合度最高为 0.471，2016 年耦合度最低为 0.431，说明城市群总体城镇化质量与建设用地利用效率处于拮抗阶段，经济发展属于粗放型。协调度呈现先上升后波动下降的趋势，处于轻度失调衰退阶段。耦合度值和协调度值的差距在逐年缩小。

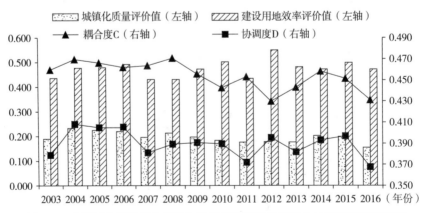

图 6-8　中原城市群城镇化质量与建设用地利用效率耦合协调发展演变趋势

8. 北部湾城市群协调度分析

北部湾城市群城镇化质量与建设用地利用效率的协调度如表 6-20 所示。在研究期间，城市群城镇化质量与建设用地利用效率的协调度值处于 0.298~0.470。

表 6-20　北部湾城市群城镇化质量与建设用地利用效率的协调度

年份 城市	2003	2005	2007	2009	2010	2011	2012	2013	2014	2015	2016
南宁	0.378	0.376	0.361	0.427	0.347	0.332	0.337	0.395	0.406	0.397	0.378
北海	0.411	0.401	0.392	0.356	0.368	0.406	0.394	0.440	0.470	0.451	0.447
防城港	0.410	0.408	0.427	0.406	0.401	0.438	0.436	0.452	0.461	0.443	0.434
钦州	0.324	0.332	0.326	0.337	0.298	0.342	0.350	0.360	0.385	0.356	0.363
玉林	0.419	0.386	0.357	0.356	0.371	0.356	0.344	0.376	0.378	0.377	0.359
崇左	0.394	0.430	0.419	0.416	0.414	0.405	0.414	0.409	0.421	0.411	0.408
湛江	0.398	0.433	0.405	0.414	0.430	0.402	0.431	0.428	0.434	0.436	0.429
茂名	0.453	0.468	0.452	0.452	0.443	0.445	0.442	0.424	0.409	0.418	0.396
阳江	0.396	0.414	0.384	0.387	0.383	0.373	0.409	0.424	0.397	0.393	0.386
海口	0.371	0.401	0.349	0.377	0.373	0.361	0.369	0.372	0.383	0.382	0.389

北部湾城市群城镇化质量和建设用地利用效率的耦合协调演变趋势如图 6-9 所示。在研究期内其耦合度呈现先递增后波动下降的趋势，2008 年耦合度最高为 0.417，2016 年耦合度最低为 0.380，说明城市群总体城镇化质量与建设用地利用效率处于拮抗阶段，经济发展属于粗放型。协调度呈现下降—上升—下降的趋势，呈现濒临失调衰退—轻度失调衰退—濒临失调衰退阶段。

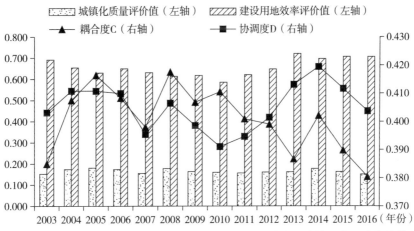

图 6-9　北部湾城市群城镇化质量与建设用地利用效率耦合协调发展演变趋势

第七章 优化协同提升路径

第一节 城镇化质量不高区域路径选择

一、走城镇化高质量发展的道路

近年来，高质量发展成为炙手可热的话题，社会的各个层面无不把高质量发展作为其发展的目标。同时，城镇化的高质量发展又作为经济高质量发展这个大系统中的核心。自然资源和资源与环境的承载力都为城镇化高质量发展的一个重要组成部分。然而，城镇高质量发展更加注重经济发展的资源配置和建设能力，它更加强调自然资源和资源环境承载力对城镇化的反作用。要想实现城镇化高质量发展，就必须通过科学技术的力量，不断寻找可替代能源和发明再生能源，同时要出台相关法律、法规，合理使用非可再生资源，让城镇化发展趋于合理化。

在当今社会中，环境污染已经成为一个全球问题，日益威胁着人类经济的可持续发展，控制环境污染、改善环境质量，已经成为势在必行的道路。追求最大利润和以单纯消耗资源为主体的城镇化发展并不是高质量可持续发展的方向，要想做到可持续发展，就必须注重可再生能源的开发，合理控制能源的开发与能源的利用，减少消耗资源，不断地提高环境的承载力以及提高能源利用率。要坚决反对一次性的开发，避免"资源诅咒"，避免攀比消费、恶性消费和高消费，禁止浪费。只有这样，才能实现最好的经济效益、最优的生态效益以及和谐社会效益的有机统一。

二、构建节约发展型城市

构建节约发展型城市，要转变经济增长发展方式，改变高消耗、高污染的产业发展方式，全力支持低耗能、节水和综合利用资源的工程建设，着力发展服务业等第三产业和新技术产业，提高高新技术产业在三次产业中的比重。积极建立资源节约型经济发展体系，就要提高资源的利用率，减少废弃物的排放，对废弃物进行再利用，减少资源消耗和环境破坏。同时，减少废物的处理，废物资源化也是构建资源型城市的一个重要表现。

在新时代下，我国倡导大力发展建设节约型社会和友好型社会，建立工业园区、小企业循环发展模式、整个社会的大循环模式。同时，科技力量是构建节约型社会的有力保障。在资源的生产方面和社会的消费方面，采取关键的技术，寻求节约型资源和替代资源，不断推广新产品、新原料，综合利用技术改变传统浪费资源的状况，促进技术改造项目的实施。

第二节　建设用地利用效率低下城市的路径选择

一、开展地区协调发展战略

在选择建设用地利用效率优化路径上，主要是要实现土地投入要素和产出要素的优化配置，优化产业结构，大力发展新兴产业和第三产业，促进产业结构优化升级，提高社会固定资产投资的使用效率，同时也要恰当地规划城市可利用土地的规模，合理配置劳动力资本。由于不同地区的城市等级和城市投入不同，要根据具体地区的特点选取不同的协调发展战略。针对经济发展水平较好的城市群，如长三角城市群、珠三角城市群，应加强资本投资结构的优化，大力发展高新技术产业、新兴产业和第三产业，其目的不仅是提高城镇化发展的速度，也要提高城镇化经济发展质量。针对经济发展水平较差的城市群，如中原城市群，应加快优化和升级产业结构，合理配置和优化生产要素，合理控制城市经济发展的边界增长，加强城市土地利用集约化和合理化管理。在投资环境方面，不仅要加强软件方面的建设，同时也不能忽略硬件方面的建设，大力促进产业结构更新，提高该城市在城市化中对人口的拉力，同时要推动乡村建设用地的合理规划和统筹，高效地利用城市建设用地。在土地集约利用与节约利用等过程中构建其考核标准，大力关注和挖掘城市建设用地的内涵。

二、大力发展土地集约利用

土地集约利用是提高城市建设用地利用效率的一个重要途径，应建立城市和乡村土地的统一管理体制。充分发挥经济杠杆的作用，利用地价合理配置土地资源。这种经济作用会不断地集约利用城市土地，同地同价、不同用地类型的转换以及土地使用权的转换都要遵循这种经济杠杆规律。在商业用地的利用中，拍卖和招标的方式会减少设租的情况，也增加了土地利用的公平性和透明性，同时可以促使城市土地资源进行高效率的优化配置。在公共用地的利用中，政府具有很强的管控和征用权利，如果只从经济方面去追求土地利用效率最大化，这样在社会效益方面就很难达到最大化，所有公共用地还需要通过政府严格的规划来实现。

明确城市正确的发展路线，不断提高城市建设用地利用效率，控制好大城市的发展规模，改善小城市资源浪费和建设用地利用效率低下等问题。政府需要提高城市的承载能力，尽可能实现经济集聚的最大化，不断使城市建设用地利用趋于集中。在土地收益的分配以及土地的税收方面建立起一系列的制度，减缓城市的扩张速度，加快土地集约化利用。在引导城市发展中，以公共投资作为推力，不断提高城市的环境承载力。在促进城市集聚效应的过程中，公共投资起到了很大的作用，公共投资也使人口、城市和产业活动不断集聚。所以，大力发展公共投资也可促进土地集约利用。

第三节　推动城镇化质量与建设用地利用效率的协调发展策略

一、高建设用地利用效率与低城镇化质量水平地区的协调发展

城市建设用地利用效率与城镇化质量的问题属于一个最关键的问题。如果人们想要走高质量发展道路，就必须采取有效可行的措施，来处理建设用地效率与城镇化质量的问题。城市用地规模过快地扩张、城市用地供应与需求之间的矛盾尖锐、已占用的城市土地利用效率特别低、城市用地结构比例不协调等问题导致我国在城市土地利用过程中，以过快的速度扩张用地规模、土地利用效率低下、用地结构失调等各种类似问题逐渐凸显。针对这些问题应该从整体的角度出发，合理地规划城市土地利用，以城市发展规划为核心，合理控制各种类型土地的使用，集约地利用土地资源，让土地资源与城市生态经济系统协调发展，同时要不断建立、健全城市土地利用规划的对策。所以，针对高建设用地利用效率与低城镇化质量水平的地区，在高效率的、科学的、可持续的发展过程中，利用有限的土地去促进城镇化质量水平平稳且协调地发展对这些地区的发展显得格外重要。

二、低建设用地效率与高城镇化质量水平地区的协调发展

针对低建设用地利用效率与高城镇质量水平地区，要想建设用地利用效率与城镇化质量水平相适应，就应该从三个方面对土地利用加以控制。一是在用地总量上要有效控制，不断提高土地集约水平。二是可以出台相关土地法规及政策，

鼓励企业提升土地利用效率，避免闲置土地的出现。三是要进一步地管理现有不合理的土地利用方式和低效率的土地利用，让土地资源流转起来，盘活土地资源。减少废弃用地和垃圾堆放用地，增加废弃用地的绿化率。这样既保护了环境，又可将城市土地利用布局加以改变。同时，既提升了土地利用效率，也促进了城镇化质量的提升。

三、低建设用地效率与低城镇化质量水平地区的协调发展

针对低城镇化质量水平的地区，建设用地利用效率低下是其必然结果，针对这种地区，首先，要对城市土地利用进行规划，要不断建立、健全城市土地利用规划的对策，可以出台相关土地法规及政策，鼓励企业提升土地利用效率，避免闲置土地的出现。其次，要进一步地管理现有不合理的土地利用方式和低效率的土地利用。最后，要促进两者协同发展，既提升了土地利用效率，也促进了城镇化质量的提升。

参考文献

［1］ Anke D. , Leroux J. C. Optimal Land Conversion and Growth with Uncertain Biodiversity Costs［J］. Ecological Economics, 2007,61(2): 542-549.

［2］ Arrow K. J. , Fisher A C. Environmental Preservation, Uncertainty, and Irreversibility［J］. Quarterly Journal of Economics, 1974,88(5):312-319.

［3］ Benabdallah S. , Wright J. R. Multiple Subregion Allocation Models［J］. Journal of Urban Planning and Development, 1992,118(1):24-40.

［4］ Bhadra D. , Brandao A. S. P. Urbanization, Agricultural Development and Land Allocation［J］. World Bank Discussion Papers,1993(5):65-78.

［5］ Cohen B. Urban Growth in Developing Countries:A Review of Current Trends and a Caution Regarding Exising Forecasts［J］. World Development,2004,32(1):23-51.

［6］ Dennis R. C. , Li Y. M. Optimal Land Development Decisions［J］. Journal of Urban Economics, 2002, 51(1):123-142.

［7］ Elena G. I. , Nancy. E. B. Land Use Externalities, Open Space Preservation, and Urban Sprawl［J］. Regional Science and Urban Economics, 2004, 34(6):705- 725.

［8］ Fried H. O. , Lovell A. K. , Schmidt S. S. Accounting for Environmental Effects and Statistical Noise in Data Envelopment Analysis［J］. Journal of Productivity Analysis, 2002,17(3):157-174.

［9］ Friedmann J. Four Theses in the Study of China's Urbanization［J］. International Journal of Urban and Regional Research,2006,30(2):440-451.

［10］ Invan B. , Leos J. , Vit S. Land-use Changes and Their Social Driving Forces in Czechia in the 19th and 20th Centuries［J］. Land Use Policy, 2001,18(1): 65-73.

［11］ Jan K. B. , Fu C. L. Urban Growth Controls with Resident Landowners［J］. Regional Science and Urban Economics, 1996,26(2):125-143.

［12］ Jieying Xiao,Yanjun Shen,Jingfeng Ge. Evaluating Urban Expansion and Land Use Change in Shijiazhuang,China,By Using GIS and Remote Sening［J］. Landscap and Urban Planning,2006,75(12):69-80.

［13］ Kovanda J., Hak T. Changes in Materials Use in Transition Economics［J］. Journal of Industrial Ecology, 2008, 12(5): 721 -738.

［14］ Nicolai V. K. Modeling Farmland Coversion with New GIS Data Paper Prepared for the Annual Meeting of the American Agricultural Economics Association［J］. Chicago, 2001(8):5-8.

［15］ Ronald R. R., Stephen J. W., et al. Developing a Science of Land Change: Challenges and Methodological Issues［J］. Proceedings of the National Academy of Sciences, 2004, 101(39):13976 -13981.

［16］ Samuel P. S., George C. S. Research Report: Non-agricultural Land Use in Post-reform China［J］. The China Quarterly, 2004(179):759-781.

［17］ Seto K. C., Kaufmann R. K. Modeling the Drivers of Urban Land Use Change in the Pearl River Delta,China: Integrating Remote Sensing with Socioeconomic Data［J］. Land Economics, 2003,79(1):106-121.

［18］ Tommy F. Rural to Urban Land Conversion in Indonesia during Boom and Bust Periods［J］. Land Use Policy, 2000,17(1):13-20.

［19］ Yasuhiro S.,Yamamoto K. Population Concentration,Urbanization,and Demographic Transition［J］.Journal of Urban Economics,2005,58(1):45-61.

［20］ Zhai G. F., Ikeda S. An Empirical Model of Land Use Change in China ［J］. Reviews of Urban & Regional Development Studies, 2000,12(1):36-53.

［21］ Zhuo L.,Li Q.,Shi P. J.,et al. Identification and Characteristics Analysis of Urban Land Expansion Types in China in the 1990s Using DMSP/OLS Data［J］. Acta Geographica Sinica,2006,61(2):169-178.

［22］ 曹飞. 中国新型城镇化质量与城镇土地集约测度及其协调分析 ［J］. 水土保持研究, 2015, 22 (6): 349-353.

［23］ 岑树田, 李晔. 土地利用结构变化与中国经济增长: 模型及应用 ［J］. 南方经济, 2013 (4): 1-13.

［24］ 陈春, 于立, 张锐杰, 沈昊婧. 中国城镇化加速阶段中期土地城镇化与人口城镇化的协调程度 ［J］. 长江流域资源与环境, 2016, 25 (11): 1654-1662.

［25］ 陈丹玲, 李菁, 胡碧霞. 长江中游城市群城市土地利用效率的空间关联特征 ［J］. 城市问题, 2018 (9): 55-64.

［26］ 陈丹玲, 卢新海, 匡兵. 长江中游城市群城市土地利用效率的动态演进及空间收敛 ［J］. 中国人口·资源与环境, 2018, 28 (12): 106-114.

［27］ 陈明华, 刘华军, 孙亚男, 等. 中国五大城市群经济发展的空间差异

及溢出效应 [J]. 城市发展研究, 2016, 23 (3): 57-63.

[28] 陈守强, 黄金川. 城市群空间发育范围识别方法综述 [J]. 地理科学进展, 2015, 34 (3): 313-320.

[29] 陈伟, 彭建超, 吴群. 城市工业用地利用损失与效率测度 [J]. 中国人口·资源与环境, 2015, 25 (2): 15-22.

[30] 陈伟, 吴群. 长三角地区城市建设用地经济效率及其影响因素 [J]. 经济地理, 2014, 34 (9): 142-149.

[31] 陈雁云, 秦川. 产业集聚与经济增长互动: 解析 14 个城市群 [J]. 改革, 2012 (10): 38-43.

[32] 陈云松, 张翼. 城镇化的不平等效应与社会融合 [J]. 中国社会科学, 2015 (6): 78-95+206-207.

[33] 程玉鸿, 罗金济. 城市群协调发展研究述评 [J]. 城市问题, 2013 (1): 26-31.

[34] 崔大树, 张晓亚. 长江三角洲城市群空间效率测度研究 [J]. 地理科学, 2016, 36 (3): 393-400.

[35] 杜金龙, 朱记伟, 解建仓, 等. 基于 GIS 的城市土地利用研究进展 [J]. 国土资源遥感, 2018, 30 (3): 9-17.

[36] 方创琳, 鲍超, 黄金川, 等. 中国城镇化发展的地理学贡献与责任使命 [J]. 地理科学, 2018, 38 (3): 321-331.

[37] 方创琳, 王振波, 马海涛. 中国城市群形成发育规律的理论认知与地理学贡献 [J]. 地理学报, 2018, 73 (4): 651-665.

[38] 方创琳, 周成虎, 顾朝林, 等. 特大城市群地区城镇化与生态环境交互耦合效应解析的理论框架及技术路径 [J]. 地理学报, 2016, 71 (4): 531-550.

[39] 方创琳. 改革开放 40 年来中国城镇化与城市群取得的重要进展与展望 [J]. 经济地理, 2018, 38 (9): 1-9.

[40] 方创琳. 中国城市群形成发育的政策影响过程与实施效果评价 [J]. 地理科学, 2012, 32 (3): 257-264.

[41] 方创琳. 中国城市群研究取得的重要进展与未来发展方向 [J]. 地理学报, 2014, 69 (8): 1130-1144.

[42] 高凌宇, 李俊峰, 陶世杰. 跨江城市群城镇化空间格局演变及机制研究——以皖江城市带为例 [J]. 世界地理研究, 2017, 26 (2): 72-81.

[43] 高啸峰, 刘慧平, 张洋华, 等. 1990—2010 年长三角城市群城市扩展时空规律分析 [J]. 北京师范大学学报 (自然科学版), 2016, 52 (5): 645-

650+533.

［44］高燕语，钟太洋．土地市场对城市建设用地扩张的影响——基于285个城市面板数据的分析［J］．资源科学，2016，38（11）：2024-2036.

［45］辜胜阻，曹冬梅，韩龙艳．"十三五"中国城镇化六大转型与健康发展［J］．中国人口·资源与环境，2017，27（4）：6-15.

［46］关伟，许淑婷．辽宁省能源效率与产业结构的空间特征及耦合关系［J］．地理学报，2014，69（4）：520-530.

［47］郭晨，张卫东．产业结构升级背景下新型城镇化建设对区域经济发展质量的影响——基于PSM-DID经验证据［J］．产业经济研究，2018（5）：78-88.

［48］郭莎莎，陈明星，刘慧．城镇化与资源环境的耦合过程与解耦分析——以北京为例［J］．地理研究，2018，37（8）：1599-1608.

［49］郭叶波．城镇化质量的本质内涵与评价指标体系［J］．学习与实践，2013（3）：13-20.

［50］国务院发展研究中心和世界银行联合课题组．中国：推进高效、包容、可持续的城镇化［J］．管理世界，2014（4）：5-41.

［51］何好俊，彭冲．城市产业结构与土地利用效率的时空演变及交互影响［J］．地理研究，2017，36（7）：1271-1282.

［52］何平，倪苹．中国城镇化质量研究［J］．统计研究，2013，30（6）：11-18.

［53］何雄浪，胡运禄，杨林．市场规模、要素禀赋与中国区域经济非均衡发展［J］．财贸研究，2013，24（1）：40-48.

［54］侯为民，李林鹏．新常态下我国城镇化的发展动力与路径选择［J］．经济纵横，2015（4）：11-16.

［55］胡晓添，濮励杰．江苏省土地利用非均衡性研究［J］．中国土地科学，2010，24（7）：14-17.

［56］胡宗楠，李鑫，马晓冬．新型城镇化视角下江苏省城镇土地利用效率评价［J］．地理与地理信息科学，2017，33（5）：87-91+98.

［57］黄和平，彭小琳．脱钩视角下城市土地利用效率变化与提升策略——以南昌市为例［J］．资源科学，2016，38（3）：493-500.

［58］黄洁，吝涛，张国钦，等．中国三大城市群城市化动态特征对比［J］．中国人口·资源与环境，2014，24（7）：37-44.

［59］黄金川，陈守强．中国城市群等级类型综合划分［J］．地理科学进展，2015，34（3）：290-301.

[60] 黄妍妮，高波，魏守华．中国城市群空间结构分布与演变特征 [J]．经济学家，2016（9）：50-58.

[61] 纪韶，朱志胜．中国城市群人口流动与区域经济发展平衡性研究——基于全国第六次人口普查长表数据的分析 [J]．经济理论与经济管理，2014（2）：5-16.

[62] 贾琦，运迎霞，尹泽凯．城市群土地利用效益与城镇化水平的时空耦合分析——我国三大城市群的实证分析 [J]．现代城市研究，2014（8）：9-13.

[63] 贾琦，运迎霞．京津冀都市圈城镇化质量测度及区域差异分析 [J]．干旱区资源与环境，2015，29（3）：8-12.

[64] 江曼琦．对城市群及其相关概念的重新认识 [J]．城市发展研究，2013，20（5）：30-35.

[65] 姜磊，柏玲，吴玉鸣．中国省域经济、资源与环境协调分析——兼论三系统耦合公式及其扩展形式 [J]．自然资源学报，2017，32（5）：788-799.

[66] 蒋南平，徐慧．地方政府对城市土地供给的影响研究：理论与实证 [J]．经济理论与经济管理，2015（1）：55-66.

[67] 柯新利，杨柏寒，刘适，等．基于土地利用效率区域差异的建设用地区际优化配置——以武汉城市圈为例 [J]．长江流域资源与环境，2014，23（11）：1502-1509.

[68] 蓝庆新，刘昭洁，彭一然．中国新型城镇化质量评价指标体系构建及评价方法——基于2003—2014年31个省市的空间差异研究 [J]．南方经济，2017（1）：111-126.

[69] 李爱民．我国新型城镇化面临的突出问题与建议 [J]．城市发展研究，2013，20（7）：104-109+116.

[70] 李长健，苗苗．长江中游城市群土地利用效率测算：现实机理与时空分异 [J]．中国人口·资源与环境，2017，27（12）：157-164.

[71] 李程骅，黄南．中国城市群发展的新方略与动能再造 [J]．南京社会科学，2018（5）：11-19.

[72] 李国敏，匡耀求，黄宁生，等．基于耦合协调度的城镇化质量评价：以珠三角城市群为例 [J]．现代城市研究，2015（6）：93-100.

[73] 李佳佳，罗能生．城镇化进程对城市土地利用效率影响的双门槛效应分析 [J]．经济地理，2015，35（7）：156-162.

[74] 李江苏，王晓蕊，苗长虹，等．城镇化水平与城镇化质量协调度分析——以河南省为例 [J]．经济地理，2014，34（10）：70-77.

[75] 李菁，胡碧霞，匡兵，等．中国城市土地利用效率测度及其动态演进特征 [J]．经济地理，2017，37（8）：162-167.

[76] 李凯，刘涛，曹广忠．中国典型城市群空间范围的动态识别与空间扩展模式探讨——以长三角城市群、武汉城市群和成渝城市群为例 [J]．城市发展研究，2015，22（11）：72-79.

[77] 李磊，张贵祥．京津冀城市群内城市发展质量 [J]．经济地理，2015，35（5）：61-64+8.

[78] 李力行，黄佩媛，马光荣．土地资源错配与中国工业企业生产率差异 [J]．管理世界，2016（8）：86-96.

[79] 李璐，董捷，张俊峰．长江经济带城市土地利用效率地区差异及形成机理 [J]．长江流域资源与环境，2018，27（8）：1665-1675.

[80] 李仙德，宁越敏．城市群研究述评与展望 [J]．地理科学，2012，32（3）：282-288.

[81] 李小帆，邓宏兵，马静．长江经济带新型城镇化协调性的趋同与差异研究 [J]．地理科学进展，2015，34（11）：1419-1429.

[82] 李彦军，叶裕民，倪稞．城市群内城乡统筹的理论基础与现实依据 [J]．中国人口·资源与环境，2008（5）：46-52.

[83] 李永乐，舒帮荣，吴群．中国城市土地利用效率：时空特征、地区差距与影响因素 [J]．经济地理，2014，34（1）：133-139.

[84] 梁流涛，赵庆良，陈聪．中国城市土地利用效率空间分异特征及优化路径分析——基于287个地级以上城市的实证研究 [J]．中国土地科学，2013，27（7）：48-54.

[85] 林坚，马珣．中国城市群土地利用效率测度 [J]．城市问题，2014（5）：9-14+60.

[86] 刘建朝，高素英．基于城市联系强度与城市流的京津冀城市群空间联系研究 [J]．地域研究与开发，2013，32（2）：57-61.

[87] 刘靖，张岩．国外城市群整合研究进展与实践经验 [J]．世界地理研究，2015，24（3）：83-90+175.

[88] 刘雷，张华．山东省城市化效率与经济发展水平的时空耦合关系 [J]．经济地理，2015，35（8）：75-82.

[89] 刘玉亭，王勇，吴丽娟．城市群概念、形成机制及其未来研究方向评述 [J]．人文地理，2013，28（1）：62-68.

[90] 柳坤，申玉铭，刘辉．中国三大城市群服务业规模结构及演化特征

[J]. 地理科学进展，2012，31（10）：1289-1294.

[91] 卢伟. 我国城市群形成过程中的区域负外部性及内部化对策研究 [J]. 中国软科学，2014（8）：90-99.

[92] 卢新海，陈丹玲，匡兵. 区域一体化对城市土地利用效率的影响——以武汉城市群为例 [J]. 城市问题，2018（3）：19-26.

[93] 卢新海，匡兵，周敏. 城市建设用地利用效率的空间非均衡及影响因素 [J]. 中国人口·资源与环境，2016，26（11）：45-52.

[94] 卢新海，唐一峰，匡兵. 长江中游城市群城市土地利用效率空间溢出效应研究 [J]. 长江流域资源与环境，2018，27（2）：252-261.

[95] 吕连菊，阚大学. 城镇化水平、速度和质量对能源消费的影响 [J]. 城市问题，2017（5）：17-25+66.

[96] 吕晓，黄贤金，钟太洋，等. 土地利用规划对建设用地扩张的管控效果分析——基于一致性与有效性的复合视角 [J]. 自然资源学报，2015，30（2）：177-187.

[97] 罗能生，彭郁. 中国城市工业用地利用效率时空差异及地方政府竞争影响 [J]. 中国土地科学，2016，30（5）：62-70+97.

[98] 罗腾飞，邓宏兵，李小帆. 长江经济带城镇化发展水平与发展质量协调度研究 [J]. 西北人口，2016，37（5）：64-70+78.

[99] 马浩. 国外区域经济非均衡协调发展经验及对山东的启示 [J]. 管理现代化，2013（1）：126-128.

[100] 马孝先. 中国城镇化的关键影响因素及其效应分析 [J]. 中国人口·资源与环境，2014，24（12）：117-124.

[101] 聂雷，郭忠兴，彭冲. 基于 SBM-Undesirable 和 Meta-Frontier 模型的城市建设用地利用效率研究 [J]. 资源科学，2017，39（5）：836-845.

[102] 潘竟虎，胡艳兴. 中国城市群"四化"协调发展水平测度 [J]. 城市问题，2015（8）：8-15.

[103] 潘竟虎，胡艳兴. 中国城市群"四化"协调发展效率测度 [J]. 中国人口·资源与环境，2015，25（9）：100-107.

[104] 齐红倩，席旭文，高群媛. 中国城镇化发展水平测度及其经济增长效应的时变特征 [J]. 经济学家，2015（11）：26-34.

[105] 齐讴歌，赵勇. 城市群功能分工的时序演变与区域差异 [J]. 财经科学，2014（7）：114-121.

[106] 乔小勇. 国际城镇化研究回顾 2000-2012——基于 SCI/SSCI 文献的

分析 [J]. 城市规划学刊, 2013 (6): 47-57.

[107] 沈宏超, 洪功翔. 新型城镇化质量测度指标体系及实证研究——以安徽省为例 [J]. 农业现代化研究, 2015, 36 (3): 412-418.

[108] 史进, 黄志基, 贺灿飞, 等. 中国城市群土地利用效益综合评价研究 [J]. 经济地理, 2013, 33 (2): 76-81.

[109] 史进, 黄志基, 贺灿飞. 城市群经济空间、资源环境与国土利用耦合关系研究 [J]. 城市发展研究, 2013, 20 (7): 26-34.

[110] 税丽, 潘洪义, 张秋月, 等. 成渝城市群城市土地—耕地利用效率时空耦合研究 [J]. 水土保持通报, 2017, 37 (6): 261-268.

[111] 宋冬林, 姚常成. 改革开放四十年: 中国城镇化与城市群的道路选择 [J]. 辽宁大学学报 (哲学社会科学版), 2018, 46 (5): 45-52.

[112] 苏红键, 魏后凯. 改革开放 40 年中国城镇化历程、启示与展望 [J]. 改革, 2018 (11): 49-59.

[113] 苏红键, 朱保念, 李善国. 中国城镇化质量评价研究进展与展望 [J]. 城市问题, 2015 (12): 26-31.

[114] 苏雪串, 舒银燕. 我国城市群发展的差异化战略分析 [J]. 中央财经大学学报, 2012 (8): 44-48+55.

[115] 孙丹, 杜吴鹏, 高庆先, 等. 2001 年至 2010 年中国三大城市群中几个典型城市的 API 变化特征 [J]. 资源科学, 2012, 34 (8): 1401-1407.

[116] 孙祁祥, 王向楠, 韩文龙. 城镇化对经济增长作用的再审视——基于经济学文献的分析 [J]. 经济学动态, 2013 (11): 20-28.

[117] 孙伟, 闫东升, 吴加伟. 城市群范围界定方法研究——以长江三角洲城市群为例 [J]. 地理研究, 2018, 37 (10): 1957-1970.

[118] 唐小飞, 喻敏, 鲁平俊. 中国城市群有效框架: 战略联盟研究述评 [J]. 中国人口·资源与环境, 2015, 25 (3): 56-63.

[119] 陶然, 曹广忠. "空间城镇化" "人口城镇化" 的不匹配与政策组合应对 [J]. 改革, 2008 (10): 83-88.

[120] 田柳, 陈江龙, 高金龙. 城市空间结构紧凑与土地利用效率耦合分析——以南京市为例 [J]. 长江流域资源与环境, 2017, 26 (1): 26-34.

[121] 万广华. 城镇化与不均等: 分析方法和中国案例 [J]. 经济研究, 2013, 48 (5): 73-86.

[122] 万庆, 吴传清, 曾菊新. 中国城市群城市化效率及影响因素研究 [J]. 中国人口·资源与环境, 2015, 25 (2): 66-74.

［123］汪彬，陈耀．京津冀城市群发展差距测算及协同发展研究［J］．上海经济研究，2015（8）：109-116.

［124］王兵，唐文狮，吴延瑞，等．城镇化提高中国绿色发展效率了吗？［J］．经济评论，2014（4）：38-49+107.

［125］王德利，杨青山．中国城市群规模结构的合理性诊断及演变特征［J］．中国人口·资源与环境，2018，28（9）：123-132.

［126］王德利．中国城市群城镇化发展质量的综合测度与演变规律［J］．中国人口科学，2018（1）：46-59+127.

［127］王芳萍，师燕，姚步青，等．西宁市土地利用效益与新型城镇化耦合协调度研究［J］．水土保持研究，2016，23（6）：253-259.

［128］王富喜，毛爱华，李赫龙，等．基于熵值法的山东省城镇化质量测度及空间差异分析［J］．地理科学，2013，33（11）：1323-1329.

［129］王红霞．城市群的发展与区域合作：城市与区域合作发展研究热点综述［J］．上海经济研究，2006（12）：115-123.

［130］王建林，赵佳佳，宋马林．基于内生方向距离函数的中国城市土地利用效率分析［J］．地理研究，2017，36（7）：1386-1398.

［131］王婧，方创琳，李裕瑞．中国城乡人口与建设用地的时空变化及其耦合特征研究［J］．自然资源学报，2014，29（8）：1271-1281.

［132］王良健，李辉，石川．中国城市土地利用效率及其溢出效应与影响因素［J］．地理学报，2015，70（11）：1788-1799.

［133］王青，金春．中国城市群经济发展水平不平衡的定量测度［J］．数量经济技术经济研究，2018，35（11）：77-94.

［134］王伟，张常明，陈璐．我国20个重点城市群经济发展与环境污染联动关系研究［J］．城市发展研究，2016，23（7）：70-81.

［135］王晓丹．空间视角下的区域非均衡再研究：回顾与展望［J］．人文地理，2012，27（6）：19-23.

［136］王洋，方创琳，王振波．中国县域城镇化水平的综合评价及类型区划分［J］．地理研究，2012，31（7）：1305-1316.

［137］王毅，丁正山，余茂军，等．基于耦合模型的现代服务业与城市化协调关系量化分析——以江苏省常熟市为例［J］．地理研究，2015，34（1）：97-108.

［138］王云，马丽，刘毅．城镇化研究进展与趋势——基于CiteSpace和HistCite的图谱量化分析［J］．地理科学进展，2018，37（2）：239-254.

［139］王志凯，史晋川．中国区域经济发展的非均衡状况及原因分析［J］．

浙江大学学报（人文社会科学版），2011，41（6）：91-103.

［140］王梓懿，沈正平，杜明伟．基于 CiteSpace Ⅲ 的国内新型城镇化研究进展与热点分析［J］．经济地理，2017，37（1）：32-39.

［141］向丽，黄文炎．十大城市群城镇化质量与规模关系的空间分异研究［J］．统计与决策，2017（19）：87-90.

［142］谢守红，蔡海亚，娄田田．中国各省份城镇化质量评价及空间差异分析［J］．城市问题，2015（8）：16-21.

［143］熊建华，韩书成，鲍丙飞．基于 Malmquist 指数的珠三角城市群土地利用效率研究［J］．水土保持研究，2017，24（4）：119-122.

［144］许经勇．双重城镇化率的演变过程、面临挑战与应对策略［J］．吉首大学学报（社会科学版），2018，39（6）：12-18.

［145］许明强．城市工业用地产出率影响因素及区域比较——地级城市面板数据分析［J］．中国土地科学，2016，30（12）：71-82.

［146］晏玲菊．城镇化质量提升的理论逻辑与路径选择［J］．学习与实践，2014（2）：17-26.

［147］杨海泉，胡毅，王秋香．2001~2012 年中国三大城市群土地利用效率评价研究［J］．地理科学，2015，35（9）：1095-1100.

［148］杨奎，文琦，钟太洋．长江经济带城市土地利用效率评价［J］．资源科学，2018，40（10）：2048-2059.

［149］杨丽霞，夏浩，苑韶峰．基于耦合协调度的土地利用经济效益空间差异分析——以浙江省为例［J］．中国土地科学，2015，29（11）：83-88.

［150］杨璐璐．中部六省城镇化质量空间格局演变及驱动因素——基于地级及以上城市的分析［J］．经济地理，2015，35（1）：68-75.

［151］杨清可，段学军，叶磊，等．基于 SBM-Undesirable 模型的城市土地利用效率评价——以长三角地区 16 城市为例［J］．资源科学，2014，36（4）：712-721.

［152］姚永玲，唐彦哲．城市群首位城市的联系能级、中心度和控制力［J］．经济地理，2015，35（7）：66-71+78.

［153］余斌，刘明华，朱丽霞，等．城市群的边界效应与边界地区发展［J］．地理科学，2012，32（6）：666-672.

［154］余江，叶林．中国新型城镇化发展水平的综合评价：构建、测度与比较［J］．武汉大学学报（哲学社会科学版），2018，71（2）：145-156.

［155］袁晓玲，吕文凯，李政大．中国区域发展非平衡格局的形成机制与实

证检验——基于绿色发展视角 [J]. 河南师范大学学报（哲学社会科学版），2018，45（5）：27-32.

[156] 岳立，李文波. 环境约束下的中国典型城市土地利用效率——基于 DDF-Global Malmquist-Luenberger 指数方法的分析 [J]. 资源科学，2017，39（4）：597-607.

[157] 曾鹏，陈芬. 我国十大城市群等级规模结构特征比较研究 [J]. 科技进步与对策，2013，30（5）：42-46.

[158] 詹国辉. 城市建设用地利用效率及其影响因素探究——以江苏省 13 个城市为例 [J]. 华东经济管理，2017，31（6）：11-15.

[159] 张春梅，张小林，吴启焰，等. 发达地区城镇化质量的测度及其提升对策——以江苏省为例 [J]. 经济地理，2012，32（7）：50-55.

[160] 张红凤，曲衍波. 我国城镇化发展与土地集约利用的时空耦合及调控格局 [J]. 经济理论与经济管理，2018（10）：44-54.

[161] 张红利. 我国传统城镇化的反思和新型城镇化的内涵要求 [J]. 生态经济，2013（11）：83-86.

[162] 张琳，许晶，王亚辉，等. 中国城镇化进程中土地资源尾效的空间分异研究 [J]. 中国土地科学，2014，28（6）：30-36.

[163] 张明斗，莫冬燕. 城市土地利用效益与城市化的耦合协调性分析——以东北三省 34 个地级市为例 [J]. 资源科学，2014，36（1）：8-16.

[164] 张鹏岩，杨丹，李二玲，等. 人口城镇化与土地城镇化的耦合协调关系——以中原经济区为例 [J]. 经济地理，2017，37（8）：145-154.

[165] 张旺，周跃云，胡光伟. 超大城市"新三化"的时空耦合协调性分析——以中国十大城市为例 [J]. 地理科学，2013，33（5）：562-569.

[166] 张引，杨庆媛，李闯，等. 重庆市新型城镇化发展质量评价与比较分析 [J]. 经济地理，2015，35（7）：79-86.

[167] 张引，杨庆媛，闵婕. 重庆市新型城镇化质量与生态环境承载力耦合分析 [J]. 地理学报，2016，71（5）：817-828.

[168] 张宇，曹卫东，梁双波，等. 长江经济带城镇化协同演化时空格局研究 [J]. 长江流域资源与环境，2016，25（5）：715-724.

[169] 张志辉. 中国城市土地利用效率研究 [J]. 数量经济技术经济研究，2014，31（7）：134-149.

[170] 赵丹丹，胡业翠. 城市土地利用效率与城市化耦合协调性研究——以我国 285 个地级及以上城市为例 [J]. 水土保持研究，2017，24（1）：291-297+304.

[171] 赵可，徐唐奇，李平，等．不同规模城市土地利用效率的差异及收敛性研究 [J]．干旱区资源与环境，2015，29（12）：1-6.

[172] 赵小风，楼佳俊，李褆，等．工业用地利用转型研究进展 [J]．现代城市研究，2017（10）：7-11+17.

[173] 赵勇，白永秀．城市群国内研究文献综述 [J]．城市问题，2007（7）：6-11.

[174] 赵勇，白永秀．中国城市群功能分工测度与分析 [J]．中国工业经济，2012（11）：18-30.

[175] 赵在绪，周铁军，陶陶．我国城镇化成本研究进展与展望 [J]．城市规划，2014，38（6）：91-96.

[176] 中国金融40人论坛课题组．土地制度改革与新型城镇化 [J]．金融研究，2013（5）：114-125.

[177] 钟成林，胡雪萍．中国城市建设用地利用效率、配置效率及其影响因素 [J]．广东财经大学学报，2015，30（4）：62-73.

[178] 周德，徐建春，王莉．近15年来中国土地利用冲突研究进展与展望 [J]．中国土地科学，2015，29（2）：21-29.

[179] 周惠来，郭蕊．中国城市群研究的回顾与展望 [J]．地域研究与开发，2007（5）：55-60.

[180] 周艳，黄贤金，徐国良，等．长三角城市土地扩张与人口增长耦合态势及其驱动机制 [J]．地理研究，2016，35（2）：313-324.

[181] 朱会义，孙明慧．土地利用集约化研究的回顾与未来工作重点 [J]．地理学报，2014，69（9）：1346-1357.

[182] 朱孟珏，庄大昌，张慧霞．2000-2015年中国城市土地利用效率的时空演化 [J]．水土保持通报，2018，38（3）：240-247+255.

[183] 朱鹏华，刘学侠．城镇化质量测度与现实价值 [J]．改革，2017（9）：115-128.

[184] 朱苏加，广新菊．县域城镇化的发展质量与有效性分析——以河北省为例 [J]．地理与地理信息科学，2017，33（6）：101-105.

[185] 朱相宇，乔小勇．2000-2012年城镇化研究综述 [J]．中国经济问题，2014（3）：101-108.

[186] 朱小川，吴建伟，吴培培，等．引力模型的扩展形式及对中国城市群内部联系的测度研究 [J]．城市发展研究，2015，22（9）：43-50.